UTB

W0409734

**Eine Arbeitsgemeinschaft der Verlage**

Böhlau Verlag · Wien · Köln · Weimar
Verlag Barbara Budrich · Opladen · Toronto
facultas.wuv · Wien
Wilhelm Fink · München
A. Francke Verlag · Tübingen und Basel
Haupt Verlag · Bern
Julius Klinkhardt Verlagsbuchhandlung · Bad Heilbrunn
Mohr Siebeck · Tübingen
Nomos Verlagsgesellschaft · Baden-Baden
Ernst Reinhardt Verlag · München · Basel
Ferdinand Schöningh · Paderborn · München · Wien · Zürich
Eugen Ulmer Verlag · Stuttgart
Konstanz, mit UVK/Lucius · München
Vandenhoeck & Ruprecht · Göttingen · Bristol
vdf Hochschulverlag AG an der ETH · Zürich

Claus Ebster, Lieselotte Stalzer

# Wissenschaftliches Arbeiten für Wirtschafts- und Sozialwissenschaftler

4., überarbeitete Auflage

facultas.wuv

Univ.-Doz. Dr. **Claus Ebster**, MBA, ist Konsumentenforscher am Institut für Betriebswirtschaftslehre, Lehrstuhl für Marketing, der Universität Wien und Geschäftsführer der Fa. MarketMentor Marketing-Consulting. Er ist Lehrbeauftragter unter anderem an der Medizinischen Universität Wien, an den FH-Studiengängen Burgenland, der Lauder Business School und der Webster University.

Dr. **Lieselotte Stalzer** ist Psychologin. Sie lehrt am Institut für Publizistik- und Kommunikationswissenschaft (Schwerpunkt Marktforschung und Statistik) sowie am FH-Studiengang Internationale Wirtschaftsbeziehungen.

Gewidmet meiner Mutter, meinem Vater, Franzi und Riem – C. E.

Gewidmet meiner Mutter und Hans – L. S.

**Bibliografische Information Der Deutschen Nationalbibliothek**

Die Deutsche Nationalbibliothek verzeichnet diese Publikation in der Deutschen Nationalbibliografie; detaillierte bibliografische Daten sind im Internet über http://dnb.d-nb.de abrufbar.



4., überarbeitete Auflage 2013

facultas.wuv Universitätsverlag, Stolberggasse 26, 1050 Wien, Österreich

Satz: Facultas Verlags- und Buchhandels AG
Printed in Germany

**ISBN 978-3-8252-3861-2**

# Vorwort

Akademische Bildung an Universitäten und Hochschulen stellt den Anspruch, nicht nur Wissen zu vermitteln, sondern Studierende auch zu wissenschaftlicher Forschung anzuregen. Sie werden deshalb im Verlauf Ihres Studiums mit einer Reihe wissenschaftlicher Arbeiten – von der ersten Übungsarbeit bis hin zur Bachelorarbeit, Masterarbeit oder Dissertation – konfrontiert. Wie wir aus eigener Erfahrung und aus den Fragen vieler Studierender, die wir bei der Erstellung wissenschaftlicher Arbeiten betreut haben, wissen, ist dies nicht immer einfach. Dieses Buch ist als Einführung in das wissenschaftliche Arbeiten konzipiert und soll Ihnen helfen, sich der oft nicht unerheblichen Herausforderung, die wissenschaftliche Arbeiten darstellen, erfolgreich zu stellen.

Im Gegensatz zu vielen anderen Büchern und Skripten zur Thematik wissenschaftlichen Arbeitens lernen Sie in diesem Buch nicht nur die formale Gestaltung wissenschaftlicher Arbeiten kennen (wie z.B. die korrekte Zitierweise), sondern auch den Prozess der Erstellung (Themen- und Literatursuche, Überwindung von Schreibblockaden etc.). Ein weiterer Schwerpunkt liegt in der Darstellung neuerer Formen der Literatursuche und -beschaffung, beispielsweise der Recherche in Online-Datenbanken und virtuellen Zeitschriftenbibliotheken.

Da in den Studien der Wirtschafts- und Sozialwissenschaften häufig empirische Forschung gefordert wird, erhalten Sie auch einen Überblick über den empirischen Forschungsprozess, die dabei eingesetzten Methoden sowie die Darstellung empirischer Forschung in der Arbeit.

Zahlreiche Beispiele sollen Ihnen den Einstieg in die wissenschaftliche Arbeitsweise erleichtern. Weiters lernen Sie durch Hinweise auf mögliche Probleme und Schwierigkeiten, die sich in den einzelnen Forschungsschritten ergeben können, Fehler zu vermeiden.

Einen integrativen Bestandteil dieses Buches stellt die **Companion Website** dar (**http://www.marketmentor.at/projects/wa.html**). Dort finden Sie unterstützende Lehrvideos zu wichtigen, im Buch behandelten Themen sowie Links zu den angeführten Websites.

Eine Reihe von Personen hat uns bei diesem Buch tatkräftig unterstützt: Herr Univ.-Prof. Dr. Dr. h.c. Udo Wagner, Frau Mag. Riem Khalil und Frau Dr. Tonka Matosic haben das Manuskript gelesen und durch zahlreiche Korrekturen, Hinweise und Anregungen wesentlich zur Qualität des vorliegenden Werkes beigetragen. Auch Frau Prof. (FH) Mag. Ingrid Schwab-Matkovits und Frau Dr. Bettina Schmeikal haben erheblich zur Verwirklichung dieses Buchprojektes beigetragen. Ihnen allen sei herzlich gedankt!

Ein besonderer Dank gilt auch unseren Leserinnen und Lesern, die durch zahlreiche Anregungen die Qualität dieses Buches gesteigert und die nunmehrige 4. Auflage ermöglicht haben.

Claus Ebster, Lieselotte Stalzer

## Videos zum Buch

Wie suche ich online nach Literatur?

Wie bewerte ich Literaturquellen?

Aus welchen Teilen besteht meine Arbeit?

Wie vermeide ich die sieben Todsünden des wissenschaftlichen Schreibstils?

Wie setze ich Visualisierungen optimal ein?

Wie zitiere ich richtig?

Wie vermeide ich Plagiate?

Wie präsentiere ich meine Arbeit?

Wie werte ich einen Fragebogen mit SPSS aus?

Diese kurzen und informativen Videos sowie die Links zu den im Buch behandelten Online-Ressourcen finden Sie auf der

**Companion Website:**

**http://www.marketmentor.at/projects/wa.html**

# Inhaltsübersicht

# Inhaltsverzeichnis

# Abbildungsverzeichnis

# Tabellenverzeichnis

# 1 Einführung in das wissenschaftliche Arbeiten

Im einleitenden ersten Kapitel dieses Buches werden einige für die Erstellung wissenschaftlicher Arbeiten nötige Vorüberlegungen angestellt. Sie erfahren auf den folgenden Seiten, welche wissenschaftlichen Arbeiten im Verlauf eines Studiums vorkommen und wie sich diese unterscheiden. Außerdem wird die Frage geklärt, was denn nun eine Arbeit zu einer wissenschaftlichen Arbeit macht. Abschließend werden zwei für den erfolgreichen Abschluss wissenschaftlicher Arbeiten besonders wichtige Faktoren behandelt: die richtige Zeitplanung und der Umgang mit dem Betreuer Ihrer Arbeit.

## 1.1 Wissenschaftliche Arbeiten im Studium

Während des Studiums werden Sie mit einer Reihe wissenschaftlicher Arbeiten konfrontiert. Die folgende Reihung spiegelt – wenn auch nur in sehr grober Form – die Komplexität, den Umfang und die Anforderungen an die „Wissenschaftlichkeit" der Arbeit wider (vgl. Abb. 1-1).

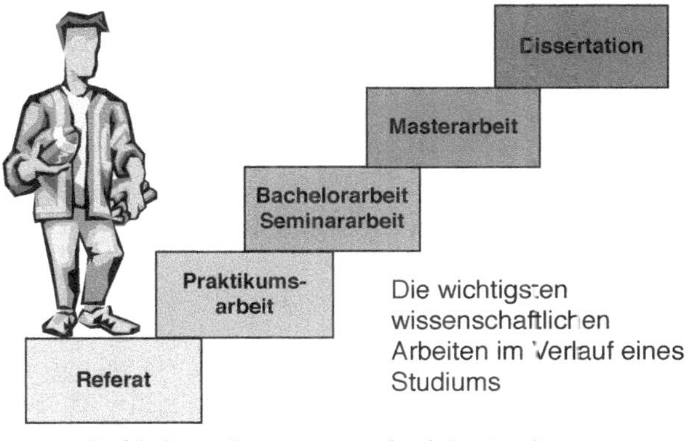


**Abb. 1-1:** Wissenschaftliche Arbeiten im Verlauf des Studiums

**Referat:** Im Gegensatz zu den anderen hier vorgestellten Arbeiten handelt es sich beim Referat um eine mündliche wissenschaftliche Arbeit (meist im Rahmen von Proseminaren oder Seminaren), die aber oft auch schriftliche Teile umfasst, z.B. Handouts für die Zuhörer, Thesenblätter etc.

**Praktikumsarbeit:** In Studienrichtungen, in denen Firmenpraktika, Auslandssemester oder Ähnliches vorgesehen sind, wird vielfach ein Tätigkeitsbericht oder eine sonstige Form einer Praktikumsarbeit gefordert, die meist eine Mischform aus wissenschaftlicher und praxisbezogener Arbeit darstellt.

**Seminararbeit/Bachelorarbeit:** In den meisten Seminaren und zum Teil auch in Proseminaren und Übungen werden schriftliche Seminararbeiten verlangt – oft gemeinsam mit Referaten. Diese geben Ihnen die Möglichkeit zum selbständigen Erarbeiten eines meist eng gefassten Teilgebietes Ihrer wissenschaftlichen Disziplin und können in gewisser Weise als „Trainingscamp" für die Masterarbeit dienen. Bachelorarbeiten sind Seminararbeiten recht ähnlich, meist jedoch umfangreicher. Sie werden üblicherweise gegen Ende eines Bachelorstudiums verfasst.

**Masterarbeit:** Die Masterarbeit bzw. Diplom- oder Magisterarbeit stellt die in allen wirtschafts- und sozialwissenschaftlichen Studienrichtungen im Rahmen eines Master-, Diplom- oder Magisterstudiums geforderte *eigenständige* wissenschaftliche Abschlussarbeit dar.

**Dissertation:** Die Dissertation ist die wissenschaftliche Hauptarbeit des Doktoratsstudiums, bei der auf die eigenständige wissenschaftliche Leistung des Verfassers und den durch die Arbeit entstehenden Erkenntniszuwachs der Fachdisziplin besonderer Wert gelegt wird (Karmasin/Ribing 2010, S. 17).

Was all diese – mündlichen und schriftlichen – Arbeiten gemeinsam haben ist, dass es sich bei ihnen um Arbeiten handelt, an die – in unterschiedlichem Ausmaß – das Kriterium der Wissenschaftlichkeit gestellt wird. Was macht aber nun die Wissenschaftlichkeit einer Bachelorararbeit oder Masterarbeit aus und wie unterscheiden sich wissenschaftliche von nicht-wissenschaftlichen Arbeiten? Mit dieser Frage wollen wir uns im nächsten Abschnitt beschäftigen.

## 1.2 Der Begriff der Wissenschaftlichkeit

Es ist anzunehmen, dass eine wissenschaftliche Arbeit wissenschaftlichen Kriterien entsprechen sollte, um als solche angesehen zu werden. Allerdings stellt sich dabei das Problem, dass es – genauso wenig wie es eine allgemein anerkannte Definition der Wissenschaft gibt – auch darüber, was als wissenschaftlich zu gelten hat, die Meinungen divergieren. So etwa soll der englische Biologe Henry Huxley Wissenschaft als geordneten, erprobten gesunden Menschenverstand definiert haben, während die französische Philosophin Simone Weil Wissenschaft als das Studium der Schönheit der Welt bezeichnete.

Dem pragmatischen Charakter dieses Buches entsprechend werden hier, in Anlehnung an Jele (2003, S. 23 f.), einige grundlegende Kriterien aufgezeigt, anhand derer die „Wissenschaftlichkeit" einer Arbeit geprüft werden kann (Abb. 1-2).

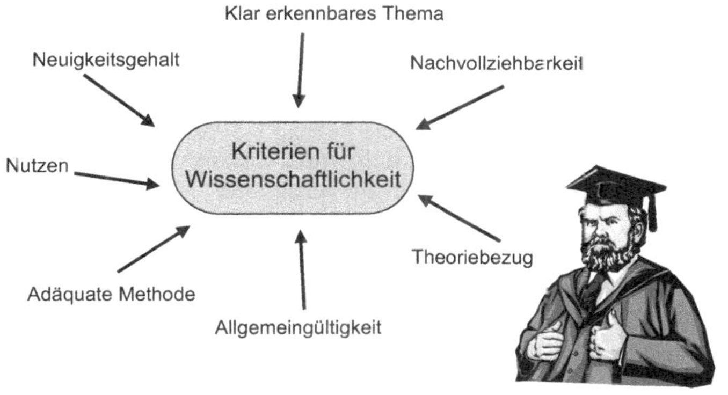


**Abb. 1-2:** Anforderungen an die Wissenschaftlichkeit von Prüfungsarbeiten

- Die Arbeit sollte ein **klar erkennbares Thema** behandeln. Dies spiegelt sich im Titel, in möglichst präzise formulierten Fragestellungen (bei empirischen Arbeiten zusätzlich Hypothesen oder Forschungsfragen), aber auch in der Zusammenfassung der Ergebnisse im Schlussteil wider.
- Die Arbeit soll über den Untersuchungsgegenstand **neue Aussagen machen** oder ihn zumindest unter einem neuen Blickwinkel betrachten.
- Die Arbeit soll **von Nutzen** sein, indem sie zur Erweiterung des wissenschaftlichen Erkenntnisstandes beiträgt.
- Die Arbeit soll jene Angaben enthalten, die zur **intersubjektiven Nachvollziehbarkeit** notwendig sind. Dazu zählt insbesondere die Dokumentation der verwendeten Quellen (Kenntlichmachung von Zitaten, Literaturverzeichnis). Des weiteren ist die dem aktuellen Wissensstand entsprechende und dem Forschungsgegenstand **adäquate methodische Vorgehensweise** so zu beschreiben, dass sie für den Leser nachzuvollziehen ist.

Hinzuzufügen ist, dass eine wissenschaftliche Arbeit nach **Allgemeingültigkeit** streben sollte (Preißner 1998, S. 2). Wenngleich diese Forderung in den Sozialwissenschaften und noch dazu im Rahmen studentischer Prüfungsarbeiten meist nur eingeschränkt zu erfüllen ist, so ist die Beschäftigung mit Einzelfällen ohne Versuch einer gewissen Verallgemeinerung in der Regel nicht ausreichend. So sind beispielsweise Forschungsprojekte für Unternehmen (z.B. in der Form von Marktforschung), die nur als Entscheidungsgrundlage für die Geschäftsleitung in einem spezifischen Fall dienen, nicht als *wissenschaftliche* Forschung zu bezeichnen und daher, isoliert genommen, für „fortgeschrittene" wissenschaftliche Arbeiten wie Masterarbeiten oder Dissertationen ungeeignet.

Schließlich wird – gerade an empirische Arbeiten – häufig die Forderung nach **theoriegeleitetem Vorgehen** gestellt. Dieses ist beispielsweise nicht der Fall, wenn im Rahmen einer Masterarbeit eine Umfrage durchgeführt wird und sich die Forschungsfragen sowie der Fragebogen nicht auf einen theoretischen Rahmen beziehen. Ein solches Vorgehen, bei dem Daten ohne theoretische Abstützung erhoben und ausgewertet werden, wird von Atteslander (2010, S. 6) als Empirismus bezeichnet.

Beachten Sie, dass je nach dem Fortschritt im Studium unterschiedlich strenge Kriterien an den wissenschaftlichen Anspruch Ihrer Arbeit gestellt werden. Während auch bei einer Seminararbeit gefordert wird, dass ein klar eingegrenztes Thema strukturiert und logisch abgehandelt wird, werden die Kriterien des (mehr oder weniger großen) Novitätsgehalts der Arbeit sowie des theoriegeleiteten Vorgehens wohl eher erst bei weiterführenden Arbeiten (Masterarbeit, Dissertation) herangezogen werden.

Nochmals sei hier jedoch darauf verwiesen, dass sowohl die Definition der Wissenschaftlichkeit als auch die Vorgaben von Betreuern divergieren und Sie daher die Erwartungen Ihrer Betreuerin oder Ihres Betreuers schon in einem frühen Stadium der Arbeit abklären sollten.

## 1.3 Zeitplanung

Bis die wissenschaftliche Arbeit abgegeben werden kann, sind, wie aus Abbildung 1-3 ersichtlich, eine Reihe von Arbeitsschritten nötig.

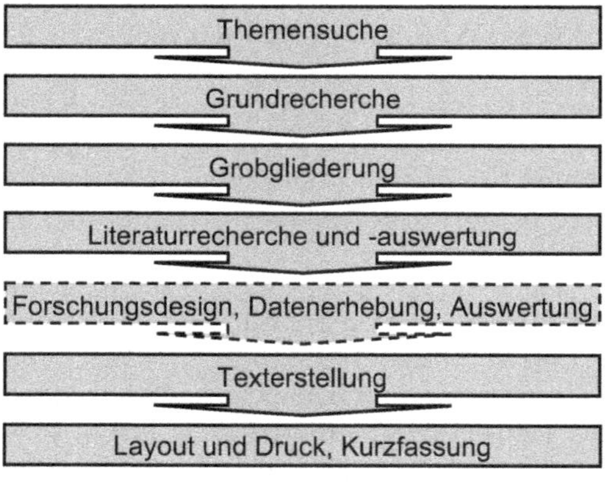


**Abb. 1-3:** Arbeitsschritte bei der Erstellung einer wissenschaftlichen Arbeit

Der erste Schritt ist für gewöhnlich die Suche nach einem geeigneten Thema für die Arbeit. Schon für die **Themensuche** ist, wie Sie in Kapitel 2 sehen werden, bisweilen eine gewisse Recherchetätigkeit nötig. Notwendig wird eine Recherche jedoch vor allem dann, wenn man in etwa weiß, welches Thema man behandeln möchte. Diese **Grundrecherche** in Bibliothekskatalogen, Datenbanken und ähnlichen Quellen dient vor allem dazu, das Thema zu präzisieren. Am Ende der Grundrecherche stehen die Erstellung einer **(Grob-)Gliederung** sowie die Formulierung der wissenschaftlichen Fragestellung. In der Regel ist dies der geeignete Zeitpunkt, Ihrem Betreuer eine Inhaltsdisposition (Konzept) abzugeben und die weitere Vorgehensweise zu besprechen. Sobald die Zielrichtung der Arbeit feststeht, kann mit einer tiefergehenden **Literaturrecherche** und in der weiteren Folge mit der **Literaturauswertung** begonnen werden. Bei empirischen Arbeiten erfolgt nach der Literaturauswertung eine weitere Phase, die **Erstellung des Forschungsdesigns** sowie die **Erhebung und Auswertung von Daten**. Die Phase der **Texterstellung** bezieht sich auf die textliche Fassung, aber auch auf die Überarbeitung der Arbeit. Als letzter Schritt folgen die Festlegung des endgültigen **Layouts** sowie der **Ausdruck** bzw. die Vervielfältigung der Arbeit. Gerade bei Dissertationen und bisweilen auch bei Diplomarbeiten wird eine **Kurzfassung** (Abstract) der Arbeit gefordert, in der in knappen Worten die Zielsetzung, die Methode und die Ergebnisse der Arbeit darzulegen sind. Einen solchen Abstract sollte man erst nach Beendigung der Arbeit verfassen.

Wenngleich die Arbeitsschritte von der Themensuche bis zur fertigen Arbeit in diesem Buch aus didaktischen Gründen als lineare Sequenz dargestellt sind, so werden bei der Erstellung Ihrer Arbeit sicherlich einige Arbeitsschritte parallel ablaufen und andere wiederholt werden. Zum Beispiel wird nach der Grundrecherche und der Erstellung der Gliederung eine weitere Literaturrecherche notwendig werden. Nach dem Finden neuer Literatur wird sich möglicherweise die Gliederung ändern usw.

Trotzdem ist es wichtig, dass sich bestimmte Arbeitsschritte nicht zu lange hinziehen. Gerade die Literaturrecherche würde bei vielen Arbeiten immer wieder neue Literatur zutage bringen, auch wenn – den bekannten ökonomischen Gesetzmäßigkeiten folgend – der Grenznutzen dieser Literatur ab einem bestimmten Zeitpunkt sinkt. Vor allem aber würde eine solche übermäßig ausgedehnte Literaturrecherche immer wieder die weiteren Arbeitsschritte wie etwa die Erstellung und Formatierung des Textes beeinflussen und somit die Arbeit unnötig erschweren.

Wichtig ist daher in diesem Zusammenhang die richtige **Zeitplanung**. Gerade zu Beginn (Themensuche) und gegen Ende der Arbeit (Korrekturen, Layout) wird häufig zu wenig Zeit eingeplant. Dabei können gerade Korrekturen, Überprüfungen von Zitaten, Ausbesserungen von beim Druck verschobenen Abbildungen etc. unserer Erfahrung nach bis zu einem Drittel der gesamten Bearbeitungszeit ausmachen. Fazit: Für die letzten Arbeitsschritte genügend Zeit einplanen: Schließlich fällt der Drucker immer gerade dann aus, wenn die Arbeit kurz vor der Abgabe steht.

Für die Zeitplanung bei Projekten wurde eine Reihe von grafischen und quantitativen Methoden wie beispielsweise die Netzplantechnik entwickelt. Wenn Sie jedoch nicht schon mit Projektmanagementtechniken und den zur Erstellung von Netzplänen verwendeten Softwarepaketen (z.B. Microsoft Project) vertraut sind, so ist in den meisten Fällen für die Entwicklung eines Zeitplans für Ihr Forschungsprojekt ein einfach zu erstellendes **Gantt-Diagramm** ausreichend. Ein Gantt-Diagramm ist ein Balkendiagramm, bei dem die horizontale Achse die Gesamtzeit des (Forschungs-)Projekts (d.h. die Zeit, die Ihnen für Ihre wissenschaftliche Arbeit zur Verfügung steht) darstellt und die vertikale Achse die für das Projekt nötigen Aktivitäten (z.B. Literaturrecherche, Korrekturlesen etc.). Durch die Länge der Balken wird die Dauer der geplanten Aktivitäten dargestellt.

Wie aus dem in Tab. 1-1 dargestellten Auszug eines Gantt-Diagramms für eine Masterarbeit ersichtlich ist, wird durch die Balken deutlich, welche Aktivitäten sich überlappen können und welche abgeschlossen sein müssen, bevor andere Aktivitäten beginnen können. So lässt sich etwa dem Beispiel entnehmen, dass der Forschungsplan erst erstellt werden kann, wenn sowohl die Literaturrecherche als auch die Kontaktaufnahme mit den zur Durchführung dieser Diplomarbeit notwendigen Unternehmen beendet ist.

Unabhängig davon, ob Sie nun ein Gantt-Diagramm oder eine andere Methode der Zeitplanung einsetzen, wichtig ist, dass Sie während des Verfassens Ihrer wissenschaftlichen Arbeit regelmäßig kontrollieren, ob die tatsächliche Dauer der Arbeitsschritte (Ist-Zeiten) den Planvorgaben (Soll-Zeiten) entspricht. Während geringfügige Überschreitungen der Planzeiten

| Aktivität | Kalenderwoche | | | | | | | | | | | |
|---|---|---|---|---|---|---|---|---|---|---|---|---|
| | 12 | 13 | 14 | 15 | 16 | 17 | 18 | 19 | 20 | 21 | 22 | 23 |
| Präzisierung des Themas | ■ | ■ | | | | | | | | | | |
| Grundrecherche | | ■ | ■ | | | | | | | | | |
| Erstellung der Grobgliederung | | | | ■ | | | | | | | | |
| Literaturrecherche und -gliederung | | | | | ■ | ■ | ■ | ■ | ■ | | | |
| Kontaktaufnahme mit Unternehmen | | | | | | | ■ | ■ | ■ | | | |
| Erstellung des Forschungsplans | | | | | | | | | | ■ | ■ | |
| Erstellung des Erhebungsinstruments | | | | | | | | | | | | ■ |

**Tab. 1-1:** Auszug aus einem Gantt-Diagramm für eine Masterarbeit

noch keinen Anlass zur Sorge geben, sollten Sie bei deutlichen Überschreitungen des Zeitbudgets überlegen, worauf diese zurückzuführen sind (unrealistische Planung? Unvorhergesehene Ereignisse?), und gegebenenfalls Korrekturmaßnahmen setzen (Metzger 1996, S. 24).

## 1.4 Vom Umgang mit dem Betreuer

Zur Organisation des wissenschaftlichen Arbeitens gehören nicht nur materielle Aspekte wie die Zeitplanung. Vielmehr handelt es sich beim Verfassen einer wissenschaftlichen Arbeit auch um einen sozialen Prozess. Ihr wichtigster Ansprechpartner in diesem Prozess ist vermutlich der Betreuer Ihrer Arbeit.

Bei den wissenschaftlichen Arbeiten, die Sie während Ihres Studiums schreiben, steht Ihnen in den meisten Fällen ein Betreuer oder eine Betreuerin zur Verfügung. Während bei einer Seminararbeit oder einem Referat die Betreuung durch den Lehrveranstaltungsleiter üblicherweise im Rahmen der Lehrveranstaltung erfolgt, findet bei Diplomarbeiten die Betreuung in der Regel in den Sprechstunden des Professors oder Assistenten oder aber in eigens dafür vorgesehenen Diplomandenseminaren statt.

Die folgenden Ratschläge sollten Ihnen helfen, die meist knapp bemessene Zeit für die Betreuung bestmöglich zu nutzen:

Seien Sie sich bewusst, dass der Betreuer zwei verschiedene Rollen einnimmt. Zum einen gehört es zu den Pflichten Ihres Betreuers, Ihnen Hilfestellung bei der Anfertigung Ihrer Arbeit zu geben. Andererseits hat er aber zumeist auch als Gutachter die Aufgabe, Ihre Arbeit zu beurteilen. Gehen wir vom Idealfall eines Ihnen wohlgesonnenen, kompetenten und engagierten Betreuers aus, so wird dieser Ihnen nach besten Kräften helfen, eine gute Arbeit zu verfassen. Allerdings steht am Ende des Betreuungsverhältnisses das Gutachten über Ihr Werk.

An und für sich hat der Betreuer natürlich nur Ihre eigene Arbeit zu beurteilen, doch werden sich die Ratschläge und Hilfestellungen, die Sie von Ihrem Betreuer erhalten haben, für gewöhnlich nicht negativ auf die Beurteilung Ihrer Arbeit auswirken. Das ist jedoch nicht der Fall, wenn der Kandidat dem Betreuer übermäßigen Betreuungsaufwand verursacht. Was als „übermäßiger" Betreuungsaufwand oder mangelnde Selbständigkeit gewertet wird, ist sicher von Betreuer zu Betreuer verschieden. Allerdings ist dabei nicht nur die Selbständigkeit Ihrer Arbeit maßgeblich. Vielmehr sollten Sie auch die Arbeitsbelastung des Betreuers und dessen Interesse für Ihr Thema (das sich meist aus dem Zusammenhang des Themas mit dem Kompetenzgebiet des Betreuers ergibt) in Betracht ziehen. Letztlich gilt jedoch immer die Regel: Nicht der Betreuer, der Diplomand schreibt die Arbeit!

Wenngleich der Betreuer der wissenschaftlichen Arbeit häufig in Personalunion auch deren Gutachter ist, so wird bei Diplomarbeiten gewöhnlich zwischen dem Betreuer (Assistent oder Lektor) und dem Begutachter (Universitätsdozent oder Professor) unterschieden.[1] In diesem Fall erscheint es besonders wichtig, die Interessen aller Beteiligten auszubalancieren und sich sowohl mit dem Betreuer als auch dem Begutachter ins Einvernehmen zu setzen. Achten Sie besonders darauf, dass nicht der Eindruck entsteht, dass Sie den einen oder den anderen umgehen oder die beiden „gegeneinander ausspielen“ wollen. Ihre Kommunikationsfähigkeiten und soziale Kompetenz sind gerade in dieser Konstellation gefragt.

Selbständigkeit in der Bearbeitung bedeutet nicht, dass Sie in das sogenannte *„It's-my-Baby-Syndrom“* verfallen sollten. Besonders wenn Ihnen das Thema der Arbeit persönlich sehr nahe steht, kann es leicht vorkommen, dass es Ihnen schwerfällt, Ihre Arbeit kritisch zu betrachten. Einwände und Verbesserungsvorschläge des Betreuers werden dann häufig nicht als hilfreich, sondern vielmehr als unzulässige Einmischung in Ihre persönliche Arbeit empfunden. Auch wenn die Arbeit Ihr geistiges Kind ist, so sollten Sie doch die Ratschläge Ihres Betreuers ernst nehmen und nicht als Angriff auf Ihr Werk sehen. Die Letztverantwortung tragen nur Sie, aber Hilfestellungen Ihres „Geburtshelfers“ sollten Sie akzeptieren.

Um von den Gesprächen mit Ihrem Betreuer zu profitieren, sollten Sie diese gründlich vorbereiten und wichtige Fragen vor dem Gesprächstermin am besten schriftlich festhalten. Damit fällt es Ihnen leichter, die meist knapp bemessene Zeit für die Betreuungsgespräche bestmöglich zu nutzen.

Schriftlich ausarbeiten sollten Sie am besten auch ein Konzept für Ihre Arbeit. Gerade bei größeren wissenschaftlichen Arbeiten wie Diplomarbeiten und Dissertationen ist dies unumgänglich – auch dann, wenn der Betreuer nicht explizit ein schriftliches Konzept vorschreibt. Die folgenden Punkte sollte das Konzept bzw. die **Disposition Ihrer Arbeit** zumindest enthalten:

- Arbeitstitel der Arbeit
- Wissenschaftliche Fragestellung(en)
- Wissenschaftliche und praktische Relevanz der Arbeit
- Forschungsdesign (vorwiegend bei empirischen Arbeiten)
- Grobgliederung
- Zeitplan für die Bearbeitung
- Basisliteratur (bislang herangezogene Literatur)

1 An Universitäten werden Masterarbeiten und Dissertationen in der Regel von habilitierten Universitätslehrern (Dozenten und Professoren) begutachtet, wenngleich der Studiendekan in Ausnahmefällen auch nicht-habilitierte Universitätslehrer mit der Begutachtung von Masterarbeiten betrauen kann. An Fachhochschulen ist es meist üblich, dass Betreuung und Begutachtung vom selben (nicht habilitierten) Hochschullehrer durchgeführt werden.

Einen Überblick über die Gliederungspunkte der Disposition und die darin behandelten Fragen gibt Tab. 1-2.

Das von Ihnen erstellte Konzept soll in weiterer Folge als Kommunikationsbasis zwischen Ihnen und Ihrem Betreuer dienen. Dazu ist es notwendig, dass Sie Ihre Gedanken über die Arbeit zu Papier bringen, denn nur so ist es möglich, die Erwartungen des Betreuers und Ihre Vorstellungen zu diskutieren und etwaige Missverständnisse aus der Welt zu schaffen. Natürlich bietet ein schriftliches Konzept auch Angriffsflächen für Kritik, aber letztendlich ist es sicher besser, der Betreuer äußert Anmerkungen und Vorschläge in einer frühen Phase des Projekts als erst dann, wenn Sie mehrere Kapitel geschrieben haben und umfangreiche Änderungen notwendig werden, die sich hätten vermeiden lassen.

| Gliederungspunkt | Gibt Antwort auf die folgende Frage |
|---|---|
| Arbeitstitel | Welches Thema behandelt die Arbeit? |
| Wissenschaftliche Fragestellung | Was genau möchten Sie in Ihrer Arbeit untersuchen? |
| Relevanz der Arbeit | Warum bzw. für wen ist Ihre Arbeit von Nutzen? |
| Forschungsdesign | Welche (empirischen) Methoden verwenden Sie, um die wissenschaftliche Fragestellung zu beantworten, und wie gehen Sie dabei vor? |
| Grobgliederung | Wie ist Ihre Arbeit aufgebaut, und wie ausführlich behandeln Sie die einzelnen Teilbereiche? |
| Zeitplan | Wie viel Zeit veranschlagen Sie für die Fertigstellung der Arbeit? |
| Basisliteratur | Welche Literatur erscheint Ihnen für die Arbeit adäquat? |

**Tab. 1-2:** Gliederungspunkte der Disposition

Für gewöhnlich macht es Sinn, nicht erst gegen Ende des Betreuungsverhältnisses eine (beinahe) fertige Rohfassung abzugeben, sondern schon im Verlauf der Arbeit dem Betreuer einzelne Kapitel oder Teile der Arbeit zur Korrektur vorzulegen. Wie es Eco (2010, S. 190) pointiert formulierte: „Benützt den Betreuer als Versuchskaninchen. Ihr müsst es fertigbringen, dass der Betreuer die ersten Kapitel (und dann nach und nach auch alles andere) lange vor der Ablieferung der Arbeit liest. Seine Reaktionen können euch helfen.“ Genauso wie ein gründlich ausgearbeitetes Konzept ermöglicht Ihnen die Abgabe einzelner Teile der Arbeit, festzustellen, ob Sie sich mit der Arbeit auf dem richtigen Weg befinden oder ob „Kurskorrekturen" notwendig sind. Auf diese Weise können Sie das Feedback Ihres Betreuers rechtzeitig berücksichtigen und ersparen sich so unnötige Arbeit.

Beachten Sie bei der Abgabe Ihrer Kapitel, dass Sie diese vorher gründlich Korrektur lesen. Zwar werden engagierte Betreuer Rechtschreib- und Tippfehler, die ihnen auffallen, korrigieren. Zur eigentlichen Aufgabe des Betreuers sind diese Korrekturen allerdings *nicht* zu zählen. Ihr Betreuer gibt Ihnen inhaltliche Hilfestellung bei Ihrer wissenschaftlichen Arbeit, für die Korrektur von orthografischen und grammatikalischen Fehlern ist er aber grundsätzlich nicht zuständig. Entsteht beim Betreuer der Eindruck, dass die Texte vor der Abgabe nicht Korrektur gelesen wurden und somit das Korrekturlesen auf den Betreuer „abgewälzt" wird, so kann dies zu einer erheblichen Beeinträchtigung des Betreuungsverhältnisses führen. Zahlreiche orthografische und grammatikalische Fehler in der Roh- oder Endfassung können schließlich dazu führen, dass die Arbeit schlechter beurteilt oder überhaupt abgelehnt wird. Es ist übrigens durchaus statthaft – und sogar wünschenswert –, Freunde und Bekannte zum Korrekturlesen heranzuziehen.[2] Neben der Verbesserung von Rechtschreibung, Grammatik und Stil können diese Leser vor allem auch auf ihnen unverständliche oder unpräzise formulierte Textstellen hinweisen und somit zur Qualität der Arbeit beitragen. Festzuhalten ist jedoch auch, dass sich diese Hilfestellung nur auf die Form erstrecken darf. Professionelle Hilfestellung in inhaltlichen Fragen (z.B. bei der statistischen Auswertung von Daten) durch externe „Berater" sind unbedingt im Vorhinein mit dem Betreuer abzusprechen und bedürfen dessen Zustimmung.

Zu guter Letzt ist es auch noch ratsam, Termine für Betreuungsgespräche genau einzuhalten, nicht kurzfristig abzusagen und pünktlich zu erscheinen.

Die ausgesprochenen Empfehlungen mögen vielleicht wie Selbstverständlichkeiten erscheinen, die Erfahrung zeigt jedoch, dass diese „faux pas" nicht selten vorkommen. Wenn Sie sich an diese Grundregeln halten, erleichtert dies auf jeden Fall die Zusammenarbeit mit dem Betreuer, und Sie können sich voll und ganz auf die inhaltlichen Aspekte Ihrer Arbeit – um die es ja letztendlich geht – konzentrieren.

---

2 In der Praxis der Betreuung wissenschaftlicher Arbeiten zeigt sich, dass häufig Mittelschullehrer (Deutschlehrer) bereit sind, die Arbeiten ihrer ehemaligen Schüler Korrektur zu lesen.

**In Kürze**

- Wissenschaftliche Arbeiten sollen in logisch strukturierter Form ein klares Thema bearbeiten und zu diesem Thema relevante, möglichst innovative Aussagen machen.
- Wesentliche Kriterien für Wissenschaftlichkeit sind theoriegeleitete, nachvollziehbare Forschung und die Generalisierbarkeit der Erkenntnisse.
- Nicht alle Prüfungsarbeiten müssen die Kriterien der Wissenschaftlichkeit gleichermaßen erfüllen.
- Erstellen Sie einen Zeitplan für Ihre Arbeit und planen Sie besonders für die letzten Schritte der Arbeit genügend Zeit ein.
- Klären Sie die Erwartungen Ihres Betreuers an Ihre Arbeit in einem möglichst frühen Stadium ab.
- Unterschätzen Sie nicht die Bedeutung persönlicher Faktoren im Betreuungsverhältnis.
- Kommunizieren Sie regelmäßig und professionell mit Ihrem Betreuer und verwenden Sie dazu eine schriftliche Disposition.

# 2 Themensuche

## 2.1 Von der Idee zum Thema

Am Anfang einer jeden wissenschaftlichen Arbeit steht eine – möglichst präzise – Themenstellung. Mit dem gesetzten Thema steht und fällt die Qualität der wissenschaftlichen Arbeit. Dennoch ist gerade dieser grundlegende Schritt für viele Studierende mit besonders großen Schwierigkeiten verbunden. In diesem Kapitel lernen Sie daher, welche Möglichkeiten es gibt, Themen zu generieren, und welche Kriterien Sie zur Entscheidung für ein geeignetes Thema für Ihre Arbeit anwenden können.

### 2.1.1 Generierung von Themen

Grundsätzlich bestehen zwei Möglichkeiten, ein Thema für eine wissenschaftliche Prüfungsarbeit zu finden: Sie wählen ein vom Betreuer vorgegebenes Thema, oder aber Sie schlagen dem Betreuer ein eigenes Thema vor.

Ob Ihnen Gelegenheit gegeben wird, selbst ein Thema in Vorschlag zu bringen, hängt unter anderem von der Art der wissenschaftlichen Arbeit ab. Die Themen von Seminararbeiten werden häufig vom Lehrveranstaltungsleiter vorgegeben, um den Studierenden bei ihren ersten wissenschaftlichen Arbeiten Hilfestellung zu geben. Schließlich ist es nicht immer einfach, ein geeignetes Thema zu finden. Auch die Betreuer von Bachelor- und Masterarbeiten legen bisweilen Listen auf, aus denen Themen ausgewählt werden können. Häufig suchen sich die Verfasser von Bachelor- und Masterarbeiten aber auch ihr eigenes Thema. Bei Dissertationen schließlich ist in der Regel davon auszugehen, dass der Dissertant sein Thema selbst wählt, da die Formulierung des Themas als Teil der geforderten wissenschaftlichen Eigenständigkeit angesehen wird.

Die Vorteile, die ein vom Betreuer vorgeschlagenes Thema bringt, sind nicht unerheblich:

- Es ist anzunehmen, dass bei vom Betreuer vorgeschlagenen Themen dieser grundsätzlich am Thema interessiert ist.
- Aufgrund seiner Erfahrung im jeweiligen Forschungsbereich fällt es dem Betreuer meist leichter, zwischen geeigneten und ungeeigneten Themen zu unterscheiden.
- Wird ein Thema vom Betreuer vorgeschlagen, so kann dieser zumeist schon konkrete Literaturhinweise geben oder eventuell sogar Basisliteratur als Ausgangspunkt für die eigene Literaturrecherche zur Verfügung stellen.

Dennoch kann sich, aus Ihrem Interesse heraus oder weil dazu die Verpflichtung besteht, der Umstand ergeben, dass Sie selbst eine Themenstellung vorschlagen. Welche grundsätzlichen Möglichkeiten gibt es nun, selbst ein Thema zu finden?

Folgende Suchstrategien stehen Ihnen zur Auswahl (vgl. Abb. 2-1):

- Persönliche Strategien
- Interpersonelle Strategien
- Literaturbasierende Strategien

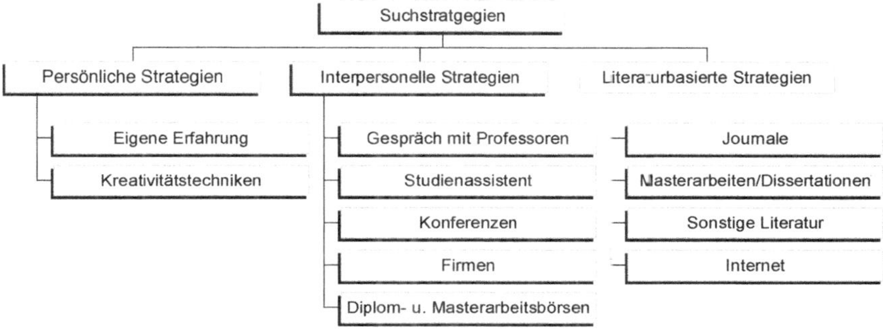


**Abb. 2-1:** Suchstrategien für Themen
(Quelle: In Anlehnung an Leong/Pfaltzgraff 2005, S. 24)

Zu den **persönlichen Strategien** der Themenfindung zählt zunächst die **eigene Erfahrung**. Vielleicht gibt es Phänomene in Ihrem Fachbereich, die Sie schon immer interessiert haben oder auf die Sie schon seit längerem eine Antwort suchen. Gerade die Sozial- und Wirtschaftswissenschaften sind ja Alltagsphänomenen durchaus nahe verbunden. Hier sind aus unseren eigenen Fachgebieten, der Betriebswirtschaft und der Kommunikationswissenschaft, einige Fragen, die uns schon seit längerem interessieren:

- *Wenn mir ein Verkäufer in einem Geschäft unsympathisch ist, ist dann anzunehmen, dass ich ihm vermutlich ebenfalls unsympathisch bin?*
- *Was sind denn eigentlich die Gründe, dass in letzter Zeit so viele Internetunternehmen in finanzielle Schwierigkeiten geraten sind?*
- *Inwieweit lässt sich ein charismatischer Führungsstil trainieren?*
- *Ist es sinnvoll, in Werbung, die sich an ältere Konsumenten richtet, Presenter einzusetzen, die um einige Jahre jünger sind als die Zielpersonen?*

Beachten Sie, dass sich die angegebenen Beispiele nicht notwendigerweise als Themen wissenschaftlicher Arbeiten behandeln lassen. Vielleicht sind unsere aus dem Alltag stammenden Ideen noch zu breit oder wir kommen nicht an die zur Bearbeitung nötigen Quellen und Daten heran. In diesem ersten Schritt der Themensuche ist dies aber noch nicht relevant. Im Gegenteil, Sie sollten vielmehr vermeiden, Ihre Ideen von vornherein zu „zensieren".

Eine Ihnen vielleicht schon bekannte Methode der Ideenfindung ist das **Brainstorming**. Dabei geht es darum, möglichst viele Ideen auf Papier zu bringen. Brainstorming können Sie allein oder, möglicherweise noch zielführender, mit Fachkollegen gemeinsam durchführen. Beim gemeinsamen Brainstorming übernimmt ein Moderator die Aufgabe, die genannten Ideen zu notieren. Wichtig ist dabei, dass jede Themenidee niedergeschrieben wird, ohne dass sofort über den Wert des Themas diskutiert wird.

Ein weiteres Instrument, das Sie zur Generierung von Themen einsetzen können, sind **Mind-Maps**. Dabei geht man von einem zentralen Begriff aus, für den man sich interessiert, und schreibt ihn in die Mitte einer Papierseite. Weitere Begriffe, die man mit dem ursprünglichen Begriff assoziiert, werden ebenfalls zu Papier gebracht. Beziehungen und Verbindungen, die man zwischen den Begriffen sieht, werden durch Linien dargestellt. Ein Beispiel für eine Mind-Map findet sich in Abbildung 2-2. Ausgehend vom generellen Interesse, eine Arbeit über Personalauswahl zu schreiben, führte die Mind-Map zu den Methoden, Problemen, Gründen und Akteuren der Personalauswahl. Schlussendlich entsprang daraus das – vermutlich noch weiter zu verfeinernde – Thema „Möglichkeiten und Grenzen des Einsatzes von Assessment Centers in internationalen Organisationen".

Neben Brainstorming und Mind-Maps gibt es noch eine Reihe weiterer Kreativitätstechniken, die sich möglicherweise zielführend zur Themenfindung einsetzen lassen. Einen Überblick über diese Methoden bieten Schlicksupp (1999) sowie Collis/Hussey (2009, Kap. 3).

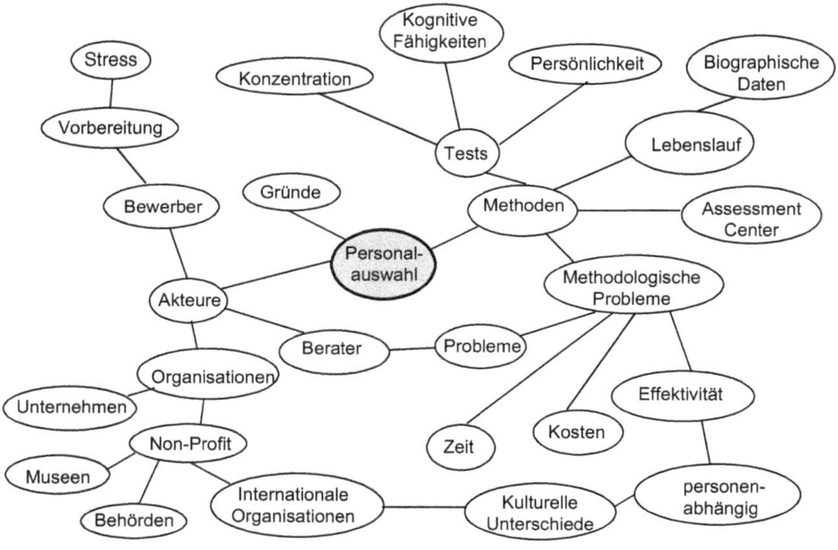


**Abb. 2-2:** Beispiel für eine Mind-Map

Die **interpersonellen Strategien** der Themenfindung zielen darauf ab, über den Kontakt mit anderen Personen ein Thema für eine wissenschaftliche Arbeit zu finden. Von besonderer Bedeutung sind hier sicherlich **Gespräche mit Professoren** aus dem eigenen Fachgebiet. Gelegenheit dazu bietet sich beispielsweise in spezifischen Seminaren für höhersemestrige Studierende. In der Regel bieten Professoren Seminare an, die mit ihren eigenen Forschungsinteressen zusammenhängen, und sind für Themenvorschläge, die damit in Verbindung stehen, offen.

Eine weitere Möglichkeit besteht darin, sich als **Studienassistent oder Tutor** zu bewerben. Neben der monetären Vergütung für Ihre Arbeitsleistung profitieren Sie vor allem davon, dass Sie als studentische Hilfskraft in den Lehr- und Forschungsbetrieb Ihres Fachbereichs bzw. Lehrstuhls integriert werden. Dies hat nicht nur den Vorteil, dass Sie vermutlich mit der intensiven Betreuung Ihrer wissenschaftlichen Prüfungsarbeit rechnen können, vielmehr können sich auch schon aus Ihrem Tätigkeitsbereich (z.B. Mitwirkung bei Forschungsprojekten) interessante Themen ergeben.

Neben den Personen an Ihrer Fakultät oder in Ihrem Fachbereich kommen als Ideenlieferanten auch externe Experten infrage. Beispielsweise können Sie auf **Konferenzen** Wissenschaftler kennenlernen, die in ihren Vorträgen über neue Forschungsergebnisse berichten, an die Sie eventuell mit Ihrer Arbeit anknüpfen könnten.

Auch die Praxis kann Themen für wissenschaftliche Arbeiten liefern. Besonders in den Sozial- und Wirtschaftswissenschaften besteht oft die Möglichkeit, wissenschaftliche Arbeiten in Zusammenarbeit mit **Firmen**, **Vereinen** oder **öffentlichen Institutionen** zu schreiben. Gerade wenn Sie neben dem Studium arbeiten, kann dies eine Gelegenheit bieten, Studium und Beruf zu verbinden.

Schließlich soll auch eine neuere Form der Themenfindung nicht unerwähnt bleiben, jene der **Diplom- und Masterarbeitsbörsen**. Diese sind – meist im Internet verfügbare – Kommunikationsplattformen zwischen Unternehmen und Diplomanden. Zum einen ermöglichen sie Ihnen, Ihre fertige Diplom- oder Masterarbeit zu verkaufen. Zum anderen können Sie in den Diplomarbeitsbörsen auch von Unternehmen zu vergebende Themen finden.

Zu den **literaturbasierenden Strategien** der Themenfindung zählt zunächst die **Auswertung wissenschaftlicher Journale**. So findet sich bei Artikeln, in denen empirische Forschungsergebnisse referiert werden, für gewöhnlich gegen Ende des Aufsatzes eine Aufzählung von Fragen, die unbeantwortet geblieben sind, oder es werden gar explizit Vorschläge gemacht, welchen Themen sich zukünftige Forschung widmen könnte. In deutschsprachigen Journalen finden Sie diese Anregungen häufig unter der Überschrift „Ausblick", in englischsprachigen Fachzeitschriften wird dies als „suggestions for further research" bezeichnet. Ähnliche Vorschläge finden Sie auch in Übersichtsartikeln, in denen Forschungsergebnisse aus einem bestimmten Bereich zusammengefasst werden. Auch in **Masterarbeiten** und **Dissertationen** finden sich häufig Vorschläge für weiterführende Forschung (denken Sie daran, wenn Sie selbst eine Masterarbeit oder Dissertation schreiben!), und auch im **Internet**[1] lassen sich bisweilen Themen finden.

### 2.1.2 Auswahl eines Themas

Haben Sie eine Reihe von Themen selbst generiert oder Themenvorschläge von Betreuern gesichtet, so stellt sich die Frage, welches Thema Sie weiterverfolgen sollten. Wählen Sie ein Thema vor allem danach aus, ob es Sie wirklich interessiert. Wenn Ihnen ein Thema Freude macht und Sie selbst neugierig auf die Ergebnisse Ihrer Arbeit sind, sind die Erfolgsaussichten wesentlich höher als bei einem Thema, von dem Sie nicht wirklich überzeugt sind. Natürlich hilft es aber auch, wenn Sie zu einem Thema schon Vorkenntnisse mitbringen (Krämer 1999, S. 17 f.):

- Wenngleich Englisch als lingua franca der Sozial- und Wirtschaftswissenschaften fungiert, ist zur Bearbeitung bestimmter Themen die Kenntnis weiterer **Fremdsprachen** nötig oder zumindest vorteilhaft.
- Bei empirischen Themen sind – mit Ausnahme von dem qualitativen Forschungsansatz zurechenbaren Themen – **statistische Kenntnisse** zur Datenauswertung nötig. Falls Ihre Statistikkenntnisse schon etwas verblasst sind, sollten Sie diese bei der Wahl eines einschlägigen Themas möglichst bald, schon bei der Forschungsplanung, nicht erst vor der Auswertung der Daten, auffrischen.
- Auf **Spezialkenntnissen** und besonderen Fähigkeiten, die Sie bei weiterführenden Lehrveranstaltungen erworben haben, können Sie bei der Wahl eines Themas für eine Diplomarbeit bereits aufbauen.

Auch Kontakte mit Unternehmen oder sonstigen für Ihr Thema relevanten Organisationen erweisen sich besonders bei empirischen Arbeiten als nützlich und können bei der Entscheidung, ein Thema weiterzuverfolgen, ausschlaggebend sein. Vor allem besteht bei der Zusammenarbeit mit einem Unternehmen die Möglichkeit, dass dieses die Arbeit teilweise oder zur Gänze finanziert – ein Umstand, der besonders bei kostenaufwendigen empirischen Arbeiten (z.B. großflächigen Befragungen) von Relevanz ist. Wichtig ist schließlich auch, dass Sie Ihre Entscheidung für oder gegen ein Thema nicht nur vom Thema selbst abhängig machen, sondern auch davon, ob zwischen Ihnen und dem Professor oder Assistenten, der Sie bei einem bestimmten Thema betreuen würde, gegenseitige Sympathie herrscht.

1 Zur Themensuche im Internet eignen sich neben allgemeinen Suchmaschinen vor allem auf wissenschaftliche Quellen spezialisierte Suchwerkzeuge wie z.B. Scirus (http://www.scirus.com).

Falls Sie selbst ein Thema vorschlagen, achten Sie darauf, dass es nicht zu weit gesteckt ist. Die Erfahrung zeigt, dass Diplomanden und Dissertanten ihre Themen meist zu weit, nur sehr selten aber zu eng fassen. Dadurch wird das Thema zu umfassend, es lassen sich keine klaren wissenschaftlichen Fragen aufstellen und die nötige Bearbeitungszeit sprengt den Rahmen einer Masterarbeit oder auch Dissertation. Einige Beispiele für zu weit gefasste Themen und Möglichkeiten, diese enger zu fassen, finden sich in Tabelle 2-1.

| Negativ-Beispiele für zu weit gefasste Themen: | Bessere, weil enger gefasste Themen: |
|---|---|
| • Die Bedeutung der Mitarbeitermotivation<br>• Motivation | • Motivation in Non-Profit-Unternehmen<br>• Motivation und Telearbeit<br>• Das Verhältnis zwischen Motivation und Führungsverhalten<br>• Besonderheiten der Motivation im militärischen Bereich |
| • Projektcontrolling<br>• Die Instrumente des Projektcontrolling<br>• Zukunftsperspektiven des Projektcontrollings in Europa | • Projektcontrolling im internationalen Anlagenbau<br>• Das Berichtswesen im Projektcontrolling von Softwareunternehmen |

**Tab. 2-1:** Beispiele für zu weit und für enger gefasste Themen

## 2.2 Die Entscheidung zwischen empirischer und theoretischer Arbeit

Bei der Wahl des Themas ist grundsätzlich zwischen empirischen und theoretischen Arbeiten zu unterscheiden. Bei einer theoretischen Arbeit wird die wissenschaftliche Fragestellung in der Regel durch die Bearbeitung der relevanten Fachliteratur beantwortet. Beispiele dafür wären etwa ein Vergleich des Steuerrechts zweier Länder oder ein Überblick über den Stand der Forschung im Bereich der situativen Führungsansätze. Zu den theoretischen Arbeiten können aber auch konzeptive Arbeiten gezählt werden, die sich zur Aufgabe setzen, ein theoretisches Modell oder eine Forschungsmethode zu entwickeln.

Im Rahmen der empirischen Forschung werden hingegen Daten erhoben, analysiert und interpretiert. Beispiele für empirische Arbeiten wären eine Befragung von Firmengründern, ein Experiment über die Wirkung von Hintergrundmusik in Supermärkten oder die Analyse von Stellenanzeigen in Bezug auf die Qualifikationen, die Unternehmen von Universitätsabsolventen fordern (vgl. Abb. 2-3).

Theoretische Arbeit

Beantwortung der wissenschaftlichen Fragestellung durch die Bearbeitung relevanter wissenschaftlicher Literatur.

Empirische Arbeit

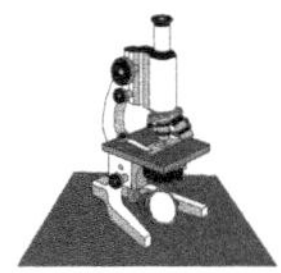

Beantwortung der wissenschaftlichen Fragestellung durch theoriegeleitete Erhebung, Analyse und Interpretation von Daten.

**Abb. 2-3:** Literaturarbeit oder empirische Arbeit

Die Entscheidung, ob Sie eine empirische oder eine theoretische Arbeit schreiben, hängt von einer Reihe von Faktoren ab:

**Art der wissenschaftlichen Arbeit**: Bei Seminararbeiten und Bachelorarbeiten werden seltener als bei Masterarbeiten und Dissertationen empirische Arbeiten gefordert, da gerade Studienanfänger die Kenntnisse empirischer Methoden noch erwerben müssen und außerdem die Datensammlung und Auswertung viel Zeit in Anspruch nehmen kann. Andererseits spricht grundsätzlich natürlich nichts dagegen, wenn Sie in Ihrer ambitionierten Bachelorarbeit empirische Forschungsmethoden einsetzen möchten.

**Studienrichtung/Fachbereich:** Während in einigen verhaltenswissenschaftlichen Studienrichtungen fast ausschließlich empirische Masterarbeiten und Dissertationen gefordert werden (z.B. in der Psychologie), werden in anderen Studienrichtungen (z.B. Politikwissenschaft) sowohl empirische als auch theoretische geschrieben. In anderen, meist den Geisteswissenschaften zurechenbaren Studienrichtungen (z.B. Geschichtswissenschaften, Theologie) werden vorwiegend theoretische, literaturgestützte Arbeiten gefordert.

In den Wirtschaftswissenschaften hängt die Entscheidung für oder gegen empirische Arbeiten stark vom Fachbereich ab. Während im verhaltenswissenschaftlichen Bereich der BWL (z.B. Marketing, Managementlehre, Personalwirtschaft) empirischen Arbeiten große Bedeutung zukommt, stellen diese in anderen funktionalen Bereichen (z.B. Wirtschaftsrecht) eher die Ausnahme dar.

**Präferenzen des Betreuers:** Auch innerhalb einer Studienrichtung finden sich bei den Betreuern bzw. Instituten erhebliche Unterschiede in den Präferenzen für empirische oder theoretische Arbeiten. Dies hängt meist mit den Forschungsschwerpunkten, den methodischen Kenntnissen und den zeitlichen Kapazitäten der Betreuer zusammen.

**Zeit- und Arbeitsaufwand:** Wenngleich auch umfangreiche Literaturarbeiten einen erheblichen Zeitaufwand darstellen können, so fallen bei empirischen Arbeiten bestimmte Arbeitsschritte zusätzlich an (z.B. die Erstellung des empirischen Forschungsdesigns, die oft langwierige Erhebung der Daten in Form einer Umfrage, eines Experiments oder einer Beobachtungsstudie sowie die Auswertung der erhobenen Daten), die sich meist auch in erhöhtem Zeitaufwand widerspiegeln. Andererseits werden gerade bei Literaturarbeiten ohne empirischen Teil vom Betreuer womöglich besonders umfassende (sowohl breite als auch in die Tiefe gehende) Literaturrecherchen erwartet.

**Thema**: Schließlich spielt in der Entscheidung vor allem eine Rolle, ob sich das gewählte Thema zur empirischen Bearbeitung eignet (können die nötigen Daten mit den zur Verfügung stehenden Ressourcen gesammelt werden?).

Die Grundzüge empirischen Arbeitens werden in den Kapiteln 10–14 behandelt. Einen vertiefenden Überblick über empirische Forschungsmethoden geben die folgenden Werke:

- Bortz, Jürgen/Döring, Nicola (2006): Forschungsmethoden und Evaluation, 4. Aufl., Berlin u.a.
- Schnell, Rainer/Hill Paul B./Eser, Elke (2011): Methoden der empirischen Sozialforschung, 9. Aufl., München.
- Atteslander, Peter (2010): Methoden empirischer Sozialforschung, 13. Aufl., Berlin.

## 2.3 Vom Thema zur wissenschaftlichen Fragestellung

Wissenschaftliche Arbeiten zielen darauf ab, offene Fragen zu beantworten. Allerdings merken Sie, wenn Sie ein wissenschaftliches Projekt beginnen, bald, dass das Stellen relevanter, präziser und im Rahmen Ihrer Arbeit beantwortbarer Fragestellungen beinahe so schwierig wie die Beantwortung dieser Fragen ist.

Bei der Ausarbeitung der wissenschaftlichen Fragestellungen schlägt die Stunde der Wahrheit:

*Was genau wollen Sie mit Ihrer wissenschaftlichen Arbeit herausfinden?*

In Tabelle 2-2 sehen Sie einige Themen wissenschaftlicher Arbeiten und die dazugehörigen wissenschaftlichen Fragestellungen.

| Thema | Wissenschaftliche Fragestellung(en) |
|---|---|
| Analyse der Kundenzufriedenheit in Hinblick auf das Kulturangebot der Stadt Bruck an der Mur | 1. Wie zufrieden ist die Bevölkerung von Bruck an der Mur mit den gebotenen Kulturveranstaltungen?<br>2. Können traditionelle Ansätze zur Zufriedenheitsmessung auch im Kulturbereich angewendet werden, bzw. in welcher Weise müssen diese modifiziert werden? |
| Irritations- und Reaktanzeffekte als Probleme marktgerichteter Kommunikationspolitik | 1. Welche Negativfolgen resultieren aus dem Auftreten von Irritations- und Reaktanzeffekten?<br>2. Wie ist marktgerichtete Kommunikationspolitik zu konzipieren, um Irritations- und Reaktanzeffekten vorzubeugen?<br>3. Wie lassen sich eingetretene Irritationen und Reaktanzen kommunikationspolitisch therapieren? |
| Kulturelle Einflussfaktoren auf das Korruptionsverhalten in europäischen Ländern | Welchen Einfluss haben ausgewählte kulturelle Faktoren auf das Ausmaß der wahrgenommenen Korruption in Europa? |

**Tab. 2-2:** Beispiele für Themen und Fragestellungen
Quelle: In Anlehnung an Orasch (1999); Bänsch (2003), S. 58; Klein (2004), S. 3.

Die **wissenschaftliche Fragestellung** präzisiert das Thema. Beachten Sie deshalb, dass Sie sich für Ihre Arbeit nur eine oder einige wenige Fragen stellen. Eine große Anzahl wissenschaftlicher Fragen birgt die Gefahr, dass Ihre Arbeit „ausufert". Wenn mit dem Schreiben der Arbeit begonnen wird, bevor eine präzise wissenschaftliche Fragestellung vorliegt, kann es also sehr leicht passieren, dass man unpassende Literatur sucht, die falschen Daten erhebt und am Thema „vorbei schreibt". Vermeiden ließe sich dies durch die Formulierung einer präzisen wissenschaftlichen Fragestellung zu Beginn der Arbeit. Für die wissenschaftliche Fragestellung gilt also das Motto: Work smarter, not harder!

Im Zweifelsfall ist es immer besser, nur *eine* relativ enge Fragestellung sorgfältig und mit wissenschaftlichem Tiefgang zu bearbeiten, als mehrere Fragen oberflächlich abzuhandeln. Sie legen mit der wissenschaftlichen Fragestellung fest, womit sich Ihre Arbeit beschäftigt und womit nicht. In gewisser Weise ist die wissenschaftliche Fragestellung damit auch der Maßstab, an dem Ihre Arbeit gemessen werden wird.

Verwenden Sie daher für die Entwicklung der wissenschaftlichen Fragestellung(en) besonders viel Zeit und Sorgfalt. Hier mit Ihren Energien zu sparen, wäre am falschen Ort gespart. Je genauer Sie die wissenschaftliche Fragestellung festlegen, desto einfacher fällt es, eine passende Gliederung zu erstellen und relevante Literatur zu suchen.

Lässt sich für ein Thema keine wissenschaftliche Fragestellung finden oder erscheint sie „gekünstelt" oder „an den Haaren herbeigezogen", so sollte man sich fragen, ob sich das gewählte Thema wirklich für eine wissenschaftliche Arbeit eignet. So mag das Thema *„Entwicklung eines Handbuches für Lektoren als Controlling-Instrument im Rahmen der Qualitätssteuerung von Fachhochschul-Studiengängen"* durchaus praktische Relevanz haben, welche wissenschaftliche Fragestellung diesem „Leitfaden" zugrunde liegt und zu welchem wissenschaftlichen Erkenntnisfortschritt die Arbeit folglich führen kann, ist nur schwer erkennbar.

Insbesondere bei empirischen Arbeiten wird die wissenschaftliche Fragestellung im Verlauf der Arbeit noch weiter präzisiert und durch sogenannte *Forschungsfragen* bzw. *Hypothesen* in einzelne interessierende Sachverhalte untergliedert. Während Forschungsfragen – wie der Name schon sagt – als Fragen formuliert sind, sind Hypothesen Aussagen, die in weiterer Folge überprüft werden. Nähere Ausführungen zur Generierung von Hypothesen finden Sie in Kapitel 10.

Besonders wichtig ist, dass das Thema, die wissenschaftliche Fragestellung und die Hypothesen/Forschungsfragen einer Arbeit konsistent sind. Diese sollen in unterschiedlicher Präzisierung und an unterschiedlichen Stellen in der Arbeit das behandelte Forschungsproblem darstellen (vgl. Tab. 2-3).

| | Aufgabe | Präzisierungsgrad | Platz in der Arbeit |
|---|---|---|---|
| Thema | Aufmerksamkeit schaffen | Niedrig | Titelseite |
| Wissenschaftliche Fragestellung | Darstellung des in der Arbeit behandelten wissenschaftlichen Problems | Mittel | Einleitung |
| Hypothesen bzw. Forschungsfragen | Fragestellung für empirische Überprüfung präzisieren | Hoch | Vor dem Methodenkapitel |

**Tab. 2-3:** Vom Thema zu den Hypothesen

Diese Konsistenz von Thema, Fragestellung und Hypothesen ist im folgenden Beispiel *nicht* gegeben:

*Thema: Frauen beim österreichischen Bundesheer*

*Wissenschaftliche Fragestellung: Worin liegen die Gründe, dass seit Inkrafttreten des Frauenausbildungsgesetzes nur wenige Frauen vom österreichischen Bundesheer rekrutiert wurden?*

*Forschungsfragen:*
*Welchen Wissensstand haben Frauen über das österreichische Bundesheer?*
*Wie groß ist die Akzeptanz des Bundesheers bei den Frauen?*
*Welche Schritte sollte das Bundesheer setzen, um den Wehrdienst für Soldatinnen und Soldaten attraktiver zu machen?*

Zunächst ist das Thema der Arbeit zu breit angelegt. Es werden Erwartungen im Leser geweckt, welche die Arbeit möglicherweise nicht erfüllen kann. Die wissenschaftliche Fragestellung präzisiert das Thema, allerdings ist die Kluft zwischen dem sehr breiten Thema und der wesentlich engeren Fragestellung vermutlich schon zu groß. Die Forschungsfragen schließlich decken zum einen die wissenschaftliche Fragestellung nur unzureichend ab (sind Wissensstand und Akzeptanz die einzigen wesentlichen Gründe, die wert sind, untersucht zu werden?), zum anderen gehen sie über die Fragestellung hinaus: Welche Maßnahmen das Bundesheer setzen soll, hat nur indirekt mit den Gründen für das Fernbleiben von Frauen vom Militär zu tun. Welche Möglichkeiten es gibt, den Wehrdienst für Soldaten attraktiver zu machen, dient weder der Präzisierung der wissenschaftlichen Fragestellung, noch ist ein Bezug zum Thema gegeben.

Abschließend sei darauf hingewiesen, dass es sich bei der Themenfindung um keinen einmaligen, sondern vielmehr um einen iterativen Prozess handelt. Das bedeutet, dass sich Ihr Thema während der Bearbeitung aufgrund des erhöhten Wissensstandes und besseren Verständnisses des Forschungsproblems durchaus verschieben kann. Dies sollten Sie nicht negativ sehen. Wichtig ist nur, dass Sie, falls sich die Schwerpunkte Ihres Themas ändern, wiederum auf die Konsistenz zwischen Thema, wissenschaftlicher Fragestellung und Forschungsfragen/Hypothesen achten.

Ist die Themenstellung klar, so können Sie in einem nächsten Schritt daran gehen, Informationen zur Beantwortung Ihrer Fragestellung zu suchen. Wie Sie diesen Schritt am besten angehen, erfahren Sie im nächsten Kapitel.

**In Kürze**

- Wägen Sie die Vor- und Nachteile eines eigenen und eines vom Betreuer vorgeschlagenen Themas gegeneinander ab.
- Zur Themensuche lassen sich persönliche, interpersonelle und literaturbasierende Strategien einsetzen.
- Achten Sie bei der Themenwahl darauf, dass das Thema Ihren Interessen, Vorkenntnissen und verfügbaren Ressourcen entspricht.
- In den meisten Fällen ist es ratsam, das Thema Ihrer Arbeit möglichst eng zu fassen.
- Präzisieren Sie Ihr Thema durch eine explizit formulierte wissenschaftliche Fragestellung, die angibt, was genau Sie im Rahmen Ihrer Arbeit herausfinden möchten.
- Achten Sie auf die Konsistenz zwischen Thema, wissenschaftlicher Fragestellung, Forschungsfragen und Hypothesen.

# 3 Informationssuche und -beschaffung[1]

In diesem Kapitel erfahren Sie, wie Sie gezielt nach Literatur für Ihre wissenschaftliche Arbeit suchen. Zunächst lernen Sie, welche Arten von Literatur Eingang in Ihre Arbeit finden können. Dann beschäftigen wir uns mit möglichen Einstiegspunkten in die Literaturrecherche. Schließlich erhalten Sie Kenntnis davon, wie Sie in den wichtigsten Informationsquellen, Bibliothekskatalogen und Literaturdatenbanken, systematisch nach Literatur suchen.

## 3.1 Übersicht über Literaturquellen

Häufig beruhen sozial- und wirtschaftswissenschaftliche Arbeiten auf vom Autor im Rahmen von Umfragen, Beobachtungsstudien, Dokumentenanalysen oder Experimenten erhobenen Daten. Neben diesen empirischen Datenquellen finden aber immer auch Literaturquellen (ergänzend oder ausschließlich) Eingang in wissenschaftliche Arbeiten. Zu den wichtigsten zählen Bücher, Periodika, Forschungsberichte, Fachstatistiken und Gesetzestexte (vgl. Abb. 3-1).

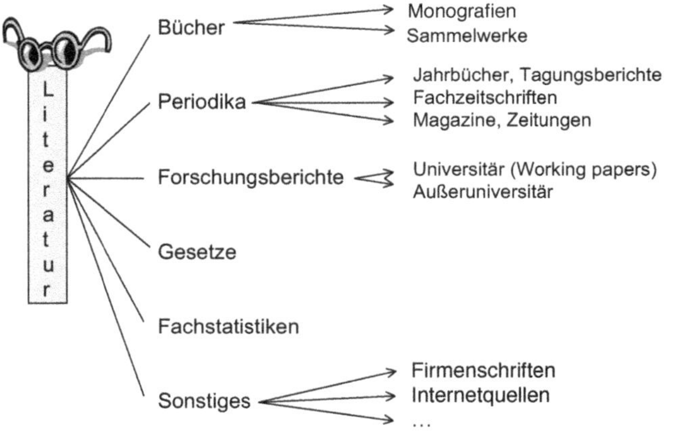


**Abb. 3-1:** Arten von Literatur

1 In diesem Kapitel wurden Teile des Skriptums „Literaturrecherchen und Informationsbeschaffung an der Wirtschaftsuniversität Wien" von Dr. Bettina Schmeikal und Mag. Bernd Gugele in aktualisierter Form verwendet.

**Bücher** lassen sich in Monografien und Sammelwerke unterteilen. *Monografien* wurden von einem Autor (oder von mehreren Autoren gemeinsam) verfasst; in *Sammelwerken* finden sich Beiträge mehrerer Autoren, die diesen namentlich zugeordnet sind. Sammelwerke lassen sich daran erkennen, dass ein oder mehrere Herausgeber angegeben sind.[2]

**Periodika** sind regelmäßig erscheinende Werke. *Jahrbücher* und *Tagungsberichte* (engl. proceedings) erscheinen meist ein- oder zweimal pro Jahr, vorwiegend in Zusammenhang mit wissenschaftlichen Konferenzen und Tagungen. Darin werden die neuesten Forschungsergebnisse veröffentlicht, die auf wissenschaftlichen Tagungen dem Fachpublikum vorgestellt wurden. *Wissenschaftliche Fachzeitschriften* erscheinen gewöhnlich vierteljährlich oder monatlich. Sie sind die wichtigste Literaturquelle wissenschaftlicher Forschung, da Forschungsergebnisse unmittelbar und aktuell publiziert werden und die Beiträge einer (mehr oder weniger) strengen Qualitätsprüfung unterzogen wurden. *Magazine* und *Zeitungen* sind keine wissenschaftlichen Publikationen und können daher, wie Sie in Kapitel 4 sehen werden, nur in sehr beschränktem Umfang Eingang in wissenschaftliche Arbeiten finden.

**Forschungsberichte** werden sowohl an Hochschulen als auch von Ämtern, Unternehmen und sonstigen Organisationen verfasst. Sie zählen zur sogenannten „grauen Literatur", d.h. nicht über den Buchhandel erhältliche, im Eigenverlag veröffentlichte wissenschaftliche Literatur. Forschungsberichte von Hochschulen und anerkannten Forschungsinstituten haben ähnliche Bedeutung wie Fachzeitschriften. Bei Forschungsberichten aus anderen Quellen (z.B. von Marktforschungsinstituten, Interessensgruppen, Unternehmensberatern) ist im Einzelfall zu prüfen, ob sie den Qualitätskriterien wissenschaftlicher Forschung entsprechen.

**Fachstatistiken** (z.B. von statistischen Ämtern wie dem Statistischen Bundesamt, der Statistik Austria, dem U. S. Census Bureau und Eurostat) sowie **Gesetzestexte** können das Grundlagenmaterial bestimmter wissenschaftlicher Arbeiten darstellen.

Bei **sonstigen Quellen** (z.B. Firmenschriften) ist im Einzelfall zu prüfen ob sie zitierwürdig sind. Auf jeden Fall sollten sie nur sehr beschränkt Eingang in die Arbeit finden, es sei denn, sie stellen den eigentlichen Forschungsgegenstand dar.

## 3.2 Literaturrecherche

Wenn Sie mit der Recherche nach Literatur für Ihre Arbeit beginnen, werden Sie vermutlich noch nicht in der Lage sein, nach eindeutigen, präzisen

2 Die Unterscheidung zwischen Büchern und Sammelwerken ist vor allem deshalb relevant, weil diese unterschiedlich zitiert und im Literaturverzeichnis angeführt werden.

Kriterien vorzugehen. Vielmehr werden Sie sich zunächst heuristisch der vorhandenen Literatur nähern. Erst in einem weiteren Schritt, wenn Sie bereits einen Überblick über die Literatur gewonnen haben, können Sie systematische Recherchen durchführen. Wir wollen uns daher zunächst mit einigen Einstiegspunkten in die Literaturrecherche beschäftigen. Des Weiteren erfahren Sie, wie Sie mit dem sogenannten Schneeballverfahren auf weitere Literatur stoßen. Schließlich befassen wir uns mit der systematischen Recherche in Literaturdatenbanken und Katalogen sowie mit der Suche nach spezifischen Literaturquellen.

### 3.2.1 Einstiegspunkte in die Literaturrecherche

Den bequemsten Ausgangspunkt, um an Literatur für eine wissenschaftliche Prüfungsarbeit zu gelangen, stellen vermutlich die Literaturhinweise des Betreuers dar. Neben den Tipps und Tricks Ihres Betreuers gibt es jedoch noch eine Reihe weiterer **Einstiegspunkte** in die Literatursuche:

**Nachschlagewerke:** In jedem Wissenschaftszweig stehen Fachlexika und Handwörterbücher zur Verfügung. Eine kleine Auswahl von sozial- und wirtschaftswissenschaftlichen Nachschlagewerken ist beispielhaft in Tab. 3-1 aufgelistet. In diesen finden sich neben kurzen Abhandlungen zu verschiedenen Themenbereichen auch Literaturhinweise, die einen ersten Anstoß geben können. Aufgrund des rapiden wissenschaftlichen Fortschritts sind Nachschlagewerke allerdings schon bald nach ihrem Erscheinen nicht mehr auf dem neuesten Stand. Beachten Sie daher stets die Aktualität der Literatur.

| |
|---|
| *Betriebswirtschaftslehre*<br>Häberle, Siegfried (Hrsg.) (2008): Das neue Lexikon der Betriebswirtschaftslehre, München. |
| *Psychologie*<br>Häcker, Hartmut/Stapf, Kurt-Hermann (Hrsg.) (2009): Dorsch Psychologisches Wörterbuch, 15. Aufl., Bern. |
| *Soziologie*<br>Hillmann, Karl-Heinz (2007): Wörterbuch der Soziologie, 5. Aufl., Stuttgart. |
| *Politikwissenschaft*<br>Woyke, Wichard (2010): Handwörterbuch Internationale Politik, 12. Aufl., Opladen. |

**Tab. 3-1:** Beispiele für Nachschlagewerke

**Lehrbücher** stellen die Grundlagen eines wissenschaftlichen Faches didaktisch aufbereitet dar. Da es sich bei Lehrbüchern um Grundlagenliteratur handelt, sollten sie in der Regel in Ihre Arbeit keinen Eingang finden (vgl. Kap. 4). Es wird erwartet, dass Sie spezifische Literatur zu Ihrem Thema finden und nicht „Allgemeinwissen" des Marketing, des Rechnungswesens, der Psychologie oder Soziologie. Trotzdem können Ihnen Lehrbücher helfen, weil sie Literaturhinweise enthalten. Die so aufgefundene Primärliteratur ist dann in den meisten Fällen sehr wohl zitierwürdig. Allerdings stellt sich auch hier, ähnlich wie bei Nachschlagewerken, die Frage nach der Aktualität der in Lehrbüchern angegebenen Literatur. So zeigen beispielsweise Garvey und Griffith (1971, zit. nach Trimmel 1997, S. 43) auf, dass psychologische Untersuchungen im Durchschnitt erst nach 13 Jahren ihren Niederschlag in amerikanischen Lehrbüchern finden. In den anderen Sozialwissenschaften wie etwa der BWL dürfte sich die Situation nicht wesentlich davon unterscheiden.

**Übersichtsartikel** in Fachzeitschriften versuchen einen Überblick über den Forschungsstand in einem bestimmten, meist eng begrenzten Forschungsbereich zu geben. Sie können einerseits selbst in Ihre Arbeit einfließen; andererseits zeigen sie weitere spezifische Literaturquellen auf.

**Buchhandelskataloge** geben einen Überblick über die im Buchhandel erhältliche Literatur. Das *Verzeichnis lieferbarer Bücher (VLB)*, das offizielle Verzeichnis des deutschen Buchhandels, informiert über im Buchhandel erhältliche deutschsprachige Literatur. Es sind Angaben zu Titel, Autor, Schlagwort, Sachgruppe, Verlag, Erscheinungsjahr und Preis vorhanden. Das VLB ist im Internet über die Website der deutschsprachigen Buchhandlungen und Verlage recherchierbar (http://www.buchhandel.de). Beachten Sie jedoch, dass vergriffene Bücher sowie graue Literatur (nicht über den Buchhandel erhältliche Forschungsberichte etc.) nicht im VLB verzeichnet sind. Diese finden Sie – zumindest teilweise – in den Beständen der Universitätsbibliotheken. Eine Alternative zum Verzeichnis lieferbarer Bücher stellen die *Datenbanken der Internet-Buchhandlung Amazon* dar. Zum einen ist die Suche meist schneller als im oft überlasteten VLB, zum anderen bietet Amazon bei vielen Büchern neben den bibliografischen Angaben weitere Informationen an. Dazu gehören beispielsweise die Rezensionen von Amazon-Kunden (von sehr unterschiedlicher Qualität). Auch zeigt Amazon an, welche Bücher von Kunden zusätzlich bestellt wurden, die ein bestimmtes Buch gekauft haben. Deutschsprachige Bücher finden sich bei Amazon.de (http://www.amazon.de). Englischsprachige Bücher sind dort zwar auch recherchierbar, gerade für wissenschaftliche Fachbücher bieten sich aber die wesentlich umfangreicheren Datenbanken von Amazon.com (http://www.amazon.com) und Amazon.co.uk (http://www.amazon.co.uk) an. Im Gegensatz zum VLB lassen sich bei Amazon in geringem Umfang auch vergriffene Bücher finden (und es kann ein Auftrag gegeben werden, diese für Sie ausfindig zu machen). Ein weiterer

Buchhandelskatalog ist *Global Books In Print (GBIP)*, das englischsprachige Gegenstück zum VLB. Hier sind über zwei Millionen Titel von über 90.000 Verlagen aus den USA, aus Großbritannien, Kanada, Australien, Europa, Afrika, Asien, Lateinamerika, Neuseeland und Ozeanien erfasst. Man findet u.a. Informationen über Autor, Titel, Publikationsjahr und -ort, Ausgabe, Verlag, ISBN-Nummer und Preis einer Publikation.

**Verlagsverzeichnisse** von wirtschafts- und sozialwissenschaftlichen Spezialverlagen geben Auskunft über Neuerscheinungen im jeweiligen Spezialgebiet. Viele Verlage präsentieren auch im Internet Kurzangaben zu Inhalten von Neuerscheinungen oder geplanten Veröffentlichungen. Die Verzeichnisse von wirtschafts- und sozialwissenschaftlichen Fachverlagen stellen einen geeigneten Einstieg in die Recherche nach Buchveröffentlichungen dar. Zur systematischen Literatursuche sind Verlagsverzeichnisse jedoch nur bedingt geeignet.

**(Fach-)Bibliografien** sind Zusammenstellungen von Literaturhinweisen. Ihnen kann man thematisch und/oder nach Autoren geordnet entnehmen, was in einem bestimmten Zeitraum an Literatur neu erschienen ist. Bibliografien sind quasi Bücher über Literatur. Fachbibliografien dokumentieren Literatur aus bestimmten Fachgebieten. So gibt es beispielsweise Fachbibliografien über Arbeitszufriedenheit, feministische Literatur, deutschsprachiges Japan-Schrifttum, die geheimen DDR-Dissertationen und vieles mehr. (Sogar eine Bibliografie der Bibliografien existiert!) Eine weitere Art von Bibliografien sind Nationalbibliografien. Nationalbibliografien dokumentieren alle Neuerscheinungen in einem bestimmten Land bzw. über ein bestimmtes Land, sofern sie von der produzierenden (National-)Bibliothek erfasst werden. Zu ihnen zählen die *Deutsche Nationalbibliografie* und die *Österreichische Bibliografie*. Gedruckte Bibliografien finden Sie in den Reference-Abteilungen der Bibliotheken. Allerdings sind viele Bibliografien schon als Datenbanken auf dem Markt, sodass die Buchform stark an Bedeutung verliert. Die elektronischen Medien haben auch den Vorteil, dass sie aktueller als gedruckte Bibliografien sind und eine unkomplizierte Durchsicht des Datenmaterials erlauben.

**Literaturdatenbanken** sind eine wertvolle Literaturquelle, da man in ihnen sehr einfach suchen kann – sofern man die Suchbefehle beherrscht (vgl. Abschnitt 3.2). Von besonderer Bedeutung sind Volltext-Datenbanken wie z.B. ABI/Inform, weil sie nicht nur Hinweise auf Literatur bieten, sondern auch die Literaturbeschaffung wesentlich erleichtern, da der gesamte Text der gefundenen Artikel sofort zum Ausdruck zur Verfügung steht.

**Bibliothekskataloge** gehören zu den wichtigsten Quellen über Bücher, E-Books, Forschungsberichte etc. Aufsätze in Fachzeitschriften oder spezifische Beiträge in Sammelwerken sucht man in ihnen allerdings vergeblich. Zeitschriften finden sich bisweilen nicht im „allgemeinen“ Katalog einer Bibliothek, sondern werden in einem speziellen Zeitschriftenkatalog geführt.

**Dokumentations- und Recherchedienste** helfen bei der Literatursuche. Neben kommerziellen Anbietern gibt es auch Non-Profit-Stellen wie beispielsweise die Informationszentren der Universitätsbibliotheken. Neben dem Zugang zu Datenbanken und Bibliografien bieten Dokumentations- und Recherchedienste insbesondere fachkundige Beratung durch Spezialisten auf dem Gebiet der Informationsrecherche an. Sie können damit vor allem den Neulingen im Bereich der Literaturrecherche eine wertvolle Hilfe sein. Aufgrund des raschen (technischen) Wandels im Bereich der Informationssuche können aber auch erfahrene Rechercheure von der Expertise der Informationsspezialisten profitieren.

Auch **Wissenschaftler**, die in Ihrem Themenbereich forschen, können Sie kontaktieren, am schnellsten mittels E-Mail. Die E-Mail-Adressen finden Sie, indem Sie gängige Internet-Suchmaschinen (z.B. Google [http://www.google.com] oder Bing [http://www.bing.com]) einsetzen. Bei den meisten Universitäten sind E-Mail-Adressen und Telefonnummern der Hochschullehrer auf der Website der Institution abrufbar. Beachten Sie jedoch: Vor der Kontaktaufnahme sollten Sie selbst eine gründliche Recherche durchführen und sich in die Literatur einlesen – erst wenn Sie konkrete Fragen zum Themengebiet stellen können und Kenntnis der Basisliteratur haben, ist es für Sie sinnvoll und aus der Sicht des kontaktierten Wissenschafters akzeptabel, einen Kontakt herzustellen. Die in einem bestimmten Bereich forschenden Wissenschafter stellen eine besonders gute Quelle für unveröffentlichte Working Papers („graue Literatur") dar. Wenn Sie über die Einstiegspunkte zur Literaturrecherche bereits auf relevante Literatur für Ihre Arbeit gestoßen sind, können Sie mithilfe des **Schneeballsystems** Ihre Literaturliste schnell vergrößern.

Auch die Literatursuche nach dem Schneeballsystem stellt ein heuristisches Verfahren zum Auffinden von Literatur dar. Ausgehend von einem für das Thema der Arbeit relevanten Buch oder Aufsatz lassen sich anhand des Literaturverzeichnisses weitere Literaturquellen finden, diese führen wieder zu weiteren Quellen usw. (vgl. Abb. 3-2).

Aber Achtung, diese Art der Literatursuche sollte nur in Kombination mit systematischen Methoden (Suche in Literaturdatenbanken, Bibliothekskatalogen, Bibliografien) verwendet werden. Dafür sind zwei Gründe ausschlaggebend:

- Die Literatursuche nach dem Schneeballsystem ist immer in die Vergangenheit gerichtet, d.h. Sie finden immer ältere Literatur als die Ausgangsquelle(n). Rezente Literatur bleibt so aus der Suche ausgeklammert.
- Autoren haben häufig sogenannte „Zitierzirkel" (Sesink 1999, S. 54), d.h. Autoren mit ähnlichen Ansichten oder persönlichen Naheverhältnissen zitieren einander häufig gegenseitig. Leicht kann man so ein einseitiges Bild des Forschungsgegenstandes erhalten.

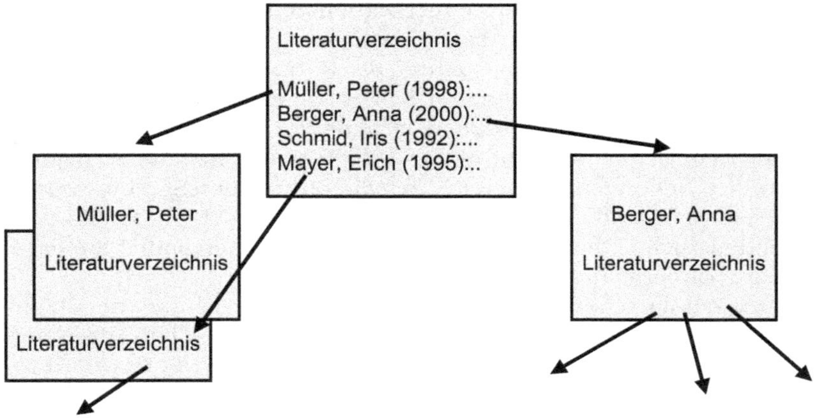


**Abb. 3-2:** Literatursuche nach dem Schneeballsystem

Abhilfe schafft da nur eine Kombination aus systematischer und heuristischer Literatursuche. Mit zwei wichtigen systematischen Suchstrategien, der Suche in Bibliothekskatalogen und in Datenbanken, wollen wir uns im nächsten Abschnitt befassen.

### 3.2.2 Recherche in Datenbanken

Neben (elektronischen) Bibliothekskatalogen stellen Literaturdatenbanken in der heutigen Zeit das wichtigste Hilfsmittel bei der systematischen Literaturrecherche dar. Gegenüber anderen Quellen wie etwa gedruckten Bibliografien, Handwörterbüchern und Fachlexika bieten sie folgende Vorteile:

- einfachere Suchmöglichkeit (sofern man die Suchsprache beherrscht)
- größere Aktualität
- große Datenbestände
- bei Volltextdatenbanken: einfachere Literaturbeschaffung

Folgende Arten von Datenbanken lassen sich unterscheiden:

- **Referenzdatenbanken:** Sie enthalten bibliografische Angaben (Autor, Titel, Erscheinungsjahr etc.) sowie häufig auch Kurzfassungen (Abstracts) der indizierten Aufsätze oder Bücher, anhand derer man meist entscheiden kann, ob sich die Beschaffung der gefundenen Literatur lohnt.
- **Volltextdatenbanken:** Zusätzlich zu den bibliografischen Angaben und Abstracts liefern Volltextdatenbanken den genauen Text der indizierten Werke (meist Zeitschriftenaufsätze, Tagungsberichte und Zei-

tungsartikel).[3] Werden mehrere Darstellungsformen angeboten, so ist es vorteilhaft, den Volltext als *page image* (meist im PDF-Format) anzuzeigen, da bei dieser Darstellungsform das genaue Layout der Artikel, wie sie in den gedruckten Fachzeitschriften erschienen sind (einschließlich Tabellen, Abbildungen und Seitenzahlen), enthalten ist. Zur Darstellung und zum Ausdruck von PDF-Dokumenten ist die Software Acrobat Reader (im Internet als Download erhältlich) erforderlich. Der große Vorteil von Volltextdatenbanken liegt in der einfachen und zeitsparenden Literaturbeschaffung. Dies ist gerade bei internationalen Fachzeitschriften, die ansonsten oft schwer erhältlich sind, von großer Bedeutung.

Neben diesen Literaturdatenbanken im engeren Sinn gibt es auch **Faktendatenbanken**, die Wirtschaftsstatistiken, Firmendaten etc. enthalten. Beispiele dafür sind die Firmendatenbanken *Hoppenstedt*, *Dun & Bradstreet (D & B)* und *Amadeus* sowie die statistische Datenbank *ISY – International Statistical Yearbook*.

Der **Zugriff auf Datenbanken** erfolgt entweder per CD-ROM in den Universitätsbibliotheken bzw. Informationsvermittlungsstellen oder aber, dies ist mittlerweile der wesentlich häufigere Fall, online im Internet. Für den Zugriff auf Datenbanken im Internet ist jedoch meist eine Zugangsberechtigung erforderlich. Zumeist wird die Zugangsberechtigung durch Feststellung der IP-Adressen des Computer-Netzwerkes, von dem Sie sich einloggen, überprüft. Zur Benutzung dieser (für den Betreiber kostenpflichtigen) Datenbanken ist es also notwendig, dass Ihre Universität oder Hochschule die Zugriffsrechte auf die Datenbank besitzt und Sie sich von einem Rechner der Universität oder über den Modempool Ihrer Universität einloggen. Eine weitere Möglichkeit ist die Authentifizierung mittels Benutzername und Passwort. Schließlich ist es bei einigen (wenigen) Datenbanken auch möglich, dass Sie kostenlos in der Datenbank recherchieren und nur für Dokumente, die Sie im Volltext lesen oder downloaden möchten, mittels Kreditkarte bezahlen.

Von der großen Anzahl verfügbarer Datenbanken werden hier nur einige Literaturdatenbanken, die für Studenten der Wirtschafts- und Sozialwissenschaften von besonderem Interesse sind, vorgestellt. Eine Liste weiterer Datenbanken finden Sie auf der Website Ihrer Universitätsbibliothek.

3 Allerdings kann man in der Regel nicht davon ausgehen, dass alle in einer Volltextdatenbank enthaltenen Dokumente im Volltext vorliegen. In vielen Volltextdatenbanken ist ein Teil der Dokumente nur in Form von Abstracts enthalten.

- **ABI/Inform-Global-Proquest**
  ABI/Inform enthält Informationen aus allen Gebieten der Betriebswirtschaft aus über 1.000 internationalen betriebswirtschaftlichen Zeitschriften und Tageszeitungen (vorwiegend englischsprachig) seit dem Erscheinungsjahr 1970. Der Großteil der enthaltenen Artikel ist im Volltext erhältlich.
- **EBSCO Business Source**
  Umfassende englischsprachige Volltextdatenbank, die tausende Fachzeitschriften aus dem Bereich der Wirtschaftswissenschaften auswertet.
- **EconLit**
  EconLit ist eine volkswirtschaftliche Datenbank, die vorwiegend englischsprachige Fachzeitschriften, Monografien und Sammelbände auswertet. Verfügbar sind bibliografische Angaben und Abstracts.
- **Helecon**
  Helecon umfasst 10 Datenbanken mit betriebs- und volkswirtschaftlichen Informationen, teilweise mit Abstracts.
- **IBSS – International Bibliography of Social Sciences**
  Die Datenbank wertet Journale, Monografien und Sammelwerke (vorwiegend englischsprachig, aber auch deutsch, französisch und spanisch) in den wissenschaftlichen Disziplinen Ökonomie, Soziologie, Politikwissenschaften und Anthropologie aus.
- **ISSHP – Index to Social Sciences & Humanities Proceedings**
  ISSHP enthält bibliografische Angaben von sozial- und wirtschaftswissenschaftlichen sowie geisteswissenschaftlichen Konferenzbeiträgen.
- **LexisNexis**
  Die Datenbank LexisNexis enthält internationale Rechtsinformationen, Unternehmensdaten sowie Artikel aus tausenden internationalen Zeitungen und Magazinen.
- **PAIS – Public Affairs Information Service**
  PAIS ist eine internationale Datenbank, die Literaturangaben und Abstracts zu den Bereichen Politikwissenschaft, internationale Beziehungen sowie Wirtschafts- und Sozialwissenschaften enthält.
- **PsycLIT/PsycINFO**
  Umfangreiche, vorwiegend englischsprachige Datenbank mit bibliografischen Angaben und Abstracts von Artikeln und Büchern aus dem Bereich der Psychologie und angrenzenden Bereichen (z.B. Konsumentenforschung, psychologische Aspekte des Managements). Die CD-ROM-Version heißt PsycLIT, die Online-Datenbank Psyc-INFO.
- **PsychJournals**
  Die Datenbank PsychJournals umfasst Artikel aus den Journalen der American Psychological Association sowie einiger auf Psychologie spezialisierter Verlage im Volltext.

- **Psyndex**
  Psyndex wertet psychologische und pädagogische Fachliteratur (Artikel, Monografien, Sammelwerke) aus dem deutschen Sprachraum aus.
- **SSCI – Social Sciences Citation Index**
  Der Social Sciences Citation Index wertet 1.400 (vorwiegend englischsprachige) sozialwissenschaftliche Zeitschriften komplett sowie weitere 3.200 Zeitschriften selektiv aus. Neben bibliografischen Angaben und Abstracts sind auch die Literaturangaben (Citations) der erfassten Artikel verfügbar. Damit ist es im Gegensatz zu den meisten anderen Literaturdatenbanken möglich, mit dem SSCI eine „umgekehrte Schneeballsuche" durchzuführen. D.h. es kann nach Artikeln gesucht werden, die eine bestimmte Publikation zitieren und von denen daher anzunehmen ist, dass sie in thematischem Zusammenhang mit der bekannten Publikation stehen. Beispiel: In welchen Artikeln des Jahres 2012 wird der 2005 im *Journal of Finance* erschienene Aufsatz von G. Smith zitiert? Des Weiteren kann nach „Related Records" gesucht werden, also nach Artikeln, die im gleichen Jahr zumindest eine gemeinsame Literaturangabe wie der Ausgangsartikel aufweisen.
- **Sociological Abstracts**
  Die Datenbank Sociological Abstracts enthält bibliografische Angaben und Abstracts von internationalen Zeitschriftenartikeln aus dem Bereich der Soziologie und benachbarten Disziplinen.
- **WISO Betriebswirtschaft**
  WISO Betriebswirtschaft umfasst zwei Datenbanken, die betriebswirtschaftliche Datenbank BLISS und die Wirtschaftspresse-Datenbank FITT. Beide Datenbanken liefern bibliografische Angaben und Abstracts. Für BLISS werden 200 deutschsprachige, 100 englischsprachige wirtschaftswissenschaftliche Zeitschriften sowie Monografien, Sammelwerke und Dissertationen erfasst. FITT wertet die deutschsprachige Wirtschaftspresse sowie die Wirtschaftsteile der Tagespresse aus.

Die **Recherche in Datenbanken** erfolgt in mehreren Schritten:
1. Festlegen von Begriffen, nach denen man sucht
2. Generierung von Synonymen für die Suchbegriffe (z.B. Fremdsprachen, unterschiedliche Schreibweisen etc.)
3. Verknüpfung der Suchbegriffe durch für die Datenbank zulässige Suchoperatoren
4. Durchführung der Suche

Am Beginn einer Literaturrecherche müssen **Suchbegriffe** gefunden werden, die Ihr Thema möglichst genau erfassen. Anhand dieser Begriffe kann dann in den Datenbanken recherchiert werden. Beim Finden von Suchbegriffen sollten Sie folgendermaßen vorgehen: Notieren Sie sich die zwei oder drei wichtigsten Begriffe Ihrer Themenstellung. Erstellen Sie mithilfe ähnlicher Begriffe bzw. Begriffe gleicher Bedeutung (Synonyme) eine Liste. Bei der Suche nach ähnlichen und synonymen Begriffen können Lexika und Handwörterbücher behilflich sein. Auch ein erster Einstieg in eine Datenbank kann Anregungen geben: Man kann einen Begriff eingeben und einen Eindruck darüber gewinnen, welche Schlagworte in einer Datenbank verwendet werden. Außerdem sollten Sie sich auch fremdsprachige, insbesondere englischsprachige Begriffe überlegen, da meist nur ein kleiner Teil der zur Verfügung stehenden Datenbanken deutschsprachig ist.

Wenn beispielsweise das Thema Ihrer Arbeit „Psychische und soziale Veränderungen im Verhalten von Langzeitarbeitslosen" lautet, so können etwa erste Suchbegriffe sein: „psychische Faktoren", „soziale Faktoren", „Verhalten" und „Langzeitarbeitsloser". Der Begriff „Veränderung" allein ist zu unspezifisch und sollte höchstens im Zusammenhang mit „Verhalten" oder gleich als „Verhaltensveränderung" gesucht werden. Eine Liste mit Suchbegriffen könnte folgendermaßen (siehe Tab. 3-2) aussehen.

Um mit den gefundenen Suchbegriffen gezielt nach Informationen suchen zu können, ist es notwendig zu verstehen, nach welchen Systemen und Kriterien die Informationen in Datenbanken eingeteilt und dem Benutzer zugänglich gemacht werden. Die Produktion einer Datenbank ist im

| **Liste von ähnlichen und synonymen Begriffen** | |
|---|---|
| psychische Faktoren | psychological distress |
| psychosoziale Faktoren | psychological factors |
| psychosoziale Situation | psychosocial factors |
| soziale Faktoren | social factor |
| sozialpsychologische Faktoren | social behaviors |
| soziales Verhalten | social behavior |
| Sozialverhalten | coping |
| Coping-Verhalten | |
| Langzeitarbeitslose | long term unemployed |
| Langzeitarbeitsloser | long term unemployment |
| Langzeitarbeitslosigkeit | |
| Dauerarbeitslose | |
| Dauerarbeitsloser | |
| Dauerarbeitslosigkeit | |

**Tab. 3-2:** Beispiel für Suchbegriffe

Grunde ein Standardisierungsvorgang. Es wird nämlich versucht, mithilfe von standardisierten Begriffen (sogenannten **„Schlagworten"** oder „Deskriptoren") und sonstigen standardisierten Einteilungen („Klassifikationen") ein komplexes Dokument zu erfassen. Dies soll dem Benutzer ermöglichen, mithilfe weniger Suchabfragen die für ihn relevanten Dokumente zu finden.

**Schlagworte** (oder Deskriptoren) sind standardisierte Begriffe, die den Inhalt eines Dokumentes beschreiben. Mithilfe von Schlagworten soll zum einen im Telegrammstil Auskunft über den Inhalt eines Dokumentes gegeben werden. Zum anderen soll ein Dokument aber auch über diese Schlagworte suchbar gemacht werden.
Für den Benutzer einer Datenbank ist es wichtig, die in der Datenbank verwendeten Schlagworte zu kennen. Für jede Datenbank gibt es einen normierten **Schlagwortkatalog**, an den sich der Datenbankproduzent halten muss. Leider gibt es keinen einheitlichen Schlagwortkatalog für alle Datenbanken, sodass man sich nicht darauf verlassen kann, mit ein und demselben Schlagwort in jeder Datenbank fündig zu werden.

Ein guter Schlagwortkatalog ist hierarchisch strukturiert, d.h. er führt neben der alphabetischen Liste noch Verweise auf verwandte Begriffe, Ober- und Unterbegriffe an. Außerdem gibt er Hinweise darauf, welches Schlagwort anstatt eines im Schlagwortkatalog nicht vorhandenen Begriffes verwendet wird. Der folgende Auszug aus einer Schlagwortliste der Datenbank „WISO-Sozialwissenschaften" soll das verdeutlichen (siehe Tab. 3-3).

Aus dieser Schlagwortliste geht hervor, dass das Schlagwort „Dauerarbeitslosigkeit" (fett gedruckt) in der Datenbank verwendet wird, nicht aber „Langzeitarbeitslosigkeit" (UF steht für „used for"). Als Überbegriff (BT steht für „broader term") für Dauerarbeitslosigkeit wird Arbeitslosigkeit verwendet. Als Unterbegriffe (NT steht für „narrower term") von „Dauer" werden „Aufenthaltsdauer" und „Lebensdauer" angeführt. Beim Begriff „Datenverarbeitungsberuf" wird auf den in dieser Datenbank zu verwendenden Begriff „EDV-Beruf" verwiesen.

Gerade am Beginn einer Recherche ist es wichtig, mit **Platzhaltern** (auch Trunkierungen oder Wildcards genannt) zu arbeiten, da man noch nicht weiß, welche Begriffe in der Datenbank verwendet werden. So wäre es etwa sinnvoll, in einer Suche nach dem obengenannten Thema zunächst nach dem Begriff „langzeitarbeitslos*" zu suchen. Damit wird gewährleistet, dass nach den Begriffen „Langzeitarbeitslosigkeit", „Langzeitarbeitsloser", aber auch „langzeitarbeitslos" gesucht wird. Die Zeichen für den Platzhalter variieren von Datenbank zu Datenbank. In den meisten Datenbanken wird entweder der Stern „*" das Dollarzeichen „$" oder das Fragezeichen „?" als Platzhalter verwendet.

Ein großer Vorteil einer elektronischen Datenbankrecherche besteht darin, dass man mithilfe sogenannter **Suchoperatoren** (Verknüpfungen)

**Beispiel**

**Auszug aus der Schlagwortliste der Datenbank WISO-SOZIALWISSENSCHAFTEN**

**Datenverarbeitung**
Datenverarbeitungsberuf
USE EDV-Beruf

**Datenverbund**

**Dauer**
NT Aufenthaltsdauer
Lebensdauer
UF Verweildauer
zeitliche Dauer

Dauerarbeitslosigkeit
BT Arbeitslosigkeit
Langzeitarbeitslosigkeit

Dauerpflege
USE Pflegebedürftigkeit

Legende:
BT = broader term (Überbegriff); NT = narrower term (Unterbegriff): UF = used for (in der Datenbank verwendet für); USE = verwende stattdessen

**Tab. 3-3:** Beispiel für eine Schlagwortliste

nach mehreren Suchbegriffen gleichzeitig suchen kann. Die zusätzlichen Begriffe können die Suche einschränken oder erweitern. Soll ein zweiter Suchbegriff einschränkend wirken, muss er mit „und“ verknüpft werden. Soll die Suche hingegen erweitert werden, muss die Verknüpfung „oder“ verwendet werden.

Soll beispielsweise Literatur über Langzeitarbeitslosigkeit in Europa gesucht werden, lautet die Suche: „Langzeitarbeitslosigkeit und Europa“. In einer englischsprachigen Datenbank lautet die Suche: „long term unemployment and Europe“. Ausgeweitet könnte die Suche etwa folgendermaßen werden: „Langzeitarbeitslosigkeit oder Dauerarbeitslosigkeit“ bzw. „long term unemployment or continuous unemployment“.

Bei komplizierteren Suchvorgängen mit mehreren Verknüpfungen müssen Klammern gesetzt werden. Ähnlich wie in der mathematischen Logik zeigen die Klammern an, welche Suche zuerst durchgeführt werden soll. Vorsicht: „Oder“-Verknüpfungen müssen bei komplexeren Abfragen immer zwischen Klammern stehen.

Eine allgemeine (d.h. nicht auf eine bestimmte Datenbank ausgerichtete) Abfrage zum Thema „Psychische und soziale Veränderungen im Verhalten von Langzeitarbeitslosen“ könnte folgendermaßen lauten (Groß- und

Kleinschreibung ist in den meisten Datenbanken irrelevant): (sozial* oder psych* oder verhalten*) und (langzeitarbeitslos* oder dauerarbeitslos*).

Neben „und“, „oder“ und den Klammern stehen häufig noch sogenannte „Nähe-Operatoren“ (z.B. „near“) zur Verfügung. Mit ihnen kann man festlegen, dass in den gesuchten Dokumenten zwei Suchbegriffe nebeneinander, im selben Satz oder im selben Absatz vorkommen sollen. Dies kann vor allem dann wichtig sein, wenn man in Originaltexten sucht, die nicht mit Schlagworten oder Klassifikationen versehen sind. Eine Verknüpfung von Suchbegriffen mit „und“ bzw. „and“ könnte beispielsweise dann, wenn Sie in den Volltextartikeln einer Volltextdatenbank suchen, zu sehr vielen, jedoch nicht immer für Ihre Arbeit relevanten Treffern führen. Durch die Verknüpfung der Suchbegriffe durch einen Nähe-Operator lässt sich die Trefferzahl auf ein überschaubares Maß einschränken. Eine weitere Möglichkeit der Verknüpfung von Suchbegriffen, die in vielen Datenbanken besteht, ist die Verwendung von Operatoren wie „not“, „and not“ und „ausgenommen“, mit denen bestimmte Suchbegriffe von der Suche ausgeschlossen werden können.
Einen Überblick über häufig verwendete Suchoperatoren gibt Abb. 3-3. Die schraffierten Flächen der Kreise geben dabei jeweils an, welche Dokumente gefunden werden, wenn Suchbegriffe durch bestimmte Suchoperatoren verknüpft werden.

Achtung: Suchoperatoren sind nicht standardisiert, die Syntax kann von einer Datenbank zur anderen abweichen. Auch können Sie nicht alle angegebenen Operatoren bei allen Datenbanken verwenden. Bei einigen Datenbanken stehen hingegen weitere Operatoren zur Verfügung. Es lohnt sich also, vor der erstmaligen Verwendung eines Bibliothekskatalogs, einer

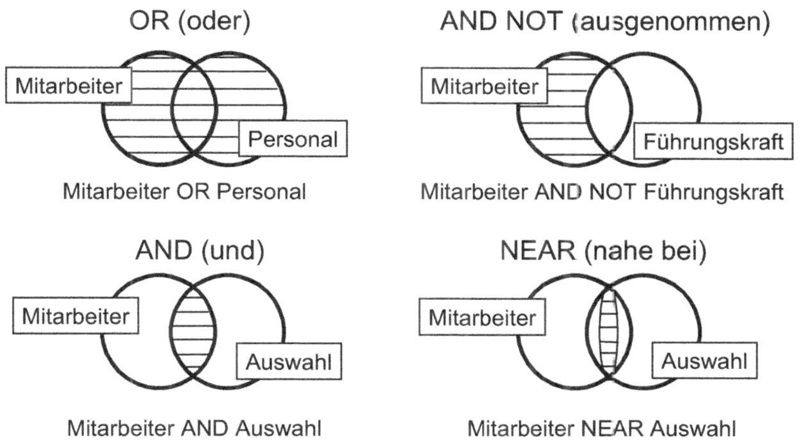


**Abb. 3-3:** Gebräuchliche Suchoperatoren

Datenbank oder Internet-Suchmaschine die jeweilige Hilfe-Seite aufzurufen, auf der meist eine Kurzübersicht über die zulässigen Operatoren und deren Syntax gegeben wird.

### 3.2.3 Suche in Bibliothekskatalogen

Die Universitäts- und Hochschulbibliotheken sowie eine Reihe weiterer wissenschaftlicher Bibliotheken sind in der Regel in Bibliotheksverbünden zusammengefasst. Für gewöhnlich sind die Kataloge innerhalb eines Bibliotheksverbundes gleich aufgebaut und es besteht die Möglichkeit, in den **Katalogen einzelner Bibliotheken** oder aber in allen Katalogen gleichzeitig zu suchen (**Verbundkatalog**).

Beispielhaft wird die Suche im Katalogsystem *Aleph*, das unter anderem im bayrischen, im nordrhein-westfälischen und im österreichischen Bibliotheksverbund eingesetzt wird, erläutert. Andere an deutschsprachigen Universitäts- und Hochschulbibliotheken zum Einsatz kommende Bibliothekssysteme (z.B. das ebenfalls weit verbreitete System *Pica*) sind sehr ähnlich zu bedienen.

Im Katalog gefundene Bücher können bei vielen Bibliotheken direkt über das Internet bestellt oder vorgemerkt werden. Dazu ist jedoch ein Berechtigungsausweis mit PIN-Code nötig. Dieser ist in der Entlehnstelle der jeweiligen Universitätsbibliothek erhältlich.

*Achtung:* Bei den meisten Bibliotheken können nur Bücher aus dem Magazin, dem „Buchspeicher“ der Bibliothek, über das Internet bestellt werden. Auf Bücher im Freihandbereich der Bibliothek können Sie selbst direkt zugreifen. Bücher aus dem Freihandbereich können Sie im Lesesaal der Bibliothek einsehen oder unter Umständen über das Wochenende entlehnen. Bücher, die sich in Institutsbibliotheken befinden, müssen meist persönlich bestellt und entlehnt werden. (*Tipp:* Aufgrund der eingeschränkten Öffnungszeiten vieler Institutsbibliotheken ist es ratsam, vorher anzurufen, um nicht vor verschlossenen Türen zu stehen.)

Das folgende Beispiel zeigt Ihnen, wie Sie bei einer Suche im Bibliothekskatalog *Aleph* vorgehen. Das Beispiel bezieht sich auf eine Suche im Online-Katalog der Wirtschaftsuniversität Wien. Bei der Suche in anderen Katalogen ergeben sich aber nur geringfügige Unterschiede.

- Klicken Sie auf der Startseite des Online-Katalogs auf den Button „Suche“. Sie gelangen damit auf die Suchmaske „Einfache Suche“. (Sie können auch zu einem anderen Katalog im Bibliotheksverbund wechseln, indem Sie auf „Katalogauswahl“ klicken.)
- Wählen Sie aus, nach welchem Kriterium (Autor, Titel, Schlagworte, alle Felder etc.) Sie suchen wollen. (Möchten Sie nach mehreren Kriterien gleichzeitig suchen, um auf diese Weise die Suche einzuengen, müssen Sie die Suchmaske wechseln, indem Sie auf den Button „Kom-

plexe Suche" bzw. „Mehrere Felder" klicken.) Geben Sie den Autor, ein oder mehrere im Titel vorkommende Wörter oder Schlagwörter in das dafür vorgesehene Suchfeld ein (Verknüpfungen mit AND, OR und NOT sind möglich) und starten Sie die Suche (Abb. 3-4).

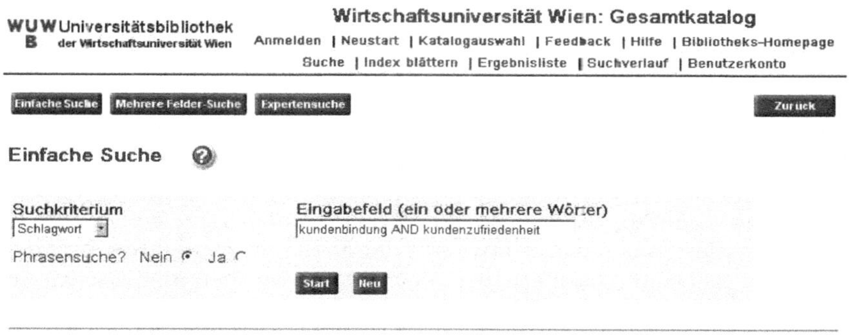


**Abb. 3-4:** Eingabe der Suchbegriffe im Katalog

- Als Ergebnis der Suche wird eine Titelliste angezeigt. Zur Vollanzeige eines Titels gelangen Sie, indem Sie auf die unterstrichene Nummer links neben dem Autor klicken (Abb. 3-5).
- Für jedes ausgewählte Buch wird nun der Datensatz, welcher die vollständigen bibliografischen Angaben enthält, angezeigt. (Über die ange-

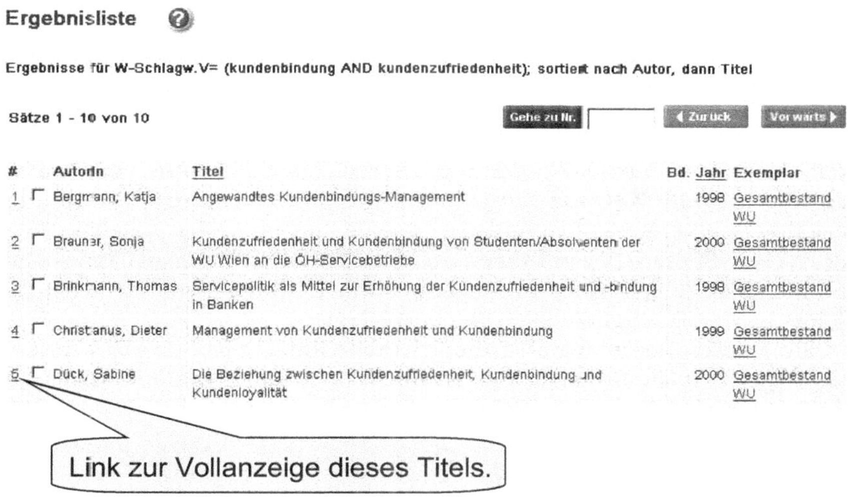


**Abb. 3-5:** Titelliste

zeigten Schlagworte, nach denen das Buch klassifiziert wurde, lassen sich übrigens weitere Werke finden.)

- Der Link „Bestand“ zeigt an, in welcher Bibliothek bzw. Institutsbibliothek das Buch erhältlich ist, ob es aus dem Magazin (dem Buchspeicher der Bibliothek) oder der Freihandaufstellung entlehnbar ist und ob es zurzeit entlehnt ist. Außerdem können Sie hier aus dem Magazin entlehnbare Bücher bestellen sowie von anderen Bibliotheksbenutzern entlehnte Bücher reservieren lassen.

Beachten Sie, dass ältere Werke der Universitätsbibliotheken zum Teil nicht im elektronischen Katalog *Aleph* verzeichnet sind. Der Zeitpunkt, ab dem Bücher in elektronische Kataloge (*Aleph* und dessen Vorgänger *BIBOS*) aufgenommen wurden, ist je nach Bibliothek (und Sammelgebiet) unterschiedlich, lässt sich aber in etwa mit der Mitte der 80er-Jahre datieren. Genauere Auskünfte dazu erhalten Sie bei den jeweiligen Bibliotheken, telefonisch oder auf den Bibliotheks-Websites. Ältere, nicht in *Aleph* katalogisierte Werke lassen sich in den **Zettelkatalogen** der Bibliotheken finden.

Die Zettelkataloge gibt es in dreifacher Ausführung, nämlich als Autorenkatalog, als Schlagwortkatalog und als systematischen Katalog (nach Klassifikationen geordnet). Abgesehen davon, dass es sehr mühsam ist, sich durch Zettelkataloge durchzuarbeiten, haben sie zwei gravierende Nachteile: Zum einen kann man immer nur nach einem Kriterium (entweder Autor oder Schlagwort oder Systematik) suchen; zum anderen bleibt eine Suche auf die Bestände der lokalen Bibliothek beschränkt.

Einige Universitätsbibliotheken haben begonnen, ihre Zettelkataloge über das Internet zugänglich zu machen.[4] Zwar ist die Suche in diesen **„virtuellen Zettelkatalogen“** bei weitem nicht so komfortabel wie im elektronischen Katalog *Aleph*, dennoch ersparen Sie sich damit zumindest den Gang zur Bibliothek.

Zusätzlich zur Suche in deutschsprachigen Bibliothekskatalogen können Sie auch die Kataloge ausländischer (Universitäts-)Bibliotheken konsultieren. Die komfortabelste Art des Zugriffs ermöglicht vermutlich der **Karlsruher Virtuelle Katalog** (http://www.ubka.uni-karlsruhe.de/kvk.html), der Ihnen mit einer Suchabfrage gleichzeitig Zugang zu den Katalogen des deutschen Bibliotheksverbundes, zu zahlreichen anderen ausländischen Bibliotheken (z.B. Library of Congress) sowie zu Buchhandelsverzeichnissen (z.B. Verzeichnis lieferbarer Bücher) bietet.

Ein Problem, das der Karlsruher Virtuelle Katalog jedoch nicht für Sie lösen kann, ist die Beschaffung von Büchern aus dem Ausland. Hier hilft

4 Als Beispiele seien die virtuellen Zettelkataloge der Universität Wien (http://www.univie.ac.at/ubwdb/) und der Wirtschaftsuniversität Wien (http://www.wu.ac.at/start/services/library) genannt.

nur die – leider meist langsame und relativ teure – Fernleihe der Universitätsbibliotheken oder der direkte Zugriff bei der jeweiligen Bibliothek.

### 3.2.4 Die Suche nach spezifischen Literaturquellen

Häufig stellt sich bei der Literatursuche die Frage: Was finde ich wo? Bisweilen führt auch eine Suche mit gut überlegten Suchbegriffen nicht zum Ziel. Der Grund kann darin liegen, dass nicht am richtigen Ort gesucht wurde. Die folgende Übersicht sollte Ihnen helfen, spezifische Literaturquellen zu finden (vgl. Tab. 3-4):

| **Sie suchen:** | **Wo Sie es finden:** |
|---|---|
| Bücher (Monografien und Sammelwerke) | Bibliothekskatalog<br>Buchhandelsverzeichnisse<br>Bibliografien |
| E-Books (digitale Bücher) | Bibliothekskataloge<br>Buchhandelsverzeichnisse<br>Bibliografien |
| Graue Literatur | Bibliothekskatalog<br>Spezialisierte Datenbanken (z.B. ISSHP)<br>Internet (Websites von Universitätsinstituten und sonstigen Forschungseinrichtungen) |
| Zeitschriften | Bibliothekskatalog oder spezieller Zeitschriftenkatalog (je nach verwendetem Bibliothekssystem)<br>Elektronische Zeitschriftenbibliothek (EZB) |
| Zeitschriftenartikel | Literaturdatenbanken<br>Bibliografien |
| Firmendaten | Faktendatenbanken |
| Gesetzestexte | Rechtsdatenbanken<br>Bibliothekskatalog |
| Dissertationen | Bibliothekskatalog<br>Dissertationsdatenbanken<br>UMI Digital Dissertations |
| Masterarbeiten | Bibliothekskatalog |
| Ältere Bücher (bis Mitte/ Ende der 80er Jahre) | Zettelkataloge<br>Virtuelle Zettelkataloge |

**Tab. 3-4:** Suche nach spezifischen Literaturquellen

Weitere Informationen und Anschauungsbeispiele zur Online-Literatursuche finden Sie im Video „Wie suche ich online nach Literatur?“ http://www.marketmentor.at/projects/wa.html

## 3.3 Die Materialbeschaffung

Nachdem Sie für Ihre Arbeit relevante Literatur identifiziert haben, können Sie daran gehen, diese zu beschaffen. In vielen Fällen wird dies ohne größeren Aufwand möglich sein:

- Bücher können Sie aus dem Magazin bzw. der Freihandaufstellung Ihrer Universitätsbibliothek entlehnen bzw. Teile daraus kopieren.
- E-Books, die Sie im Bibliothekskatalog gefunden haben, lassen sich meist direkt am Computer aufrufen.
- Zeitschriften finden Sie im Zeitschriftenbereich der Bibliothek, entweder lose (bei laufenden Jahrgängen) oder nach Jahrgängen gebunden.

Es kann aber auch oft der Fall sein, dass wichtige Bücher oder Zeitschriften nicht in Ihrer Universitätsbibliothek verfügbar sind. Bei Zeitschriftenartikeln besteht eine bequeme Alternative zur traditionellen Literaturbeschaffung in der Bibliothek darin, die in **Volltextdatenbanken** gefundenen Artikel direkt auszudrucken. Wenn Sie dabei die Wahl haben, den Artikel im HTML-Format oder im pdf-Format auszudrucken, sollten Sie unbedingt das pdf-Format wählen, da nur bei diesem Abbildungen und Tabellen originalgetreu dargestellt werden und beim HTML-Format die Seitennummern der Originalquelle nicht angegeben werden – ein Umstand, der später beim Zitieren in Ihrer Arbeit Probleme bereitet.

Eine weitere Möglichkeit, Zeitschriftenartikel einfach zu beschaffen, besteht darin, diese aus **Electronic Journal Collections** downzuloaden. Unter Journal Collections versteht man virtuelle Zeitschriftenbibliotheken im Internet, in denen Zeitschriften (meist wissenschaftliche Journale) im Volltext verfügbar sind. Häufig werden diese Zeitschriftensammlungen von wissenschaftlichen Fachverlagen verwaltet. Das bedeutet, dass Sie in einer Journal Collection für gewöhnlich nur die Zeitschriften des jeweiligen Verlags finden.

Wichtige Journal Collections sind:

- **Science Direct** (des Verlags Elsevier) (http://www.sciencedirect.com)
- **Wiley** (http://onlinelibrary.wiley.com)
- **Emerald** (http://www.emeraldinsight.com)
- **Oxford University Press** (http://www.oxfordjournals.org)

- **Blackwell**
  Siehe Wiley
- **Springer**
  (http://www.springerlink.com)
- **Sage**
  (http://online.sagepub.com)

Einerseits können Sie in Journal Collections nach Jahrgängen einer Zeitschrift suchen. Zum anderen bieten viele Journal Collections aber auch ähnliche Suchfunktionen (Suche nach Autor, Titel etc.) wie Volltextdatenbanken an, und die Unterschiede zwischen Volltextdatenbanken und Journal Collections verschwimmen in der Tat immer mehr. Das bedeutet, dass Journal Collections meist nicht nur zur Literaturbeschaffung, sondern, ergänzend zu Datenbanken, auch zur Literatursuche eingesetzt werden können.

Die Zugriffsberechtigung erfolgt bei den meisten Journal Collections (so wie bei vielen Datenbanken) über IP-Erkennung. Sie identifizieren sich also automatisch über das Computernetzwerk, über das Sie sich einloggen, und die Journal Collection wird freigeschaltet.

Eine wichtige Ergänzung zu den Journal Collections der Verlage stellt die **Elektronische Zeitschriftenbibliothek der Universität Regensburg (EZB)** dar. Ein Ampelsystem zeigt an, welche Zeitschriften allgemein zugänglich sind (grüne Ampel), auf welche Zeitschriften Sie vom Computernetzwerk Ihrer Universität aus Zugriff haben (gelbe Ampel) und auf welche Zeitschriften Sie keinen Zugriff haben (rote Ampel). Links führen direkt zu den Websites bzw. Journal Collections der Verlage, von denen aus Sie auf den Volltext der Zeitschriften zugreifen können (vgl. Abb. 3-6). Anders als bei den Journal Collections der Verlage ist in der EZB jedoch nur die Suche nach Zeitschriften, nicht nach Zeitschriftenartikeln möglich. Zugriff auf die EZB erhalten Sie über die Website Ihrer Universitätsbibliothek.

Wenn Volltextdatenbanken und Journal Collections grundsätzlich für die Materialbeschaffung ausscheiden (bei nicht digital verfügbaren Büchern) oder Sie eine Zeitschrift bzw. einen Zeitschriftenartikel darin nicht finden, können Sie die gewünschte Literatur über die Fernleihe Ihrer Bibliothek organisieren. Bücher werden meist leihweise, Zeitschriften in Kopieform besorgt. Außerdem kann auch bei kommerziellen Lieferdiensten Zeitschriftenliteratur bestellt werden.

Zunächst müssen Sie ein Werk in einer Bibliothek lokalisieren bzw. wissen, über welchen Lieferdienst ein bestimmtes Werk zu bekommen ist.

Um die Verfügbarkeit von Büchern und grauer Literatur festzustellen, hilft Ihnen, wie bereits bekannt, der Verbundkatalog Ihres Bibliotheksverbundes. Ist die Suche erfolglos, so führt meist die Recherche im *Karlsruher Virtuellen Katalog* zum Ziel.

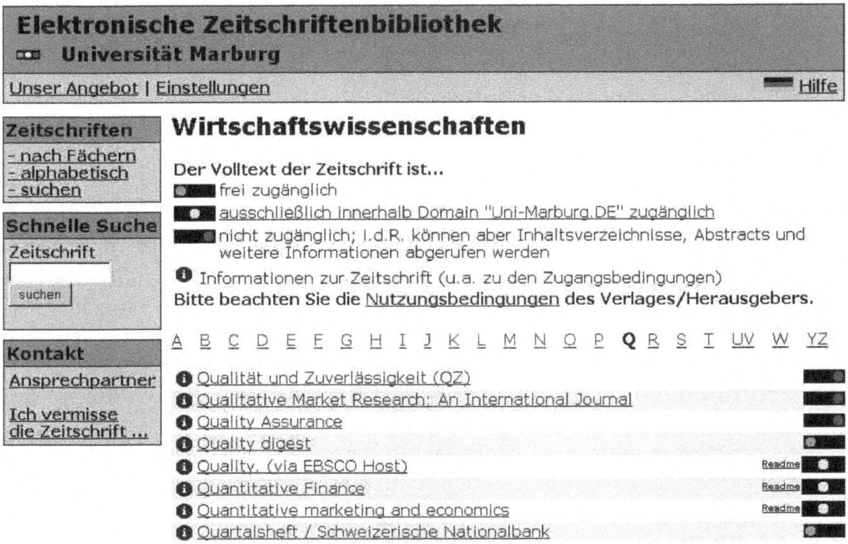


**Abb. 3-6:** Elektronische Zeitschriftenbibliothek

Die Verfügbarkeit von Zeitschriften in wissenschaftlichen Bibliotheken wiederum lässt sich im *Aleph Teilkatalog Zeitschriften und Serien* überprüfen. Dokumentenlieferdienste bieten darüber hinaus zum Teil über das Internet die Möglichkeit, in den eigenen Datenbanken nach Zeitschriften zu suchen.

Die klassische Form der Besorgung von Büchern und Zeitschriftenartikeln, die nicht an der eigenen Bibliothek erhältlich sind, ist die **Fernleihe**. Prinzipiell sind gebührenpflichtige Fernleihen aus den meisten wichtigen Bibliotheken des deutschen Sprachraums möglich. Bücher werden im Original besorgt, Zeitschriften in Kopie. Die anfallenden Kosten divergieren stark und können zwischen € 0,5 und € 50 liegen. Die Höhe des Betrages hängt nicht nur vom Umfang des bestellten Werkes ab, sondern auch von der liefernden Bibliothek.

Auch aus *anderen Ländern* können Dokumente beschafft werden; die Kosten variieren hierbei sehr stark. Für Bücher aus Großbritannien beträgt die Lieferzeit zwischen drei und vier Wochen. Auch die Fernleihe aus Italien und Frankreich funktioniert recht gut. Werke aus den USA bekommt man eher schwer. Generell gilt: Zeitschriftenartikel zu besorgen ist einfacher als Bücher.

Eine Alternative zur Fernleihe stellen **Dokumentenlieferdienste** dar. Dokumentenlieferdienste sind meist kommerzielle Unternehmen, die gegen Entgelt Dokumente (meist Zeitschriftenartikel) liefern. Ihr Vorteil besteht in der raschen Abwicklung. Die Bestellung erfolgt in der Regel über das Internet; die Dokumente kommen per Fax, E-Mail oder Post. Oft ist es sinnvoller, einen Zeitschriftenartikel über einen Lieferdienst zu bestellen als über Fernleihe, da die Fernleihe länger dauert und ebenso Kosten verursacht. Zu den herausragenden Lieferdiensten zählen Subito und Ingenta. Subito (http://www.subito-doc.de) ist ein deutscher Lieferdienst, bei dem Sie nach Zeitschriften und Aufsatztiteln suchen können. Die Lieferung erfolgt per E-Mail oder Download des Dokuments von den Websites der Anbieter.

Ein weiterer Dokumentenlieferdienst ist Ingenta. Unter der Internetadresse http://www.ingentaconnect.com finden Sie eine umfassende Datenbank mit englischsprachigen Zeitschriften, die nach Zeitschriftentitel, Schlagwort, Autor und Titel eines Artikels durchsucht werden kann. Auch bei diesem – verhältnismäßig teuren – Document Delivery Service erfolgt die Lieferung per Fax, E-Mail oder Download.

Schließlich soll auch die Hilfsbereitschaft vieler akademischer Autoren nicht unterschätzt werden, einem (ausländischen) Fachkollegen zu helfen. Kontaktieren Sie den Autor am besten per E-Mail[5] und ersuchen Sie, eventuell gegen Kostenersatz, um Zusendung eines Reprints eines Artikels. Wie ein solches Ersuchen aussehen könnte, sehen Sie in Abb. 3-7.

*Dear Dr. ....*

*I am a master's student at [institution, country], currently writing a thesis on [topic].*

*I would greatly appreciate receiving a copy of your paper entitled ... for use in my thesis. Copies of related papers would also be appreciated.*
*Thank you for your courtesy.*

*Sincerely,*

**Abb. 3-7:** Ersuchen um Zusendung eines Reprints
(Quelle: In Anlehnung an Swales 1990, S. 189)

Auch graue Literatur (Forschungsberichte, working papers) bestellen Sie direkt beim Verfasser bzw. bei der Institution, bei der dieser beschäftigt ist. Während universitäre Forschungsberichte häufig kostenfrei versandt werden, müssen Sie bei außeruniversitären Einrichtungen (z.B. bei Markt- und Wirtschaftsforschungsinstituten) in der Regel mit Kosten rechnen.

---

5 Mit gängigen Suchmaschinen wie etwa Google (http://www.google.com) ist das Ausfindigmachen akademischer Autoren meist kein Problem. Auch Datenbanken enthalten bisweilen Angaben über die Hochschule, an welcher der Autor beschäftigt ist, bzw. dessen E-Mail-Adresse.

**In Kürze**

- Beginnen Sie die Literaturrecherche mit einer Reihe von Einstiegspunkten.
- Setzen Sie die Literatursuche mit einer systematischen Recherche in Bibliothekskatalogen und Datenbanken fort.
- Bei der Recherche in Datenbanken und elektronischen Bibliothekskatalogen: Generieren Sie möglichst viele Synonyme für Ihre Suchbegriffe und verknüpfen Sie diese durch Suchoperatoren.
- Nur wer am richtigen Ort (z.B. Katalog oder Datenbank) sucht, findet die gewünschten Literaturquellen.
- Zur Literaturbeschaffung dienen Volltextdatenbanken, Electronic Journal Collections, Dokumentenlieferdienste, die Fernleihe sowie der direkte Kontakt zum Autor.

# 4 Dokumentation und Bewertung der Informationsquellen

Nachdem Sie für Ihre Arbeit erfolgversprechende Literatur ausfindig gemacht und beschafft haben, können Sie im nächsten Schritt an deren Auswertung gehen. In diesem Kapitel erfahren Sie zunächst, wie adäquat bestimmte Literaturquellen grundsätzlich für eine wissenschaftliche Arbeit sind. Weiters erhalten Sie Kenntnis davon, wie Sie bei der Bearbeitung eines spezifischen Textes vorgehen sollten. Schließlich beschäftigen wir uns mit der Ordnung und Dokumentation der Literatur.

## 4.1 Generelle Bewertung von Literaturquellen

Die Freude darüber, nach einer mitunter mühsamen und langwierigen Recherche endlich ausreichend Literatur für die Arbeit gesammelt zu haben, kann leicht dazu verleiten, die gefundene Literatur unkritisch zu betrachten. In weiterer Folge kann es passieren, dass Literatur zitiert wird, die für eine wissenschaftliche Arbeit unpassend ist. Aber selbst bei kritischer Auseinandersetzung ist es für Neueinsteiger in das wissenschaftliche Arbeiten nicht immer leicht, die Spreu vom Weizen zu trennen. Wir wollen uns daher damit befassen, welche Literatur Eingang in Ihr wissenschaftliches Werk finden kann.

Bei der Auswahl von Quellen für eine wissenschaftliche Arbeit stellen sich zwei Fragen (Theisen 2002, S. 140 f.):

- Ist die Quelle *zitierfähig?*
- Ist die Quelle *zitierwürdig?*

Anhand dieser Kriterien entscheidet sich, ob eine Literaturquelle grundsätzlich in eine wissenschaftliche Arbeit aufgenommen werden kann oder nicht (vgl. Abb. 4-1).

Die Frage nach der **Zitierfähigkeit** bezieht sich auf die Zugänglichkeit der Quelle. Wie Sie in Kapitel 1 erfahren haben, ist ein wesentliches Kriterium der Wissenschaftlichkeit einer Arbeit deren intersubjektive Nachvollziehbarkeit. Dies setzt voraus, dass alle verwendeten Quellen zitiert und im Literaturverzeichnis angeführt werden und es anderen Forschern möglich sein sollte, in Ihre Quellen Einsicht zu nehmen. Das ist jedoch nur dann möglich, wenn die verwendeten Quellen allgemein zugänglich sind. Bei Büchern und Zeitschriften ist die Zitierfähigkeit gegeben. Graue Literatur (wie etwa Forschungsberichte und Masterarbeiten) ist hingegen wesentlich schwerer zu beschaffen. Da sie lediglich teilweise für die Allgemeinheit greifbar ist, gilt sie als nur eingeschränkt zitierfähig. Auf Wunsch sollte Graue Literatur daher dem Betreuer/Begutachter der Arbeit im Original vorgelegt werden. Informationen von Websites im Internet sind zwar öf-

**Abb. 4-1:** Zitierwürdigkeit und Zitierfähigkeit von Quellen

fentlich zugänglich, bei ihnen stellt sich allerdings das Problem der Archivierbarkeit. Eine mögliche Lösung – nach Absprache mit dem Betreuer – ist, Ausdrucke der zitierten Internetseiten in den Anhang der Arbeit aufzunehmen.

Eine vermutlich noch wichtigere und schwieriger zu klärende Frage als jene der Zitierfähigkeit stellt die **Zitierwürdigkeit** dar. Darunter ist zu verstehen, ob die Quelle wissenschaftlichen Qualitätskriterien entspricht und ob sie der wissenschaftlichen Arbeit angemessen ist. Wenngleich die Zitierwürdigkeit in letzter Konsequenz von der Güte der *spezifischen* Quelle abhängt, so erscheint es doch möglich, die *generelle* Eignung bestimmter Literaturgattungen für eine wissenschaftliche Arbeit zu beleuchten.

Bei **Büchern** ist zunächst zwischen wissenschaftlichen Originalarbeiten (Monografien) bzw. Sammelwerken einerseits und populärwissenschaftlichen Büchern bzw. Praktikerbüchern andererseits zu unterscheiden.

Zu den *wissenschaftlichen Originalarbeiten* zählen insbesondere Dissertationen, Habilitationsschriften sowie wissenschaftliche Untersuchungen, die in Buchform veröffentlicht wurden. Sie entsprechen für gewöhnlich den wissenschaftlichen Kriterien (vgl. Kapitel 1) und sind somit zitierwürdig.

*Praktikerliteratur* richtet sich *nicht* an einen wissenschaftlichen Leserkreis, sondern dient vielmehr Praktikern in der Wirtschaft als Ratgeber. Häufig erkennt man Praktikerliteratur an reißerischen Titeln wie „In 12 Schritten zum beruflichen Erfolg“ oder „Das 1x1 der Mitarbeitermotivation“. Wenngleich solche Bücher durchaus von Nutzen sein können, werden in ihnen häufig Handlungsempfehlungen gegeben, ohne diese weiter zu begründen. Auch werden die verwendeten Quellen in den meisten Fällen nicht dokumentiert (d.h. es fehlen Zitate und Literaturverzeichnis). Aus diesen Gründen ist Praktikerliteratur in der Regel nicht zitierwürdig. Ähnliches gilt für populärwissenschaftliche Bücher, in denen (pseudo)wissenschaftliche Erkenntnisse einem breiten Publikum zugänglich gemacht werden.

Eine „Zwitterstellung“ nehmen Lehrbücher und Masterarbeiten ein. *Wissenschaftliche Lehrbücher* werden zwar von Experten geschrieben, es wird logisch argumentiert, und die verwendeten Quellen werden dokumentiert. Allerdings handelt es sich bei Lehrbüchern für gewöhnlich um sehr unspezifische Einführungsliteratur, mithilfe derer Studenten in die Grundlagen eines Faches eingeführt werden sollen. Sie enthalten nur selten neue Erkenntnisse in einem spezifischen, engen Forschungsbereich und sind somit für wissenschaftliche Arbeiten ungeeignet. Allenfalls Definitionen von Fachbegriffen könnten aus renommierten Lehrbüchern entnommen werden.

*Masterarbeiten* sind in der Regel nicht zitierwürdig. Zwar sollten sie wissenschaftlichen Anforderungen entsprechen, dies ist jedoch häufig nicht in vollem Maße erfüllt. Allerdings ist auch hier eine Bewertung im Einzelfall notwendig. Bei *Bachelorarbeiten, Seminararbeiten* und *Übungsarbeiten* ist davon auszugehen, dass die wissenschaftlichen Gütekriterien (noch) nicht in vollem Umfang erfüllt werden können. Sie gelten daher als nicht zitierwürdig.

Bei **Periodika** ist zwischen wissenschaftlichen Fachzeitschriften (Journalen) und sonstigen Zeitschriften und Zeitungen zu unterscheiden.

*Wissenschaftliche Fachzeitschriften* stellen in den Sozial- und Wirtschaftswissenschaften die wichtigste Literaturquelle dar, weil sie das primäre Medium für die Veröffentlichung wissenschaftlicher Forschungsergebnisse sind. Nicht jede Zeitschrift ist jedoch eine Fachzeitschrift, und nicht jede Fachzeitschrift ist eine *wissenschaftliche* Fachzeitschrift.

Wissenschaftliche Fachzeitschriften (Beispiele vgl. Tab. 4-1) zeichnen sich dadurch aus, dass sie seriöse und verlässliche Informationen liefern. Oft stammen diese Informationen aus erster Hand, d.h. sie wurden durch empirische Forschung gewonnen. Die Methoden, die dabei zur Anwendung kamen, werden genau dokumentiert (z.B. das experimentelle Design, die Stichprobe, die verwendeten Analyseverfahren). Auch Informationen, die aus anderen Quellen stammen, sind im Detail angeführt. Dazu dienen Zitate und das Literaturverzeichnis.

In den meisten wissenschaftlichen Fachzeitschriften wird das Verfahren der *peer review* eingesetzt, um ein *Mindestmaß* an wissenschaftlicher Qualität zu gewährleisten. Dabei werden an die Zeitschrift eingesandte Artikel zunächst Fachkollegen zur (anonymen) Begutachtung vorgelegt, bevor sie zur Veröffentlichung zugelassen werden. Bei renommierten internationalen sozialwissenschaftlichen Fachzeitschriften werden im Prozess der peer review bis zu 90% der eingesandten Beiträge abgelehnt! Dennoch ist Vorsicht geboten: Das bedeutet nicht, dass nicht trotzdem in einem Artikel Fehler vorkommen können. Oft genug kommen solche auch vor – aber die Wissenschaft lernt auch aus Fehlern. Weiters sind die Qualitätsmaßstäbe nicht in allen wissenschaftlichen Fachzeitschriften gleich. Letztendlich müssen Sie entscheiden, ob ein Artikel – so wie auch andere Quellen – Ihrer kritischen Prüfung standhält und für Ihre Arbeit relevant ist!

| | |
|---|---|
| *Betriebswirtschaft*<br>• Die Betriebswirtschaft<br>• Zeitschrift für betriebswirtschaftliche Forschung<br>• Journal of Marketing<br>• Journal of Finance | *Soziologie*<br>• American Sociological Review<br>• Social Forces<br>• Kölner Zeitschrift für Soziologie und Sozialpsychologie<br>• Social Networks |
| *Volkswirtschaft*<br>• Econometrica<br>• Journal of Macroeconomics<br>• Journal of Political Economy<br>• Econometric Theory | *Psychologie*<br>• Zeitschrift für experimentelle Psychologie<br>• Psychological Science<br>• Journal of Applied Psychology<br>• Behavioral and Brain Science |
| *Politikwissenschaft*<br>• American Political Science Review<br>• International Security<br>• Österreichische Zeitschrift für Politikwissenschaft<br>• Political Science Quarterly | *Kommunikationswissenschaft*<br>• Die Publizistik<br>• Public Opinion Quarterly<br>• Communication Research<br>• Public Relations Review |

**Tab. 4-1:** Beispiele für sozialwissenschaftliche Fachzeitschriften

*Fachzeitschriften für Praktiker* (im Bereich der Wirtschaftwissenschaften z.B. ManagerMagazin, Acquista, Trend) entsprechen nicht den wissenschaftlichen Kriterien. Die verwendeten Quellen werden für gewöhnlich ebenso wenig dokumentiert wie die methodische Vorgangsweise bei der Datengewinnung/Recherche. Darüber hinaus weisen Artikel in Praktikerzeitschriften meist einen geringeren Spezialisierungsgrad auf als jene in wissenschaftlichen Journalen. Fachzeitschriften für Praktiker sind daher in der Regel nicht zitierwürdig.

Ähnliches gilt für die *Qualitätspresse*, also Zeitungen wie The New York Times, die Frankfurter Allgemeine Zeitung oder Die Zeit. Auch sie gelten als nur beschränkt zitierwürdig.

Lediglich in den folgenden Fällen könnten Informationen aus Praktikerzeitschriften und der Qualitätspresse Eingang in eine wissenschaftliche Arbeit finden:

- Als „Aufhänger" zu Beginn der Arbeit, um etwa auf die Praxisrelevanz des Themas hinzuweisen.

- Wenn sie der Gegenüberstellung zwischen Wissenschaft und Praxis dienen.
- In begründeten Einzelfällen, um mit journalistischen Methoden recherchierbare Fakten in die Arbeit aufzunehmen, falls diese in der wissenschaftlichen Literatur nicht verfügbar, für die Arbeit jedoch von wesentlicher Bedeutung sind.
- Als Primärdaten für eine Inhaltsanalyse (vgl. Kapitel 13).

Im Zweifelsfall erkundigen Sie sich bei Ihrem Betreuer, ob ein Artikel zitierwürdig ist.

*Artikel aus der Boulevardpresse* (z.B. Bild, Express) und *Publikumszeitschriften* (z.B. Bravo, Stern, News) sind auf keinen Fall zitierwürdig.

**Websites im Internet** stellen aufgrund der einfachen Suche mittels Internet-Suchwerkzeugen und des schnellen und problemlosen Zugriffs auf die gefundenen Dokumente eine beliebte Informationsquelle für studentische Arbeiten dar. Allerdings stellt sich gerade bei Informationen aus dem Internet die Frage nach der Eignung für wissenschaftliche Arbeiten.

Uneingeschränkt zitierwürdig (und zitierfähig) sind Artikel aus wissenschaftlichen Fachzeitschriften, die Sie in Volltextdatenbanken und Journal Collections gefunden haben. Sie wurden für gewöhnlich dem Peer-Review-Prozess unterzogen und sind in den meisten Fällen auch in gedruckter Form verfügbar.[1]

Allgemeine Websites im Internet (z.B. Firmenwebsites) entsprechen hingegen nicht den wissenschaftlichen Gütekriterien. Sie können dennoch eventuell relevante Informationen enthalten (wie seriöse Praktikerzeitschriften und die Qualitätspresse), aber auch irreführende, veraltete, fehlerhafte und propagandistische Inhalte aufweisen. Es ist daher gerade bei Informationen aus dem Internet auf deren Relevanz, Aktualität und Korrektheit sowie auf die Informationsquelle zu achten.

Die folgenden Beispiele zeigen auf, welche Literaturquellen Eingang in eine Diplomarbeit zum Thema Kundenbindung finden könnten und welche nicht:

- Ein Artikel über Kundenclubs in der Bild-Zeitung → Keine seriöse Quelle, zwar zitierfähig, aber nicht zitierwürdig.
- Kotler, P.: Principles of Marketing → Seriöse, glaubwürdige Quelle eines bekannten Marketing-Professors. Es handelt sich bei diesem Werk aber um Einführungsliteratur, kein spezifisches Werk über Kundenbindung, daher: zitierfähig, aber eher nicht zitierwürdig.

---

1 Allerdings gewinnen (insbesondere in den Naturwissenschaften) wissenschaftliche Fachzeitschriften, die ausschließlich in elektronischer Form erscheinen, zunehmend an Bedeutung. Auch diese werden in der Regel einem Review-Prozess unterzogen.

- Bruhn, M./Homburg, C. (Hrsg.): Handbuch Kundenbindungsmanagement → Zitierwürdig und zitierfähig.
- Eine unveröffentlichte Dissertation über Kundenbindungsprogramme im Einzelhandel → Als wissenschaftliche Monografie zitierwürdig und beschränkt zitierfähig, da zumindest in der Bibliothek der Universität, an der sie verfasst wurde, erhältlich (z.B. auch über die Fernleihe).
- Eine Abhandlung über Kundenbindungsmaßnahmen auf der Website eines bekannten Consultingunternehmens → Als Hintergrundinformation eventuell brauchbar, für eine wissenschaftliche Arbeit aber weder zitierwürdig noch zitierfähig.

## 4.2 Spezifische Auswertung der Literatur

Bei der Auswertung der gefundenen Literatur kann es durchaus vorkommen, dass man von deren Fülle zunächst überwältigt ist und sich die Frage stellt, wie man denn alle gefundenen Dokumente in der oft knapp bemessenen Zeit lesen und die für die Arbeit wichtigen Informationen daraus extrahieren kann.

Hilfe dabei bieten uns die Erkenntnisse der Leseforschung. Aus den meisten von Leseforschern vorgeschlagenen Methoden lässt sich ableiten, dass es wenig Sinn macht, akademische Texte so wie literarische Texte (etwa einen spannenden Kriminalroman) in einem Zug von der Einleitung bis zum Schluss durchzulesen. Vielmehr wird das Textverständnis erhöht, wenn man den Text in mehreren Schritten bearbeitet.

Stellvertretend für eine Reihe anderer, sehr ähnlicher Lesestrategien soll hier die von Thomas und Robinson (1972) entwickelte Methode PQ4R vorgestellt werden. PQ4R ist ein Akronym für Preview, Question, Read, Reflect, Recite, Review und steht für die einzelnen Schritte der Lesestrategie und deren Abfolge:

1. *Preview* (Vorschau): Überfliegen Sie den Text und achten Sie besonders auf das Inhaltsverzeichnis (bei Büchern), Kapitel bzw. Überschriften, eventuelle Forschungsfragen und die Zusammenfassung. Vermeiden Sie in diesem Schritt genaues, zeitaufwendiges Lesen. Vielmehr geht es darum, einen ersten Eindruck über Aufbau und Inhalt des Textes zu erhalten.
2. *Question* (Fragen): Im zweiten Schritt sollten Sie nun Fragen an den Text stellen. Beispielsweise können die Überschriften der einzelnen Abschnitte als Ausgangspunkt für Fragen dienen.
3. *Read* (Lesen): Durch Lesen des Textes versuchen Sie nun die von Ihnen an den Text gestellten Fragen zu beantworten.
4. *Reflect* (Reflektieren): Lesen Sie aktiv, d.h. versuchen Sie, das Gelesene mit Ihnen bereits bekannten Sachverhalten (eigener Erfahrungen, Inhalte aus Lehrveranstaltungen, Informationen aus anderen Literaturquellen etc.) in Verbindung zu bringen, und überlegen Sie sich Beispiele.

5. *Recite* (Wiedergeben): Nach jedem Textabschnitt versuchen Sie, die von Ihnen formulierten Fragen zu beantworten.
6. *Review* (Wiederholen): Lassen Sie den ganzen Text nochmals Revue passieren und versuchen Sie, ihn gedanklich in einigen Sätzen zusammenzufassen.

Besonders wichtig ist, dass Sie die Literatur kritisch lesen. Stellen Sie sich während des Lesens wiederholt die Frage, ob Sie mit den Autoren übereinstimmen, ob diese schlüssig argumentieren und ob die in der Quelle gemachten Aussagen für Ihre Arbeit relevant sind.

> Weitere Informationen zur Literaturbewertung finden Sie im Video „Wie bewerte ich Literaturquellen?"
> http://www.marketmentor.at/projects/wa.html

## 4.3 Verwaltung und Ablage der Literatur

Während des Lesens der Literatur ist es, wie Sie im vorigen Abschnitt erfahren haben, notwendig, die Kernaussagen des jeweiligen Textes festzuhalten und kritisch dazu Stellung zu nehmen. Allerdings sollte dies nicht nur in Ihrem Kopf geschehen, sondern es ist in der Regel auch nötig, Informationen, die für Ihre Arbeit relevant sein könnten, schriftlich festzuhalten. Besonders bei umfangreichen Arbeiten ist dies erforderlich, um nicht den Überblick zu verlieren.

In der Literatur zum wissenschaftlichen Arbeiten findet sich häufig die Empfehlung, die gelesene Literatur zu exzerpieren und die bibliografischen Angaben des Werkes sowie die wesentlichen Inhalte auf Karteikarten zu notieren, die in einer Literaturkartei geordnet werden (Deininge et al. 1993, S. 29; Becker 1994, S. 17). Eine solche Karteikarte könnte wie in Abb. 4-2 dargestellt aussehen.

Metzger, Christoph

Lern- und Arbeitsstrategien

Aarau 1996

Ausgeliehen UB, Sig. 678.986.23
Zeitplanung (Kap. 2) - event. Struktur übernehmen
Bsp. für langfr. Zeitpl. im Studium (S. 25)

**Abb. 4-2:** Karteikarte aus einer Literaturkartei

Ein wesentlicher Vorteil von Literaturkarteien ist ihre Flexibilität. D.h. die Karteikarten können relativ einfach nach unterschiedlichen Kriterien gereiht werden, was bei der Gliederung der Arbeit hilft. Auf ähnliche Weise können auch Datenbanksysteme eingesetzt werden, deren Vorteil gegenüber Karteien vor allem in der einfacheren Suchmöglichkeit besteht.

Eine informelle Umfrage unter Studierenden und Kollegen lässt allerdings darauf schließen, dass Literaturkarteien und Datenbanken nur sehr bedingte Verbreitung gefunden haben. Das mag unter anderem mit der Möglichkeit, von Literaturquellen Fotokopien anzufertigen, zusammenhängen. Anstatt der idealen, in der Forschungspraxis jedoch offensichtlich wenig verbreiteten Karteikartenmethode schlagen wir daher folgende Vorgehensweise vor:

1. Legen Sie, der Grobstruktur Ihrer Arbeit entsprechend, Ordner an. Bei umfangreichen Arbeiten könnte jedes Kapitel ein eigener Ordner sein, bei kürzeren Arbeiten wird es ausreichen, den Ordner durch Trennblätter, den einzelnen Kapiteln entsprechend, zu gliedern.
2. Heften Sie Kopien von Zeitschriftenartikeln in den Ordnern unter den jeweiligen Rubriken ab. Auch Buchkapitel werden in Kopie abgelegt, wobei Sie nicht vergessen sollten, auch die bibliografischen Angaben zu kopieren bzw. zu notieren. Bei besonders umfangreichen Quellen wird das Inhaltsverzeichnis, versehen mit handschriftlichen Anmerkungen, abgelegt (Grass/Drügg 1998, S. 115). Falls eine Quelle mehr als einem Kapitel zuzuordnen ist, sind Querverweise notwendig.
3. Zusätzlich zu Unterstreichungen und Randnotizen ist es hilfreich, Kurzkommentare des Inhalts auf Haftnotizen, die Sie auf der ersten Seite der Kopie anbringen, zu verfassen. Dies hilft Ihnen in der späteren Schreibphase, den Überblick über die Literatur zu bewahren.
4. Um die Kopien nach der Entnahme aus den Ordnern wieder richtig einordnen zu können, sollten Sie jede Kopie mit einem Ordnungswort versehen, das einem der Kapitel entspricht. Auch Farbcodierungen haben sich hier bewährt.

Abschließend sei darauf hingewiesen, dass es auch spezielle Software zur Verwaltung von Literatur gibt. Die bekannteste Applikation ist das Programm EndNote (http://www.endnote.com). Die vollständigen bibliografischen Angaben jeder Quelle werden dabei in einer Datenbank erfasst. Für kleinere wissenschaftliche Arbeiten (Seminararbeiten u. Ä.) übersteigen die Kosten und der anfängliche Aufwand der Einarbeitung wahrscheinlich den Nutzen. Bei umfangreichen Arbeiten oder regelmäßiger Verwendung ist der Einsatz jedoch überlegenswert, vor allem weil die Software die oft mühsame Formatierung von Zitationen und Einträgen in das Literaturverzeichnis automatisiert.

**In Kürze**

- Literaturquellen lassen sich nach ihrer Zitierfähigkeit und ihrer Zitierwürdigkeit bewerten.
- Die generelle Bewertung bestimmter Literaturquellen reicht nicht aus – bewerten Sie auch bei Ihrer spezifischen Literatur deren Qualität und Angemessenheit für Ihre Arbeit.
- Lesestrategien helfen Ihnen, die Literatur effizient auszuwerten.
- Als Organisationsmittel für die Literaturverwaltung eignen sich Karteien, Datenbanken und Ordner.
- Ordnen Sie die ausgewertete Literatur nach der (vorläufigen) Grobgliederung Ihrer Arbeit.
- Bei umfangreichen Arbeiten ist der Einsatz von Literaturverwaltungssoftware zu erwägen.

# 5 Aufbau und Gliederung der Arbeit

Ein wichtiger Schritt, um dem Leser einer wissenschaftlichen Arbeit deren Inhalt möglichst klar zu vermitteln, ist der Aufbau der Arbeit. Dabei wollen wir uns insbesondere mit den Grundelementen einer wissenschaftlichen Arbeit befassen und damit, wie Sie Ihre Arbeit am besten gliedern.

## 5.1 Die Teile der wissenschaftlichen Arbeit und ihre Funktionen

Schriftliche wissenschaftliche Prüfungsarbeiten bestehen aus bestimmten Grundelementen, die sich in fast allen Arbeiten – bisweilen in leicht veränderter Form – wiederfinden. In der Folge werden diese in der Reihenfolge, in der sie in der Arbeit vorkommen, vorgestellt (Abb. 5-1).

* Kommt in jeder wissenschaftlichen Prüfungsarbeit vor.

**Abb. 5-1:** Die Grundelemente wissenschaftlicher Arbeiten

### Die Titelei

Als Titelei werden jene Elemente der Arbeit bezeichnet, die vor dem Textteil stehen. Dazu zählen für gewöhnlich das Titelblatt, die ehrenwörtliche Erklärung, das Vorwort sowie das Inhalts-, Abbildungs- und das Tabellenverzeichnis.

**Titelblatt:** Am Titelblatt finden sich der Name des Verfassers und der Titel der Arbeit. Weitere Angaben am Titelblatt umfassen häufig die Bezeichnung und den Leiter der Lehrveranstaltung (bei Seminar- und Übungsarbeiten), das Datum der Abgabe und die Matrikelnummer des Studierenden. Meist werden vom Betreuer (bei Seminararbeiten) oder von der

Hochschule/Universität (bei Abschlussarbeiten) genaue Formvorschriften vorgegeben.

**Ehrenwörtliche Erklärung:** Bei wissenschaftlichen Abschlussarbeiten (Diplomarbeiten und Dissertationen) wird von vielen Universitäten und Hochschulen eine ehrenwörtliche Erklärung vorgeschrieben. Eine solche Erklärung könnte beispielsweise lauten:

> „Ich versichere, in der vorliegenden Bachelorarbeit/Masterarbeit/Dissertation nur die angeführten Quellen verwendet und die Arbeit bei keiner anderen Universität als Prüfungsarbeit eingereicht zu haben."

Der genaue Wortlaut variiert je nach Hochschule. Die ehrenwörtliche Erklärung ist handschriftlich zu unterzeichnen.[1]

**Vorwort:** Das Vorwort stellt eine persönliche Stellungnahme des Autors zur Arbeit dar. Im Vorwort finden sich häufig Danksagungen an Personen, die am Gelingen der Arbeit maßgeblich beteiligt waren, z.B. Unternehmen, welche die Arbeit unterstützt haben, etc. Es steht vor dem Inhaltsverzeichnis. Wichtig ist, das Vorwort nicht mit der Einleitung zu verwechseln. Das Vorwort ist im Gegensatz zur Einleitung kein integraler Bestandteil der Arbeit und kann deshalb auch entfallen. Da es möglich sein sollte, eine Arbeit auch ohne das Vorwort zu lesen, sollten im Vorwort keine Informationen enthalten sein, die für das Verständnis der Arbeit notwendig sind. Bei Seminar- und Übungsarbeiten ist ein Vorwort in der Regel nicht angebracht.

**Inhaltsverzeichnis:** Im Inhaltsverzeichnis werden alle Kapitel und Abschnitte der Arbeit mit Seitenzahlen angeführt. Die Einträge im Inhaltsverzeichnis müssen exakt der Gliederungssystematik und den Überschriften im Textteil der Arbeit entsprechen. Alle in der Arbeit verwendeten Gliederungsebenen sind anzugeben. Bei besonders umfangreichen Arbeiten (Dissertationen und Masterarbeiten) wird, um dem Leser die Übersicht über die Schrift zu erleichtern, dem Inhaltsverzeichnis bisweilen eine **Inhaltsübersicht** vorangestellt, in der nur zwei oder drei Gliederungsebenen angeführt sind. Diese ersetzt jedoch keinesfalls das vollständige Inhaltsverzeichnis.

Das folgende Beispiel zeigt einen Auszug aus dem Inhaltsverzeichnis einer Masterarbeit. Beachten Sie, dass die Kapitel und Abschnitte der Arbeit numerisch gegliedert sind. Auch das Literaturverzeichnis und der Anhang sind in das Inhaltverzeichnis aufzunehmen, allerdings entfällt dabei die numerische Gliederung (d.h. Literaturverzeichnis und Anhang werden nicht als eigene Kapitel angeführt).

---

1 Um Missverständnissen vorzubeugen, sei angemerkt, dass die in ehrenwörtlichen Erklärungen angeführten „akademischen Spielregeln" auch dann einzuhalten sind, wenn die Prüfungsordnung der Hochschule keine schriftliche ehrenwörtliche Erklärung vorsieht.

**Inhaltsverzeichnis**



**Tab. 5-1:** Auszug aus einem Inhaltsverzeichnis

In das **Abbildungsverzeichnis** und das **Tabellenverzeichnis** sind sämtliche in der Arbeit enthaltenen Abbildungen (Grafiken, Schaubilder, Fotografien) und Tabellen aufzunehmen.

Beispiele für ein Abbildungsverzeichnis und ein Tabellenverzeichnis sind in Tab. 5-2 angeführt. Beachten Sie die verwendeten Abkürzungen „Abb." für Abbildung und „Tab." für Tabelle. Gegliedertes Zahlenmaterial und Text werden als Tabelle bezeichnet, grafische Darstellungen und Bilder hingegen als Abbildungen. Die Verwendung der Bezeichnung „Grafik" (anstatt Abbildung) ist nicht üblich.

Umfangreiche Arbeiten können auch ein **Abkürzungsverzeichnis** enthalten, sofern dies sinnvoll erscheint. Allgemein bekannte Abkürzungen sind in dieses Verzeichnis nicht aufzunehmen (Beispiele: z.B., usw., USA).

**Abbildungsverzeichnis**



**Tabellenverzeichnis**



**Tab. 5-2:** Beispiele für das Abbildungs- und Tabellenverzeichnis

## Der Textteil

Der Textteil der Arbeit beginnt praktisch immer mit einer **Einleitung**. Die Einleitung hat folgende Funktionen:
- Weckung des Interesses des Lesers an der Arbeit
- Hinführung des Lesers zum Thema
- Darlegung der Problemstellung der Arbeit
- Darstellung der Struktur der Arbeit

Folglich findet man in der Einleitung für gewöhnlich Ausführungen über den *Problemhintergrund*, das *Ziel* und den *Nutzen der Arbeit* (die wissenschaftliche Fragestellung und deren Relevanz) sowie deren *Aufbau*.

Gerade bei komplexeren Arbeiten (Masterarbeiten und Dissertationen) empfiehlt es sich, den Aufbau der Arbeit auch grafisch darzustellen und dem Leser somit einen genauen Überblick zu ermöglichen. Eine solche Gliederungsübersicht ist in Abb. 5-2 dargestellt.

Der **Hauptteil** der Arbeit ist meist in mehrere Kapitel, diese wiederum sind in Abschnitte gegliedert. Über die optimale Anzahl an Kapiteln kann naturgemäß keine Empfehlung gegeben werden, da sich dies nach der Art der Arbeit (Übungsarbeit/Bachelorarbeit/Seminararbeit/Masterarbeit/Dissertation), mehr noch aber nach deren Umfang und Inhalt richten wird. Allerdings sei darauf verwiesen, dass sich die im Titel bzw. der wissenschaftlichen Fragestellung enthaltenen Begriffe für gewöhnlich in eigenen Kapiteln niederschlagen sollten. So etwa würde der Leser einer Übungsarbeit mit dem Titel „Entwicklung, Herstellung, Vermarktung und Zukunftsaussichten einer Textilfaser“ vermutlich zu jedem dieser Teilaspekte des Themas ein Kapitel erwarten. Problematisch hingegen wäre es, wenn drei dieser Begriffe in eigenen Kapiteln, der vierte hingegen gar nicht oder nur in einem Abschnitt eines Kapitels behandelt würde.

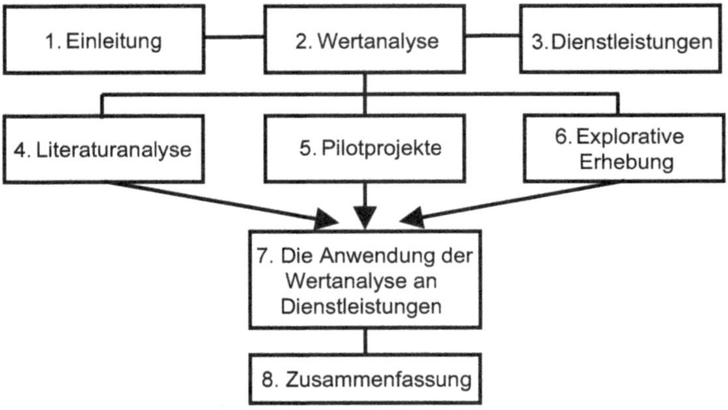


**Abb. 5-2:** Beispiel einer grafischen Darstellung des Aufbaus einer Arbeit (Quelle: In Anlehnung an Matosic 1998, S. 20)

Dem Hauptteil der Arbeit folgt als letztes Kapitel der **Schlussteil**. In diesem Teil der Arbeit kann man die Ergebnisse zusammenfassen, Schlussfolgerungen ziehen und einen Ausblick auf zukünftige Forschungsperspektiven geben. Der Schlussteil rundet die Arbeit ab und erlaubt dem Autor nochmals, eigene Analysen und Folgerungen einzubringen. Betrachten Sie ihn somit nicht als ein lästiges „Anhängsel", dem gegen Ende des Arbeitsprozesses noch Zeit gewidmet werden muss, sondern – so wie die Einleitung – als einen der wichtigsten Teile der Arbeit. Prüfen Sie daher, ob die in der Einleitung gestellte Fragestellung im Schlussteil, so wie in der übrigen Arbeit, ausreichend beantwortet wurde, und widmen Sie dem Schlussteil auch vom Seitenumfang her den ihm gebührenden Platz.

### Literaturverzeichnis und Anhang

In jeder wissenschaftlichen Arbeit muss ein **Literaturverzeichnis** vorhanden sein, das für gewöhnlich auf den Textteil der Arbeit folgt. Der Aufbau und die formale Gestaltung des Literaturverzeichnisses werden in Kapitel 8 behandelt.

Dem Literaturverzeichnis können ein oder mehrere **Anhänge** folgen. In diesen werden beispielsweise das Erhebungsinstrument (z.B. Fragebogen, Beobachtungsbogen, Erhebungsformular), umfangreiche Berechnungen, Dokumentationen etc. aufgenommen, die im Textteil den Lesefluss stören würden. Allerdings ist zu vermeiden, dass der Anhang zum „Ablageplatz" für Text und Abbildungen wird, die nur peripher mit dem Thema zu tun haben und nicht essentiell für die Arbeit sind. Wenn Ihre Arbeit mehrere Anhänge umfasst, gliedern Sie diese, wie aus Tab. 5-1 ersichtlich, durch die

Bezeichnung Anhang A, Anhang B etc., um auch im Hauptteil der Arbeit einfach auf spezifische Anhänge verweisen zu können.

> Weitere Informationen zum Aufbau wissenschaftlicher Arbeiten finden Sie in dem Video „Aus welchen Teilen besteht meine Arbeit?“ http://www.marketmentor.at/projects/wa.html

## 5.2 Grundlagen der Gliederung

Die Gliederung ist in gewisser Weise die Landkarte einer wissenschaftlichen Arbeit. Sie zeigt die Ordnung und Struktur der Arbeit auf. Durch eine Gliederung erreichen Sie, dass die vielen unterschiedlichen Aspekte Ihrer Arbeit nicht für sich isoliert stehen, sondern eine logische Einheit bilden, die in ihrer Gesamtheit zur Beantwortung der wissenschaftlichen Fragestellung führt.

Die Gliederung zeigt auf:

- welche Inhalte Sie zur Beantwortung der wissenschaftlichen Fragestellung für relevant halten (→ Welche Punkte sind in der Gliederung enthalten?),
- welche Bedeutung die Teilaspekte des Themas haben (→ Wie viel Platz wird einzelnen Gliederungspunkten eingeräumt, und auf welchen Gliederungsebenen befinden sich diese?),
- wie diese Einzelteile zusammenhängen (→ Wie ist die Gliederung aufgebaut?).

Das Erstellen einer Gliederung für Ihre Arbeit ist ein Schritt, mit dem Sie möglichst am Anfang Ihrer Arbeit – nach dem erstmaligen Einarbeiten in die Literatur – beginnen sollten. Dies hat mehrere Gründe:

- Zum einen zwingt Sie die Gliederung, Struktur in die vielen Ideen zu bringen, die Sie zu Ihrer Arbeit bereits haben.
- Zum anderen hilft eine Gliederung bei der Zeitplanung, vor allem dann, wenn sie auch Angaben darüber enthält, wie viele Seiten Sie pro Abschnitt oder Kapitel zu schreiben beabsichtigen.
- Schließlich ist die Gliederung auch ein wichtiges Instrument zur Kommunikation mit Ihrem Betreuer. Aus der Gliederung kann Ihr Betreuer bereits zu Beginn der Arbeit zumindest teilweise ersehen, welche Bedeutung Sie bestimmten Aspekten des Themas beimessen, welche Beziehungen Sie zwischen den Teilbereichen der Arbeit knüpfen und ob das Thema durch die Arbeit adäquat abgedeckt wird.

Wenngleich eine erste Grobgliederung *vor* der Textverfassung erstellt werden soll, so hindert Sie in der Regel nichts daran, die Gliederung während des Schreibens zu modifizieren. Vielfach wird es sogar notwendig sein, die Gliederung im Verlauf des Schreibens, Ihrem geänderten Erkenntnisstand entsprechend, zu verändern. Sehen Sie die Gliederung also nicht als ein starres Korsett, sondern vielmehr als ein Hilfsmittel, um Ordnung in Ihre Ideen zu bringen und diese in klarer und logischer Form zu verwirklichen.

### 5.2.1 Formale Aspekte der Gliederung

Hinsichtlich der Gliederungsarten kann man zwischen dem **Gliederungsprinzip** und der **Gliederungsordnung** unterscheiden.

Allgemein übliche Gliederungsordnungen sind die **numerische** und die **alphanumerische** Klassifikation. Bei der alphanumerischen Gliederungsklassifikation werden Buchstaben und Ziffern zur Unterscheidung der Gliederungsebenen eingesetzt, bei der numerischen Klassifikation hingegen nur Ziffern. Auch Mischformen sind möglich (Abb. 5-3).

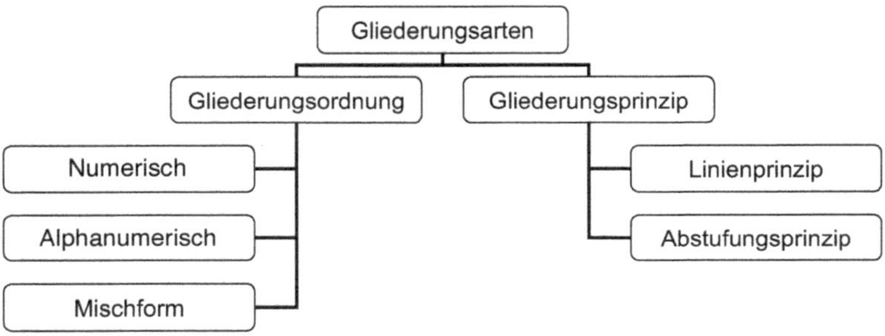


**Abb. 5-3:** Formale Möglichkeiten der Gliederung

Außer bei sehr umfangreichen Arbeiten, bei denen die alphanumerische Klassifikation (oder eine Mischform, bei der auf oberster Ebene die Teile der Arbeit mit Teil A, Teil B etc., die Kapitel und Abschnitte jedoch numerisch gegliedert werden) die Übersichtlichkeit erhöhen kann, empfiehlt es sich, die im deutschen Sprachraum allgemein akzeptierte und häufiger verwendete numerische Klassifikation einzusetzen.

Bei den Gliederungsprinzipien lassen sich das **Linienprinzip** und das **Abstufungsprinzip** unterscheiden. Beim Linienprinzip stehen alle Gliederungspunkte am linken Rand, während beim Abstufungsprinzip untergeordnete Punkte eingerückt werden (Abb. 5-4). Dadurch kommt die hierarchische Abstufung der Gliederung noch besser zum Ausdruck.

| Nummerische Klassifikation ohne Einzug (Linienprinzip) | Nummerische Klassifikation mit Einzug (Abstufungsprinzip) |
|---|---|
| 1. xxxxxxxx | 1. xxxxxxxx |
| 1.1. xxxxx | 1.1. xxxxx |
| 1.1.1. xxxxx | 1.1.1. xxxxx |
| 1.1.2. xxxxx | 1.1.2. xxxxx |
| 1.1.3. xxx | 1.1.3. xxx |
| 1.2. xxxxxxxxxx | 1.2. xxxxxxxxxx |
| 1.2.1. xxxxxxx | 1.2.1. xxxxxxx |
| 1.2.2. xxxxxx | 1.2.2. xxxxxx |
| 2. xxxxxxx | 2. xxxxxxx |

**Abb. 5-4:** Gliederungsprinzipien

## 5.2.2 Anhaltspunkte für die Gliederung

Die folgenden Regeln sollen Ihnen Anhaltspunkte für Ihre Gliederung geben und Ihnen helfen, häufig vorkommende Fehler zu vermeiden:

- **Konsistenz**

Gliederungen sollen formal und inhaltlich möglichst konsistent sein (Holzbaur/Holzbaur 1998, S. 81). Formal konsistent ist eine Gliederung dann, wenn die Gliederungstiefe einzelner Teile der Arbeit annähernd gleich ist und wenn Textteile auf gleicher Gliederungsebene in etwa den gleichen Umfang aufweisen. Es sei allerdings davor gewarnt, diese Empfehlung zu streng zu befolgen und einzelne Kapitel unnötig aufzublähen bzw. zu beschneiden. Im Zweifelsfall hat primär zu gelten: „form follows function", d.h. die Gliederung hat dem Inhalt und nicht der Inhalt den formalen Erfordernissen der Gliederung zu folgen.

Von inhaltlicher Konsistenz kann man sprechen, wenn gleiche Gliederungsebenen auch dem Inhalt nach auf ungefähr der gleichen hierarchischen Ebene liegen. Im folgenden Beispiel wird gegen die inhaltliche Konsistenz verstoßen, da Abschnitt 2.2 inhaltlich auf einer niedrigeren Ebene liegt als die Abschnitte 2.1 und 2.3.

2.1 Nutzenstiftung für die Mitarbeiter
2.2 Operative Nutzenstiftung für die Mitarbeiter
2.3 Nutzenstiftung für das Management

Allerdings kann gegen diese Regel bisweilen auch bewusst verstoßen werden. In unserem Beispiel etwa dann, wenn das zentrale Thema der Arbeit die „Operative Nutzenstiftung für die Mitarbeiter" darstellt. In diesem Fall könnte dieser Punkt als Kapitel höhergereiht werden.

- **Gliederungslogik**

In der Gliederungssystematik kann ein Oberpunkt nie nur einen Unterpunkt haben. So ist beispielsweise folgende Gliederung logisch falsch:

2.1 Nutzenstiftung für die Mitarbeiter
2.1.1 Operative Nutzenstiftung für die Mitarbeiter
2.2 Nutzenstiftung für das Management

In diesem Fall ist nämlich 2.1.1 dasselbe wie 2.1. Entweder ist die Untergliederung von Abschnitt 2.1 unnötig, oder aber 2.1 muss noch weiter untergliedert werden.

- **Prägnanz und Aussagekraft**

Die Überschriften in der Gliederung sollten kurz, prägnant und aussagekräftig sein. Zu vermeiden sind lange Sätze (z.B. „Verschiedene Möglichkeiten, um Staatsbetriebe zu privatisieren"), Abkürzungen, Formeln und (soweit möglich) komplexe Begriffe. Allerdings haben auch Überschriften, die nur aus einem einzigen Wort bestehen, meist nur eine beschränkte Aussagekraft (Beispiel: „Privatisierung"). Gut eignen sich hingegen substantivierte Kurzsätze ohne Verben wie z.B. „Varianten der Privatisierung von Staatsbetrieben" oder „Ansatzpunkte für weiterführende Forschungsarbeit".

- **Gliederung empirischer Arbeiten**

Bei empirischen Arbeiten können Sie praktisch immer von folgendem Grundschema ausgehen, das den Konventionen der *scientific community* in den Sozialwissenschaften folgt:
- Einleitung
- Theoriekapitel (Literaturübersicht)
- Methode
- Ergebnisse
- Diskussion der Ergebnisse

Wichtig ist hier auch die Reihenfolge. So würde man beispielsweise nach der Darstellung der Ergebnisse nicht nochmals ein Theoriekapitel einfügen oder die Forschungsmethode vor der Literaturübersicht darstellen. Welche grundsätzlichen Inhalte die einzelnen Kapitel enthalten, erfahren an empirischer Forschung interessierte Leser in Kapitel 14.

- **Tiefe der Gliederung und des Inhaltsverzeichnisses**

Was die Gliederungstiefe betrifft, so sollte die Gliederung nicht mit dem Inhaltsverzeichnis gleichgesetzt werden (Abb. 5-5). Die Gliederung hilft dem Autor, eine logisch aufgebaute, das gestellte Thema vollständig abdeckende Arbeit zu erstellen. Je genauer die Gliederung, desto einfacher wird Ihnen für gewöhnlich das Schreiben fallen. Wenn schon eine genaue Gliederung entworfen wurde, besteht das Schreiben eigentlich nur mehr darin, die richtig aufgestellten „Schubladen" (Gliederungspunkte) mit Text zu füllen.

Im eigentlichen Text der Arbeit (und im Inhaltsverzeichnis) sollten Sie jedoch die besonders detaillierten Gliederungspunkte zusammenfassen, um die Arbeit nicht zu sehr zu „zergliedern" und die Übersichtlichkeit der Arbeit zu wahren. Eine möglichst detaillierte Gliederung ist somit durchaus zu empfehlen; im Text und Inhaltsverzeichnis sollten sich aber bei einer Arbeit im Umfang einer Masterarbeit (bis ca. 150 Seiten) *maximal vier* Gliederungsebenen finden. In einer Bachelorarbeit im Umfang von 30 bis 60 Seiten sollte man mit *maximal drei* Gliederungsebenen das Auslangen finden. In der Endfassung der Arbeit sollte jeder Gliederungspunkt (Abschnitt), der im Inhaltsverzeichnis vorkommt, mindestens eine halbe bis eine Seite Text umfassen.[2]

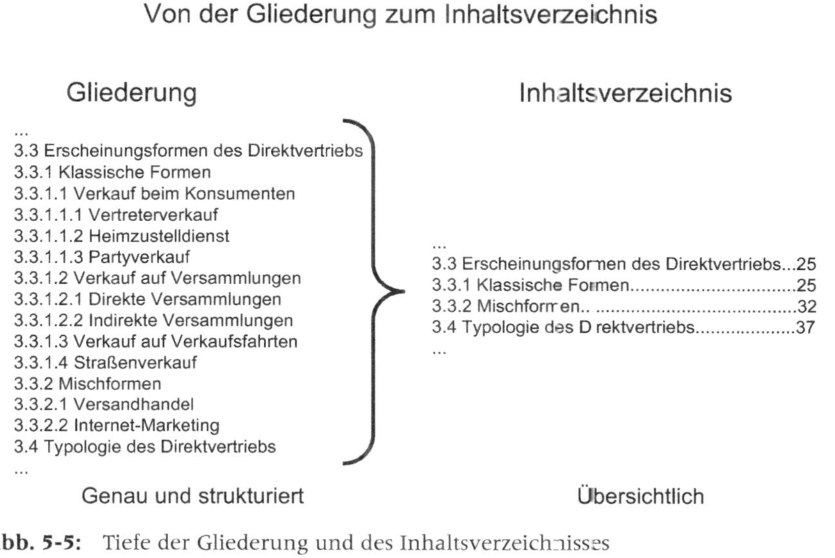


**Abb. 5-5:** Tiefe der Gliederung und des Inhaltsverzeichnisses

2 Allerdings kann die übliche Gliederungstiefe je nach Fachgebiet variieren. So weist etwa Preißner (1993, S. 593) darauf hin, dass in formalen Fächern wie Statistik, Mathematik oder Steuerlehre die Gliederungstiefe in der Regel größer sein wird als in Fächern wie Wirtschaftspolitik oder Wirtschaftsgeschichte.

**In Kürze**

- Wissenschaftliche Arbeiten bestehen aus Grundelementen, die gemäß einer vorgegebenen Reihenfolge abzuhandeln sind.
- Die Gliederung zeigt die Struktur der Arbeit auf und sollte schon in einem frühen Arbeitsschritt erstellt werden.
- Die Gliederung ist ein dynamisches Hilfsmittel des Autors und kann während der Erstellung der Arbeit verändert werden.
- Ein Oberpunkt in einer Gliederung kann nie nur einen einzigen Unterpunkt enthalten.
- Überschriften in der Gliederung sollten kurz, prägnant und aussagekräftig sein.
- Die Gliederung empirischer Arbeiten folgt allgemeinüblichen Konventionen.
- Auf eine angemessene Gliederungstiefe ist zu achten.
- Gliederung und Inhaltsverzeichnis sind nicht identisch: Bei der Gliederung steht die Genauigkeit, beim Inhaltsverzeichnis die Übersichtlichkeit im Vordergrund.

# 6 Grundlagen wissenschaftlichen Schreibens

Nach den konzeptiven Vorarbeiten können Sie daran gehen, Ihre Arbeit zu Papier zu bringen. Die folgenden Ausführungen sollen Ihnen dabei helfen.

Zunächst beschäftigen wir uns mit den stilistischen Besonderheiten wissenschaftlicher Arbeiten. Sie erfahren, wie sich diese in ihrem Schreibstil von anderen Textsorten unterscheiden. Des Weiteren behandeln wir das wichtige Thema der wissenschaftlichen Argumentation. Abgeschlossen wird das Kapitel mit Ausführungen dazu, wie Sie Schreibblockaden vermeiden und Ihre Texte überarbeiten können.

## 6.1 Wissenschaftlicher Schreibstil

Wenn Sie sich an den Deutschunterricht in der Mittelschule zurückerinnern, so wurden die im Unterricht behandelten Texte in verschiedene Genres bzw. **Textsorten** eingeteilt. Jede Textsorte hat eigene stilistische Regeln: Die meisten (klassischen) Gedichte reimen sich, Märchen fangen üblicherweise mit „Es war einmal ..." an, Nacherzählungen stehen gewöhnlich in der Mitvergangenheit, in Briefen wird der Leser persönlich angesprochen usw. Ebenso handelt es sich bei einer wissenschaftlichen Arbeit um eine eigene Textsorte.

Diese wird der Kategorie der Sachtexte zugeordnet, welche sich im Gegensatz zu literarischen, fiktionalen und ästhetischen Texten (wie etwa Gedichten oder Romanen) mit realen Gegebenheiten beschäftigen (Stary/ Kretschmer 1994, S. 14). Sachtexte lassen sich jedoch weiter untergliedern, und schriftliche wissenschaftliche Sachtexte (z.B. Prüfungsarbeiten), mit denen wir uns hier beschäftigen, folgen ganz spezifischen Regeln, die sie deutlich von anderen Sachtexten, etwa journalistischen Artikeln oder populärwissenschaftlichen Schriften, unterscheiden.

Die Feinheiten des wissenschaftlichen Schreibstils (so wie jene anderer Textsorten) kann man sich wohl am besten durch das Lesen gut geschriebener wissenschaftlicher Publikationen (z.B. Beiträge in wissenschaftlichen Fachzeitschriften) sowie durch Schreibübungen (Übungs- und Seminararbeiten) aneignen. Dennoch ist der wissenschaftliche Schreibstil kein Mysterium, das sich erst durch jahrelange Übung ergründen lässt. Vielmehr können Sie Ihre Arbeiten schon dann verbessern, wenn Sie einige grundlegende Regeln beachten:

- **Zielgruppengerechtes Schreiben**
  Jeder Text sollte in Hinblick auf seine Leser verfasst werden. Dies gilt auch für wissenschaftliche Arbeiten. Es ist vorteilhaft, den Text so einfach wie möglich zu verfassen und dem Leser durch prägnante Formulierungen, Beispiele und übersichtliche Darstellungen das Verständnis zu

erleichtern. Allerdings sollten Sie sich bewusst sein, dass sich die Arbeit an ein Fachpublikum richtet. Bei Seminar- und Bachelorarbeiten ist das für gewöhnlich nur der Betreuer. Bei Masterarbeiten und Dissertationen jedoch ist davon auszugehen, dass neben dem Betreuer auch Studierende, fachspezifische Wissenschafter und eventuell (akademisch gebildete) Praktiker das Werk lesen werden. Die Arbeit muss also *nicht* für jeden Leser ohne entsprechende Vorbildung verständlich sein. Dies bedeutet, dass allgemeine Ausführungen zum Fachgebiet des Autors in der Regel unnötig sind und dem Fachpublikum trivial erscheinen. Zum Beispiel wird sich in einer Arbeit aus dem Bereich der Volkswirtschaftslehre die Erklärung, was unter Angebot und Nachfrage zu verstehen ist, erübrigen. Bei einer marketingwissenschaftlichen Arbeit wiederum kann man davon ausgehen, dass die Leser mit dem Marketing-Mix vertraut sind. Andererseits sind Sie in dem *spezifischen* Bereich, in dem Sie schreiben, der Experte und können nicht erwarten, dass alle Leser über dieses Expertenwissen verfügen. Als Faustregel gilt, dass Ihre Arbeit dann das geeignete Sprach- und Inhaltsniveau aufweist, wenn sie für Absolventen und höhersemestrige Studierende Ihrer Studienrichtung verständlich ist.[1]

- **Definition von Fachbegriffen**
  In der Arbeit verwendete grundlegende Fachbegriffe (insbesondere jene, die in der wissenschaftlichen Fragestellung, den Forschungsfragen oder Hypothesen vorkommen) werden definiert, um eindeutig festzulegen, in welcher Bedeutung sie in der Arbeit gebraucht werden. Diese Forderung impliziert jedoch nicht, dass die Arbeit schier endlose Seiten mit unterschiedlichen Definitionen von Begriffen, die nur peripher mit der Arbeit zu tun haben, enthalten soll.

- **Logischer Aufbau**
  Die Arbeit soll logisch, übersichtlich und den Konventionen des jeweiligen Wissenschaftszweigs entsprechend aufgebaut sein. Dies gilt auch für die einzelnen Abschnitte der Arbeit. In einem Abschnitt der Arbeit soll nicht schlichtweg alles vorkommen, was in irgendeiner Weise damit zu tun hat; die Informationen müssen vielmehr in eine klar ersichtliche und logisch nachvollziehbare Beziehung zueinander gesetzt werden.

- **Überlegter Einsatz von Fremdwörtern**
  Die übertriebene Verwendung von Fremdwörtern sollte vermieden werden. Die Terminologie des jeweiligen Fachgebiets wird und muss in wis-

---

1 Bei Dissertationen wird man für gewöhnlich nicht von Studierenden und Absolventen, sondern von im jeweiligen Fachgebiet tätigen Wissenschaftlern als Zielgruppe ausgehen.

senschaftlichen Arbeiten Verwendung finden, auch wenn sie dem Anfänger zunächst kompliziert und undurchdringlich erscheint. Davon abgesehen sollte man es allerdings vermeiden, durch unnötige/unübliche Fremdwörter leicht durchschaubare Pseudowissenschaftlichkeit vorzugaukeln und damit die Verständlichkeit des Textes zu erschweren.

- **Vermeidung umgangssprachlicher Ausdrücke**
  Saloppe Formulierungen und umgangssprachliche Ausdrücke sind zu unterlassen. Die aus der Mittelschule bekannte Regel, umgangssprachliche und dialektale Ausdrücke durch Anführungszeichen („") gewissermaßen zu legitimieren, gilt in wissenschaftlichen Arbeiten nur in Ausnahmefällen.

- **Sparsame Verwendung direkter Zitate**
  Direkte (wörtliche) Zitate sollten sparsam eingesetzt werden. Im Gegensatz zu einigen geisteswissenschaftlichen Fächern (z.B. der Literaturwissenschaft) sind in den Wirtschafts- und Sozialwissenschaften direkte Zitate eher verpönt. Direkte Zitate können unter Umständen die stilistische Geschlossenheit des Textes stören und vom Begutachter der Arbeit eventuell als Indiz für die unverarbeitete Übernahme fremder Gedanken angesehen werden. Direkte Zitate sollten somit nur dann verwendet werden, wenn man einen Gedanken nicht trefflicher ausdrücken könnte oder wenn der Stil des Originals erhalten bleiben soll.

- **Vermeidung der Ich-Form**
  Der Autor tritt im Text nicht direkt in Erscheinung, d.h. die „Ich-Form" ist zu vermeiden. Beispielsweise könnten Sie anstatt „Ich möchte hinzufügen, dass …" die Ich-Perspektive durch die Formulierung „Dem ist hinzuzufügen, dass …" vermitteln. Allerdings muss angemerkt werden, dass die Regel, nicht in der Ich-Form zu schreiben, nicht allgemein anerkannt ist. Sie sollten diesen stilistischen Aspekt daher am besten mit Ihrem Betreuer klären. Jedenfalls aber sollten Sie auf obsolet klingende Formulierungen wie „Der Verfasser möchte hinzufügen, dass …" oder „Wir vertreten die Auffassung …" (wenn Sie als einzelner Autor schreiben) verzichten.

- **Lückenlose Dokumentation der Quellen**
  Die in einer wissenschaftlichen Arbeit verwendeten Quellen müssen lückenlos dokumentiert werden. Sowohl direkte (wörtliche) als auch indirekte (sinngemäße) Zitate müssen sowohl im Text bzw. in der Fußnote als auch im Literaturverzeichnis angeführt werden. (Weitere Ausführungen dazu in Kapitel 8.)

- **Sachliche Argumentation**
  In wissenschaftlichen Arbeiten soll sachlich argumentiert werden. Behauptungen sind zu belegen. Andeutungen, Witze und emotionale Argumentationen, die in anderen Textsorten durchaus ihre Berechtigung haben, sind nicht angebracht.

Diese Regeln sind nicht unumstößlich, allerdings sollte man sie kennen und anwenden können, um nur in begründeten Ausnahmefällen davon abzuweichen. Werden diese Grundprinzipien nämlich aus Unwissenheit übertreten, tritt der möglicherweise profunde Inhalt der Arbeit beim vorgebildeten Leser leicht in den Hintergrund und es stellt sich die Frage nach der Seriosität bzw. Naivität des Autors.

Zur Illustration der Grundregeln des wissenschaftlichen Schreibens wird im Folgenden ein kurzer Auszug aus einer „wissenschaftlichen" Abschlussarbeit dargestellt und im Anschluss daran auf die darin enthaltenen Schwachstellen eingegangen.

**2.2 Zielgruppen des Event-Marketing**

„Für das Event-Marketing, wie auch für andere Kommunikationsinstrumente, spielt die Zielgruppensegmentierung eine wichtige Rolle, da je nach Event eine andere Zielgruppe angesprochen wird." (Müller, 1998, S. 12)

Es ergeben sich aber Problematiken der Segmentierung, weil sich die Zielgruppe nicht mehr nach einfachen Kriterien wie Alter, Kaufkraft und Wohnort einteilen lassen, da die Menschen flexibler, erlebnis- und genussorientierter geworden sind (Gerken, 1992, S. 19 f.). Diese Veränderung ist auch auf die zunehmende Mobilität, höhere Ansprüche und stärkere Kritik der Konsumenten zurückzuführen (Wyss, 1989, S. 10 ff.).

Das heißt mit anderen Worten, dass eine Veränderung im Verhalten, sowohl im Kaufverhalten als auch in den Einstellungen der Gesellschaft zu erkennen ist.

Die Zielgruppen eines Events können nach verschiedenen Kriterien eingeteilt werden, wobei ich die Konzentration in dieser Arbeit auf Szenen und auf Lifestylegruppen lege, da sich diese als Ansprechpersonen für Event Marketing im Laufe der Zeit herauskristallisiert haben. In Folge werden die Möglichkeiten der Zielgruppendefinition aufgezeigt.

Bei einem Event können grundsätzlich immer drei Zielgruppen angesprochen werden (Grau/Richter/Cristofolini, 1994, S. 32 ff.). Dazu zählen die Anwesenden, die berichterstattenden Medien, aber auch die über die Medien mittelbar erreichten Personen (indirekte Anwesende). Dadurch vergrößert sich die Zielgruppe eines Events.

Es können bei der Zielgruppendefinition beim Event-Marketing unterschiedliche Kriterien herangezogen werden. Einerseits besteht die Möglichkeit der herkömmlicher Marktsegmentierung und andererseits aber auch die Segmentierung nach sogenannten Lifestylegruppen. Bei der herkömmlichen Marktsegmentierung (Nufer/Perkovic, 1996, S. 7 f.) teilt man die target groups nach einfachen Kriterien wie Alter, Einkommen oder Wohnort ein und die Lifestylegruppen nach ihrem Lebensstil.

Gerken vertritt ebenfalls die Meinung, dass die oben genannte Entwicklung zum ,,Abschied von der herkömmlichen Zielgruppe" führt und dass die Märkte auf gar keinen Fall mehr mit den üblichen Zielgruppen-Kategorien bearbeitet werden können (Gerken, 1992, S. 19). Kennzeichen dieser Entwicklung ist zum Beispiel der Trend weg von der Massenkommunikation hin zur individuellen. Dabei haben sich Lifestylegruppen und Szenen herauskristallisiert, auf die näher eingegangen wird.

**2.2.1 Szenen als Zielgruppen**

Aufgrund der diskutierten Segmentierungsprobleme bilden Szenen eine andere Möglichkeit, die Zielgruppe zu definieren. Man spricht dabei auch vom „Szenen-Marketing oder Szenen-Management" (Brückner/Przyklenk, S. 49; Gerken, 1992, S. 258 f.), zu dessen Aufgaben es gehört, Gruppierungen und Strömungen am Markt möglichst schnell auszumachen. In der Folge sollen die am häufigsten verwendeten Definitionen angeführt werden.

Szenen können als Werte- und Erlebniswelten von Konsumenten definiert werden, die sich aufgrund bestimmter Lebensstilen, aber auch aufgrund bestimmter Einstellungen von den übrigen Segmentierungen abheben (Kinnebrock, 1993, S. 44 f.)

Eine andere Definition beschreibt Szenen als Gruppen, dies sich innerhalb verschiedener Grundeinstellungen etabliert haben und zusätzlich Trendeinflüssen und Strömungen am Markt unterliegen. Wesentliches Merkmal für die Bildung einer Szene stellt partielle Identität von Personen, Orten oder Inhalten dar (Lanthaler, 1995, S. 141).

Szenen lassen sich laut Kinnebrock (1993, S. 33) in zwei Gruppen aufteilen:

Langfristige Szenen wie zum Beispiel Öko-Szenen, Musik-Szenen, Computer-Szene etc.

Kurzfristige Trend-Szenen wie beispielsweise Yuppies, Diät-Szenen, New Wave u.ä.

Die kurzfristigen Trends verschwinden wieder vom Markt, während sich die langfristigen über Jahre oder Jahrzehnte hinweg halten (Brückner/Przyklenk, 1998, S. 49) Diese Modewellen haben im Eventbereich stark an Bedeutung gewonnen.

Im Bereich des Veranstaltungswesen werden alle Ereignisse demnach zum Gegenstand der Szene-Betrachtung, die sich im Umfeld einer Veranstaltung bilden und zu einem kollektiven Verhalten bei den Besuchern führen.

Neben den Szene-Gruppen werden auch Lifestyles als Zielgruppen immer häufiger herangezogen, die im folgenden Kapitel näher betrachtet werden.

**2.2.2 Lifestylegruppen**

...

Neben verschiedenen anderen Problemen finden sich unter anderem die folgenden grundlegenden Fehler:

- Es handelt sich bei dem Text um eine Aneinanderreihung von Zitaten (eine sogenannte Kompilation). Die gedankliche Verarbeitung der zitierten Literatur durch den Autor ist nicht ersichtlich.
- Der „rote Faden" fehlt, d.h. es wird nicht klar, wie die einzelnen Passagen zusammenhängen und was die Grundaussage des Textes ist.

- Definitionen wurden unreflektiert aus der Literatur übernommen und ohne Kommentar aneinandergereiht.
- Die Absätze und Abschnitte sind zu kurz, in der Arbeit angeführte Gedanken werden nicht ausreichend entwickelt.
- Der Autor tritt in der „Ich-Form“ in Erscheinung.
- Direkte Zitate werden ohne Notwendigkeit eingesetzt und stören den Textfluss.
- Der Text weist grammatikalische und stilistische Fehler sowie Übertreibungen auf.

> Weitere Informationen finden Sie in dem Video „Wie vermeide ich die sieben Todsünden des wissenschaftlichen Schreibstils?“
> http://www.marketmentor.at/projects/wa.html

## 6.2 Grundzüge der Argumentation

Wissenschaftliche Arbeiten haben primär informativen Charakter. Dennoch müssen Sie als Autor einer wissenschaftlichen Arbeit Ihre Leser auch überzeugen, indem Sie die Thesen, die Sie in Ihrer Arbeit aufstellen, schlüssig begründen.

Schon in der griechischen und römischen Antike befasste man sich mit der Argumentation. Den klassischen Rhetorikern zufolge besteht ein Argument aus mehreren, geordneten Elementen:

1. **exordium:** Einleitend wird auf die Bedeutung des Themas hingewiesen.
2. **narratio:** Der Problemhintergrund wird dargestellt.
3. **partitio:** Die Ziele werden aufgezählt, und die Struktur, die zur Argumentation herangezogen wird, wird aufgezeigt.
4. **confirmatio:** Die Gründe, warum man eine bestimmte Position vertritt, werden dargelegt.
5. **refutatio:** Gegenteilige Meinungen werden angeführt, erklärt und entkräftet.
6. **peroratio:** Abschließend werden die wichtigsten Beweisgründe nochmals dargelegt (Miller 1999, S. 18).

Die Elemente der klassischen Argumentation können der **Makrostruktur** der Arbeit, der Gliederung, zugeordnet werden: Exordium, narratio und partitio finden sich für gewöhnlich in der Einleitung, confirmatio und refutatio, die Kernelemente der Argumentation, im Hauptteil der Arbeit; die peroratio schließlich sollte in den Schlussteil der Arbeit einfließen.

Für die **Mikrostruktur** der Arbeit, die Argumentation im Text, soll hier jedoch auf ein anderes Argumentationsschema, das Modell des britischen Philosophen Toulmin (1958), verwiesen werden.

Dem Toulmin-Modell zufolge besteht jedes Argument aus mehreren, miteinander verbundenen Teilen (Booth/Colomb/Williams 2008, S. 108 ff.):

- Behauptungen
- Beweise
- Schlussregeln
- Einschränkungen

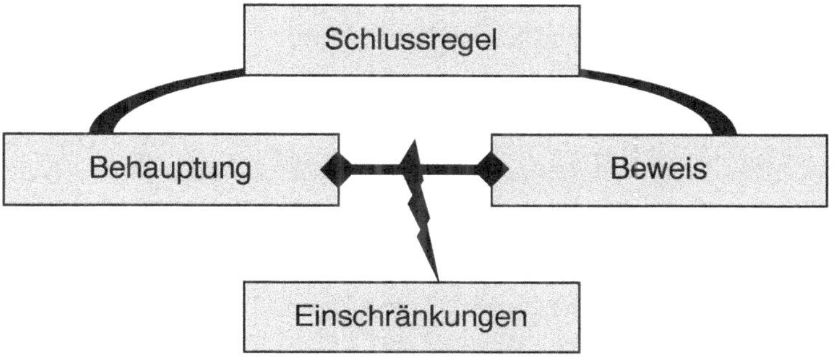


**Abb. 6-1:** Elemente der Argumentation nach Toulmin

Ein Fehler, der in (studentischen) wissenschaftlichen Arbeiten häufig vorkommt, ist die Aufstellung von **Behauptungen**, ohne Beweise zu liefern. Dazu einige Beispiele:

- Wie allgemein bekannt, ist der demokratische Führungsstil dem autokratischen überlegen.
- In Kleinbetrieben können strategische Entscheidungen schneller getroffen werden als in größeren Organisationsformen.
- Der Tourismus stellt Monacos größte Einnahmequelle dar.
- Durch das Internet wurde es einfacher, Unternehmensdaten der Konkurrenz zu recherchieren.

All diese Aussagen mögen plausibel klingen. Die bloße Behauptung reicht jedoch nicht aus, eine These schlüssig zu untermauern. Bei einfach nachprüfbaren Fakten genügt es für gewöhnlich – wie etwa im folgenden Beispiel –, die aufgestellte Behauptung mit einer wissenschaftlichen Ansprüchen genügenden Quelle zu belegen:

> Für das Spieljahr 2010 verzeichnet das Statistische Jahrbuch für die Republik Österreich (2012, S. 143) 577 Kinosäle in Österreich.

In den meisten Fällen kann eine Behauptung freilich nicht für sich alleine stehen. Sie muss begründet werden. Dies soll mit dem folgenden Beispiel gezeigt werden:

**Behauptung:** Die Zufriedenheit von Kunden mit ihrer Versicherung ist abhängig von der Schnelligkeit der Schadensregulierung.

**Beweis:** So zeigte eine Untersuchung von Müller (2012, S. 25 ff.), dass Kunden einer Autoversicherung, die im Schadensfall länger als zwei Wochen auf die Begleichung ihres Schadens warten mussten, im folgenden Jahr doppelt so häufig die Versicherung wechselten wie Kunden, bei denen die Versicherung schneller agierte. Zu ähnlichen Ergebnissen kam auch Mayer (2009), der Versicherungskunden zu ihrem Wechselverhalten im Bereich der Lebensversicherung befragte.

Häufig kann der **Beweis** wiederum als Behauptung angesehen werden, die bewiesen werden muss. In diesem Beispiel wurde der Beweis (Studie von Müller) gestützt, indem eine weitere Studie mit ähnlichen Resultaten angegeben wurde.

Zur Argumentation sind jedoch auch eine oder mehrere Schlussregeln notwendig. Unter einer **Schlussregel** versteht man ein generelles Prinzip, das die Verbindung zwischen der Behauptung und dem Beweis herstellt. In diesem Beispiel wäre eine Schlussregel, dass sich Kundenzufriedenheit durch die Messung des Wechselverhaltens der Kunden feststellen lässt.

Häufig werden Schlussregeln (so wie in diesem Beispiel) nicht explizit dargestellt. Vielmehr wird davon ausgegangen, dass Autor und Leser die impliziten Schlussregeln teilen, was jedoch nicht immer der Fall ist:

- In der Alltagsargumentation ist es bisweilen möglich, schlichte Gemüter durch die Berufung auf (wissenschaftliche) Autoritäten zu überzeugen. In der wissenschaftlichen Argumentation wird aber die Verwendung von Schlussregeln der Form „Wenn eine Behauptung vom berühmten Nobelpreisträger X stammt, dann ist sie wahr" Irritationen hervorrufen.
- Auch die Bezugnahme auf den „gesunden Menschenverstand" reicht in wissenschaftlichen Arbeiten meist nicht aus, eine Brücke zwischen Behauptung und Beweis zu schlagen.
- Schließlich wird auch die Beweisführung durch Einzelfälle (Fallstudien) von Sozialwissenschaftern bisweilen als unzureichend empfunden, auch wenn diese penibel dokumentiert sind.

Sie sollten sich bei Argumentationen also immer die Frage stellen, welche Schlussregeln die Verbindung zwischen Behauptung und Beweis herstellen und ob Ihre Leser Ihre Schlussregeln als adäquat ansehen werden. Dies hängt unter anderem auch davon ab, ob Ihr Betreuer bzw. Ihr Forschungsfeld eher der positivistischen („quantitativen") oder phänomenologischen („qualitativen") Forschungsausrichtung zuzurechnen ist.[2] Aus diesem Grund sollten Sie rechtzeitig Erkundigungen darüber einziehen.

Ein weiteres wichtiges Element in Ihrer Argumentation ist es, wesentliche **Einschränkungen** aufzuzeigen. In Texten, die sich an ein allgemeines

2 Nähere Ausführungen zur Unterscheidung zwischen quantitativer und qualitativer Forschung finden Sie in Kapitel 10.

Publikum wenden, wie zum Beispiel Werbetexte und populärwissenschaftliche Veröffentlichungen, wird häufig nur einseitig argumentiert. Das heißt, mögliche Einwände werden meist nicht behandelt. Im Gegensatz dazu gewinnen Argumentationen in wissenschaftlichen Arbeiten, die sich an ein vorgebildetes Fachpublikum richten, an Glaubwürdigkeit, wenn Einschränkungen der Gültigkeit der Behauptung offengelegt werden und auf mögliche Gegenargumente eingegangen wird. Häufig geschieht dies durch stilistische Mittel:

> **Behauptung:** Die Zufriedenheit von Kunden mit ihrer Versicherung ist *in hohem Maße* abhängig von der Schnelligkeit der Schadensregulierung.
>
> **Beweis:** So zeigte eine Untersuchung von Müller (2012, S. 25 ff.), dass Kunden einer Autoversicherung, die im Schadensfall länger als zwei Wochen auf die Begleichung ihres Schadens warten mussten, im folgenden Jahr doppelt so häufig die Versicherung wechselten wie Kunden, bei denen die Versicherung schneller agierte. Zu ähnlichen Ergebnissen kam auch Mayer (2009), der Versicherungskunden zu ihrem Wechselverhalten im Bereich der Lebensversicherung befragte. *Allerdings ist aus dieser Studie ebenfalls ersichtlich, dass die Erreichbarkeit des Ansprechpartners im Unternehmen und die Transparenz der Schadensabwicklung für Versicherungskunden annähernd gleiche Bedeutung wie die Schnelligkeit der Schadensregulierung haben.*

Durch die Formulierung „in hohem Maße" wird deutlich gemacht, dass die Kundenzufriedenheit nicht nur und nicht immer von der Schnelligkeit der Schadensregulierung abhängt. Außerdem werden im Beispiel die Behauptung einschränkende weitere Faktoren angeführt.

Mögliche Formen von Einschränkungen sind:

- **Zurückweisungen:** Gegenargumente werden zunächst in die Argumentation miteinbezogen und dann entkräftet: „Zwar zweifelt Huber (2010) die Bedeutung schneller Schadensregulierungen für die Kundenzufriedenheit an, *aber* …"
- **Zugeständnisse:** Gegenargumente, die man nicht (vollständig) entkräften kann, werden angeführt: „Allerdings ist Hubers Kritik insofern zuzustimmen, als …"
- **Einschränkungen des Geltungsraumes:** In sozialwissenschaftlichen Untersuchungen beruhen die Ergebnisse nicht auf deterministischen Naturgesetzen, sondern auf Wahrscheinlichkeiten. Die Ergebnisse der Untersuchung können auf eine Vielzahl von Ursachen zurückzuführen sein und zu einer anderen Zeit oder an einem anderen Ort unterschiedlich ausfallen. Diesen Einschränkungen des Geltungsraumes wird durch Formulierungen wie „Die Zufriedenheit ist *in hohem Maß* abhängig …" oder „Untersuchungen *deuten darauf hin,* dass die Zufriedenheit von Versicherungskunden …" zum Ausdruck gebracht. Hingegen sollten Ausdrücke wie *„Untersuchungen beweisen,* dass …" abgeschwächt werden.

## 6.3 Layout und äußere Form der Arbeit

Hinsichtlich des Layouts einer Arbeit werden gerade bei Abschlussarbeiten vielfach von der jeweiligen Fakultät, dem Fachbereich oder Institut verbindliche Richtlinien vorgeschrieben. Aber auch bei Seminar- und Übungsarbeiten geben die Betreuer bisweilen Normen vor. Bevor Sie die folgenden Hinweise zum Layout der Arbeit anwenden, sollten Sie sich daher zunächst informieren, ob für Ihre Arbeit verbindliche Richtlinien bestehen. Gegebenenfalls können Sie diese dann durch die im vorliegenden Buch gegebenen Hinweise ergänzen.

- **Papier:** Verwenden Sie weißes Papier von guter Qualität im Format DIN A4. Die Seiten werden für gewöhnlich nur einseitig bedruckt.
- **Zeilenabstand:** Im Regelfall beträgt der Zeilenabstand 1,5. Dadurch wird die Lesbarkeit der Arbeit erhöht, und Korrekturen lassen sich vom Betreuer leichter anbringen als bei einem kleineren Zeilenabstand. Nur bei Blockzitaten (vgl. Abschnitt 8.1.3) und in Fußnoten wird Zeilenabstand 1 verwendet.
- **Schrifttyp:** Zu empfehlen ist ein klassischer Schrifttyp. Verspielte und verschnörkelte Schrifttypen wie z.B. CUTOUT oder *Corsiva* lassen die Arbeit unseriös erscheinen. Sie können Serifenschriften oder serifenlose Schriften einsetzen. Bei Serifenschriften (z.B. Times) sind kleine Striche an den Buchstaben angebracht, bei serifenlosen Schriften (z.B. Arial) fehlen diese. Für längere Texte sind eher Serifenschriften angeraten, da sie als leichter lesbar gelten. Für Überschriften haben sich serifenlose Schriften bewährt. Nicht verwendet werden sollten Schreibmaschinenschriften wie `Courier`, da diese eher altmodisch wirken und überdies wesentlich mehr Platz als andere (proportionale) Schrifttypen verbrauchen. Beschränken Sie sich auf möglichst wenige Schrifttypen in der Arbeit (z.B. eine Schrifttype für den Text und eine andere für die Überschriften), um Klarheit und Sachlichkeit zu vermitteln.
- **Schriftgröße:** Schriftgrößen werden in Punkt gemessen. In der Regel empfiehlt sich eine Schriftgröße von 12 Punkt für die Textteile der Arbeit. Bei Überschriften kann die Schriftgröße, je nach Gliederungsebene, zwischen 12 und 16 Punkt betragen, Fußnoten werden in einer kleineren Schriftgröße als der Textteil verfasst, also meist in 9 oder 10 Punkt.
- **Seitenränder:** Linker Rand 3–3,5 cm, rechter, oberer und unterer Rand 2–2,5 cm. Beachten Sie, dass ein breiter linker Rand für die Bindung der Arbeit nötig ist. Die Ränder sind auch bei Abbildungen, Tabellen und im Anhang einzuhalten.
- **Paginierung:** Die Seiten der Arbeit werden sequenziell nummeriert. Die Titelei (vom Titelblatt bis zu den Verzeichnissen) wird mit kleinen römischen Ziffern (i, ii, iii, iv etc.) nummeriert. Die Seitenzählung beginnt mit dem Titelblatt, am Titelblatt scheint jedoch keine Seitennummer (i) auf. Der Textteil der Arbeit, das Literaturverzeichnis und even-

tuelle Anhänge werden mit arabischen Ziffern (1, 2, 3, 4 etc.) sequenziell nummeriert. Die Einleitung beginnt somit mit Seite 1. Seitenzahlen stehen in der Kopf- oder in der Fußzeile der Arbeit, für gewöhnlich zentriert oder rechtsbündig.

- **Hervorhebungen:** Hervorhebungen werden meist durch **Fettschrift**, *Kursivschrift* und Zentrierungen gekennzeichnet. Unterstreichungen und S p e r r u n g e n erinnern hingegen an die Ära der Schreibmaschine, wirken hausbacken und sind überdies schlecht lesbar.
  Auch KAPITÄLCHEN sind schlecht lesbar und sollten daher nur für einzelne Wörter, nicht jedoch für einen längeren Text verwendet werden. Beachten Sie: Je mehr Sie hervorheben, desto mehr nimmt die Signalwirkung der einzelnen Hervorhebungen ab.
- **Textausrichtung:** Bei der Ausrichtung des Textes ist zwischen Blocksatz, Flattersatz und Zentrierung zu unterscheiden (vgl. Abb. 6-2).
  Meist wird bei wissenschaftlichen Arbeiten der optisch ansprechende Blocksatz, bisweilen auch linksbündiger Flattersatz verwendet. Beim Blocksatz ist unbedingt darauf zu achten, dass keine hässlichen Textlücken entstehen. Vermeiden lassen sich diese durch Silbentrennung am Ende der Zeile. Die Funktion „Automatische Silbentrennung“ kann bei allen gängigen Textverarbeitungsprogrammen eingestellt werden.

Dieser Text ist in Flattersatz, ausgerichtet am linken Rand, geschrieben. Der rechte Rand ist ungleich breit.

Dieser Text ist in Blocksatz geschrieben. Der linke und der rechte Rand sind von ihrer Breite her einheitlich.

Dieser Text wurde zentriert, d.h.<br>an der Mitte ausgerichtet.

**Abb. 6-2:** Flattersatz, Blocksatz und Zentrierung

- **Farbe:** Text und Überschriften sollten in Schwarz gedruckt werden. Der Einsatz von Farbe eignet sich hingegen, um bestimmte Grafiken besser lesbar zu machen und um Fotos realistisch darzustellen. Für den Ausdruck und die Vervielfältigung von Seiten mit farbigen Elementen ist Farblaserdruckern und Farbkopierern wegen der besseren Druckqualität und Haltbarkeit der Ausdrucke gegenüber Tintenstrahldruckern der Vorzug zu geben.

Sie stellen sich beim Durchlesen der Layoutvorschläge und der in Kapitel 8 enthaltenen Zitierregeln vielleicht die Frage, warum Sie eigentlich die formalen Standards einer wissenschaftlichen Arbeit exakt einhalten sollten. Ist es wirklich so wichtig, ob der Zeilenabstand 1,5 beträgt? Ist es nicht egal, ob ein wörtliches Zitat in Anführungszeichen steht oder nicht?

Warum Sie die Formalien kennen sollten, hat zwei Gründe: Zum einen helfen diese Vorgaben dem wissenschaftlich Tätigen, einen Text zu erschließen. Hier ist ein Beispiel:

Je nachdem, ob im Literaturverzeichnis bei einem Aufsatz der Verlagsort angegeben ist oder nicht, können Sie als fachkundiger Leser sofort erkennen, ob der Aufsatz in einem Sammelband oder in einer Fachzeitschrift zu finden ist. Ist der Verlagsort angegeben, ist klar, dass es sich um einen Sammelband handelt und die Suche nach dem Aufsatz in einer Volltext-Datenbank, die nur Zeitschriften enthält, sinnlos wäre und Sie am besten gleich im Katalog der Universitätsbibliothek nachforschen, ob das Werk verfügbar ist.

Der zweite Grund, warum Sie sich mit den Formalien befassen sollten, ist ein sehr pragmatischer. Da es sich bei Bachelorarbeiten, Masterarbeiten und Dissertationen um Prüfungsarbeiten handelt, liegt es natürlich in Ihrem Interesse, Ihre Arbeit dem Gutachter möglichst gut zu „verkaufen". Bei einer wissenschaftlichen Arbeit zählt – abgesehen vom Inhalt, dem natürlich die größte Bedeutung zukommt – eben auch der gekonnte Umgang mit den Formalien.

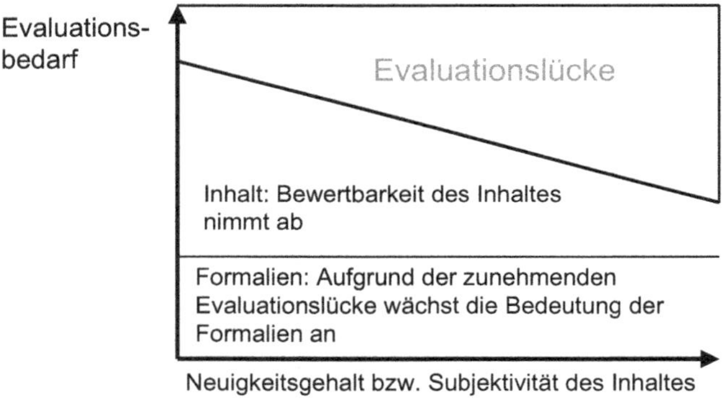


**Abb. 6-3:** Die Evaluationslücke
(Quelle: Kalliwoda 1997, S. 186)

Gerade bei komplexen Arbeiten kann leicht eine „Evaluationslücke" entstehen (vgl. Abb. 6-3). D.h. bei innovativen, komplexen und spezifischen wissenschaftlichen Arbeiten nimmt die Bewertbarkeit des Inhalts ab, und die Formalien gewinnen bei der Bewertung der Arbeit an Bedeutung (Kalliwoda 1997, S. 186). Anders ausgedrückt: Gerade dann, wenn Sie sich in einem neuen Forschungsgebiet bewegen (was natürlich positiv ist), kann es vorkommen, dass Ihr Spezialwissen im engen Themenbereich Ihrer Arbeit das Ihres Betreuers übersteigt und dieser sich bei der Beurteilung der Arbeit stärker auf die Formalien konzentrieren wird, deren Einhaltung einfacher und objektiver nachzuprüfen ist.

## 6.4 Vom Umgang mit Schreibblockaden

Kennen Sie diese oder eine ähnliche Situation? Auf dem Schreibtisch stapeln sich Bücher und Zeitschriften zum gewählten Seminar- oder Masterarbeitsthema, Daten und Fakten sind in Ihrem Kopf und sollen niedergeschrieben werden. Die Zeit drängt, der Abgabetermin für die schriftliche Arbeit rückt immer näher. Aber es gelingt Ihnen nicht, klare Sätze zu formulieren und auf Papier zu bringen, obwohl Sie wissen, was Sie schreiben wollen. Von diesem Problem sind Sie nicht allein betroffen. Studien an deutschen Universitäten zufolge klagt jeder zweite Student im Laufe seines Studiums von Zeit zu Zeit über Schreibblockaden (Boehncke 2000). Schreiben, also einen Text zu formulieren, ist ein Prozess, der schon vor der eigentlichen Niederschrift einsetzt und erst dann abgeschlossen ist, wenn die Rohfassung eines Textes überarbeitet und Korrektur gelesen wurde. Während dieses Schreibprozesses kann es immer wieder vorkommen, dass eine Schreibhemmung auftritt. In diesem Abschnitt wollen wir uns daher mit Problemen beim Schreiben beschäftigen und Hilfestellungen anbieten, wie Sie Schreibblockaden erfolgreich meistern und Selbstvertrauen als Schreibender gewinnen können. Dabei interessiert uns insbesondere:

- Wie kann man Schreibblockaden vorbeugen?
- Was kann man tun, wenn diese doch einmal auftreten?

Damit es erst gar nicht zu Schreibstörungen bei der Niederschrift des Textes kommt, können Sie bereits im Vorfeld des eigentlichen Schreibprozesses einiges tun. Lesen Sie die folgenden Hinweise und Anregungen, welche **Rahmenbedingungen** Sie bereits vor dem eigentlichen Prozess des Schreibens gewährleisten sollten, um Schreibhemmungen vorzubeugen.

- Erarbeiten Sie ein **Konzept**, wie der Text aufgebaut sein soll. Investieren Sie in diese Phase genügend Zeit. Überlegen Sie die Gliederung der Arbeit und beginnen Sie nicht zu früh mit der Niederschrift. Stimmt der Aufbau eines Textes, können Sie gezielt an die einzelnen Kapitel herangehen und müssen nicht Absätze oder ganze Kapitel umschreiben oder umstellen, wenn Sie bemerken, dass der Aufbau nicht stimmt. Für viele Autoren ist dieses Erlebnis frustrierend; Schreibblockaden haben nicht selten ein fehlendes oder nicht gut durchdachtes Konzept als Ursache.
- Greifen Sie auf Ihre **Exzerpte** zurück. Haben Sie in einer früheren Phase des wissenschaftlichen Arbeitens wichtige Informationen aus der Literatur bereits festgehalten, so können Sie jetzt darauf zurückgreifen.

- Schreiben Sie eine **Rohfassung** des Textes und überarbeiten Sie in einem *zweiten* Schritt den geschriebenen Text. „Herumfeilen“ an einzelnen Satzteilen führt in der Regel nicht zu einem flüssig formulierten Text. Schreiben Sie auch Satzteile auf, die nicht vollständig sind, weil Ihnen keine präzise Formulierung einfällt. Die leer gelassenen Stellen können Sie später ausfüllen. Schwierig wird es nur, wenn Sie gar nichts niederschreiben. Denken Sie daran: Einen Text zu verfassen und anschließend sorgsam zu redigieren sind zwei voneinander unabhängige Phasen im Schreibprozess. Also versuchen Sie nicht, beides gleichzeitig zu tun.
- Finden Sie heraus, wann für Sie die beste **Tageszeit** zum Schreiben ist. Manche Menschen schreiben besser untertags, andere wiederum eher in der Ruhe des Abends. Diese Zeiten sollten Sie für das Schreiben an Ihrem Manuskript reservieren. Versuchen Sie Ihren persönlichen Arbeitsrhythmus zu finden und regelmäßig an Ihrem Text zu schreiben. Vielleicht gibt es aber auch den einen oder anderen Tag, an dem Sie diese „Schreibfenster“ nicht nutzen, sondern zu einer anderen Uhrzeit Lust darauf haben, an Ihrer Arbeit zu schreiben. Nur zu!
- **Notieren Sie Einfälle**, die Sie unterwegs haben. Der (räumliche) Abstand zum Geschriebenen führt manchmal zu den besten Ideen. Halten Sie diese in einem kleinen Notizbuch fest.
- Setzen Sie sich, soweit möglich, nicht unter **Zeitdruck**. Unter zeitlichem Druck zu schreiben führt in vielen Fällen zu einer Verarmung des sprachlichen Ausdrucks. Es wird nahezu unmöglich, einen klar formulierten und interessanten Text zu schreiben.
- Schrauben Sie die **Erwartungen an Ihre ersten wissenschaftlichen Texte** nicht zu hoch. Messen Sie das Ergebnis Ihrer ersten Schreibversuche nicht an einem Ideal oder daran, wie Sie gerne schreiben würden. Schreiben ist ein Handwerk, das man lernen muss. Und man lernt es durch Übung. Niemand ist von Anfang an perfekt. Ein Tipp vorweg: Nützen Sie jede Gelegenheit im Studium, um wissenschaftliche Texte zu schreiben, und diskutieren Sie diese mit Kolleginnen und Kollegen.

Die meisten Autoren haben schon die Erfahrung gemacht, dass Schreiben – nicht nur im Studium – schwierig sein kann. Die Angst, sich nicht verständlich ausdrücken zu können oder etwas Falsches zu schreiben, macht vielen Studierenden von Zeit zu Zeit zu schaffen.

Was können Sie tun, wenn die Sätze nicht aufs Papier wollen, das Formulieren Ihrer Seminar- oder Diplomarbeit nicht in Schwung kommt? Einige Lösungsmöglichkeiten sollen im Folgenden aufgezeigt werden. Jeder entwickelt im Laufe der Zeit eigene **Strategien, mit dem Problem der Schreibhemmung** umzugehen. Stellen Sie sich aus den Tipps Ihre persönliche Taktik zusammen.

- **Prüfen Sie** (nochmals) **die Rahmenbedingungen.** Wenn der Körper sich nicht wohlfühlt, kann auch der Geist nicht kreativ und konzentriert arbeiten. Ist der Schreibplatz angenehm? Ist es hell genug im Zimmer? Fällt das Licht von der richtigen Seite ein? Steht der Bildschirm optimal, damit Ihre Augen nicht vorzeitig ermüden? Stimmt die Frischluftzufuhr? Entspricht die Arbeitseinteilung Ihrem natürlichen Arbeitsrhythmus, oder zwingen Sie sich zum Arbeiten, obwohl Sie müde sind?
- **Knüpfen Sie an Erfolgserfahrungen an.** Sicher haben Sie bisher vieles geschafft. Wenn Sie niedergeschlagen sind oder an Ihren Fähigkeiten als Autor zweifeln, dann kann es sehr lohnend sein, sich an eine Erfahrung zu erinnern, bei der Sie Erfolg hatten, egal um welchen Lebensbereich es sich handelt.
- **Setzen Sie kreative Hilfsmittel ein.** Vielen Studierenden fällt die erste wissenschaftliche Niederschrift nicht leicht. Das mag unter anderem daran liegen, dass die Ansprüche an den verfassten Text hoch gesteckt sind. Die eigene Sprache klingt nicht „wissenschaftlich", das Geschriebene wird als langweilig oder als unpräzise formuliert empfunden. Durch die Methoden des kreativen Schreibens können Barrieren zwischen der Alltags- und der wissenschaftlichen Sprache überwunden und der persönliche Ausdruck des Schreibenden verbessert werden.
  Eine der bekanntesten Techniken ist das unter anderem bei Pyeri (2001, S. 58 ff.) dargestellte „Free Writing". Probieren Sie es aus: Schreiben Sie fünf bis zehn Minuten einfach drauflos und unterbrechen Sie dabei den Schreibfluss nicht. Auf den Text kommt es nicht so sehr an, wichtig ist der Prozess des Schreibens. Danach ist es einfacher, den Kampf mit den Wörtern eines logisch strukturierten Textes (wieder) aufzunehmen.
- **Schreiben Sie an verschiedenen Orten.** Meiden Sie den Arbeitsplatz, an dem Sie bereits negative Schreiberfahrungen gemacht haben.
- **Belohnen Sie sich.** Legen Sie einmal einen entspannenden Tag ein. Machen Sie nur, worauf Sie wirklich Lust haben. Hören Sie Musik, gehen Sie ins Kino oder gehen Sie einfach nur bummeln. Wer sich wider besseres Wissen zum Arbeiten zwingt, kommt oft nur mühsam und langsam voran. Wer einen Text dagegen ausgeruht und neu motiviert wieder aufnimmt, macht den Zeitverlust einiger Stunden schnell wett.
- **Holen Sie sich Rückmeldungen über die geschriebenen Texte.** Trauen Sie sich, mit Kolleginnen und Kollegen Ihre schriftlichen Arbeiten durchzugehen. Werden an Ihrer Universität keine Schreibgruppen angeboten, suchen Sie Gleichgesinnte, mit denen Sie Ihre und die Texte der anderen diskutieren können. Sie werden sehr bald feststellen, dass Sie mit Ihrer Unsicherheit, ein Text könnte nicht klar formuliert sein, nicht allein dastehen (Kruse 2007, S. 31). In vielen Fällen bilden sich solche Gruppen im Rahmen von Diplomanden- und Dissertantenseminaren.

- **Wechseln Sie das Schreibzeug**, z.B. vom Computer zur Handschrift, vom Kugelschreiber zum Bleistift. Manche Autoren legen Wert auf schönes Papier, auf das sie schreiben, andere wiederum auf stilvolle Schreibutensilien.

Dieser Abschnitt konnte Ihnen nur einen kleinen Einblick geben, wie Sie Probleme beim wissenschaftlichen Schreiben meistern können. Wenn Sie sich weitere Informationen besorgen wollen, finden Sie bei Kruse (2007) ausführliche Ratschläge, wie Schreibblockaden entstehen und zu überwinden sind. Schreibstörungen, die durch mangelhafte Konzeptbildung und Konzeptbildung und durch Schwierigkeiten bei der Formulierung entstehen, sowie deren Behebung widmet sich Keseling (1997). Wer über kreatives wissenschaftliches Schreiben Näheres erfahren möchte, findet im Standardwerk von Rico (2002) wertvolle Hinweise.

**In Kürze**

- Beachten Sie die sprachlichen Besonderheiten der Textsorte „wissenschaftliche Arbeit".
- Sowohl in der Gliederung also auch im Text der Arbeit sollten Sie den Regeln der Argumentation folgen.
- Behauptungen müssen bewiesen werden.
- Überlegen Sie, ob jene Schlussregeln, die Sie zur Verknüpfung von Behauptungen und Beweisen verwenden, von Ihren Lesern anerkannt werden.
- Durch die Berücksichtigung möglicher Einschränkungen Ihrer Behauptungen gewinnt Ihre Arbeit an wissenschaftlichem Niveau.
- Beachten Sie die Hinweise Ihres Betreuers bzw. die Vorgaben in Ihrem Fachbereich hinsichtlich der äußeren Form Ihrer Arbeit.
- Je schwieriger es wird, eine Arbeit zu beurteilen, desto mehr steigt in der Regel die relative Bedeutung der Formalien.
- Schreibblockaden lassen sich durch die Schaffung entsprechender Rahmenbedingungen vermeiden.

# 7 Visualisieren: Kommunikation mit Bildern und Tabellen

Als die Menschen noch nicht schreiben und lesen konnten, waren Bilder und Illustrationen das wichtigste Kommunikationsmittel, um Informationen über Zeit und Raum zu verbreiten. Mit der Erfindung der Schrift wurden bildhafte Darstellungen seltener. Dennoch können Illustrationen erheblich zur Qualität einer wissenschaftlichen Arbeit beitragen. In diesem Kapitel erfahren Sie daher, wie Sie Illustrationen in Ihrer Arbeit effektiv einsetzen können.

## 7.1 Bedeutung und Einsatz von Abbildungen und Tabellen

Warum sollten Sie Ihre Worte, seien es geschriebene oder auch gesprochene, durch bildhafte Darstellungen ergänzen? Das wichtigste Sinnesorgan des Menschen ist das Auge, oder, wie Hierhold (2005, S. 123) feststellt, der Mensch ist ein „neugieriges Augentier". Demnach erhalten wir 75% unserer täglichen Informationen über den visuellen Kanal, den Rest hören, tasten, schmecken oder riechen wir (vgl. Abb. 7-1).

Grafische Darstellungen können also die Verständlichkeit und Deutlichkeit von schriftlichen Inhalten steigern. Bilder, Grafiken und Tabellen ergänzen und erklären die Texte. Ihre wichtigste Funktion ist die schnelle, einfache und eindeutige Vermittlung von Informationen. Für viele Leser dienen Bilder und Illustrationen auch als Orientierungshilfe. Die wesentlichen Aussagen werden hervorgehoben, Zusammenhänge werden deutlicher. Grafiken, Bilder und Diagramme ziehen jedoch nicht nur die Aufmerksamkeit auf sich, sondern lockern den Text auch auf.

| | |
|---|---|
| Sehen | 75 % |
| Hören | 15 % |
| Schmecken | 3 % |
| Tasten | 3 % |
| Riechen | 3 % |

**Abb. 7-1:** Anteile der Informationsübertragung durch unsere Sinnesorgane

Zunächst stellt sich Verfassern einer wissenschaftlichen Arbeit allerdings die Frage, wie sie an Abbildungen für ihre Arbeit kommen und wie sie diese am besten in den Text integrieren. Grundsätzlich bestehen für den Einsatz von Abbildungen drei Möglichkeiten. Sie können eine Abbildung aus einer anderen Quelle originalgetreu übernehmen, sie modifiziert übernehmen oder aber eine eigene Abbildung anfertigen.

Natürlich ist die Entwicklung einer eigenen Abbildung die am höchsten einzustufende Leistung eines Autors, der damit Sachverständnis und Kreativität signalisiert. Gegen die direkte Übernahme einer Abbildung ist aber nichts einzuwenden, wenngleich man überlegen sollte, ob die Modifizierung einer Abbildung für die eigene Arbeit nicht sinnvoller wäre. Beispielsweise wurde in Abbildung 7-2 (B) ein in der Literatur entnommenes Organigramm 7-2 (A) modifiziert; in Abbildung 7-2 (C) haben wir versucht, die Organisationsstrukturen eines bestimmten Unternehmens selbst grafisch darzustellen.

Beachten Sie, dass es wichtig ist, Abbildungen und Tabellen korrekt in den Text zu integrieren. Abbildungen und Tabellen müssen immer im Text erwähnt bzw. erklärt werden, um dem Leser die Verständlichkeit zu erleichtern.

Beispiele:

- Wie aus Tab. 5 ersichtlich, ...
- ... stellt die Matrix-Organisation dar (vgl. Abb. 17).

Dabei sind Formulierungen wie „die folgende Abbildung" oder „die oben angeführte Tabelle" zu vermeiden. Vielmehr wird auf die Nummer der Abbildung oder Tabelle verwiesen.

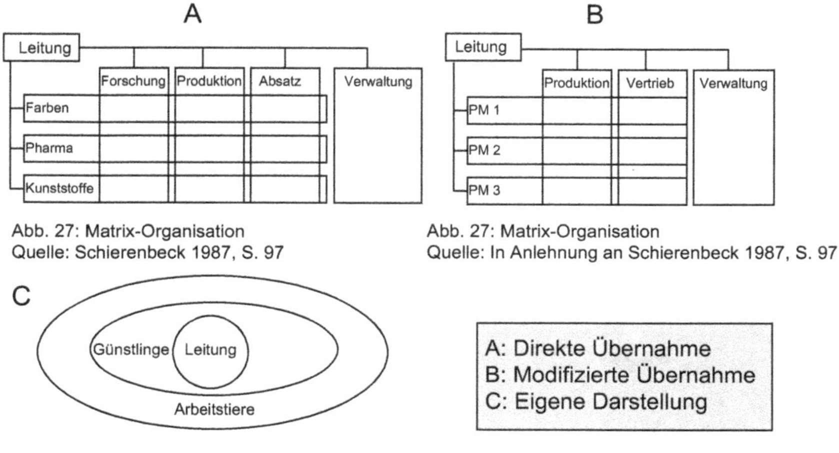


**Abb. 7-2:** Möglichkeiten des Einsatzes von Abbildungen

Abbildungen und Tabellen sind fortlaufend zu nummerieren und mit einem Titel zu versehen. Die Quelle ist bei fremden Abbildungen anzugeben. Bei modifizierten Abbildungen erfolgt der Zusatz „In Anlehnung an …“. Von dem manchmal verwendeten Zusatz „Quelle: eigene Darstellung“ ist eher abzuraten, da der Leser davon ausgehen kann, dass Text und Abbildungen aus der Feder des Autors stammen, sofern keine Quellen angegeben sind.

## 7.2 Informationsgrafik

Durch die Kombination der beiden Worte Information und Grafik entstand im Laufe der Jahre der Begriff der Informationsgrafik. Darunter werden bildhafte Darstellungen verstanden, deren Ziel es ist, Informationen möglichst anschaulich zu vermitteln.

Heute begegnen wir Informationsgrafiken häufig in Zeitungen und Zeitschriften, aber auch aus Dokumentations- und Informationssendungen wie etwa den Fernsehnachrichten sind sie nicht mehr wegzudenken. In den vergangenen Jahren haben sie zudem verstärkt Einzug in wissenschaftliche Arbeiten gehalten. Der Begriff Informationsgrafik ist sehr breit gesteckt und umfasst eine Vielzahl zum Teil sehr unterschiedlicher Techniken:

- Piktogramme (Bildsymbole)
- Karten
- erklärende Grafiken
- Zahlenbilder (Diagramme)

In wirtschafts- und sozialwissenschaftlichen Arbeiten kommen vor allem **erklärende Informationsgrafiken** und **Zahlenbilder** zur Anwendung, die wir in der Folge näher betrachten werden.

### 7.2.1 Erklärende Informationsgrafiken

Erklärende Grafiken sollen komplexe Sachverhalte präzise und leicht verständlich veranschaulichen. Die Bezeichnung „how-to graphics” drückt sehr deutlich aus, dass sich mit diesen erklärenden Visualisierungen „Wie-Fragen” am besten beantworten lassen, etwa „Wie funktioniert etwas?” oder „Wie stehen Einzelkomponenten miteinander in Beziehung?”.

Am bekanntesten ist wohl der vom französischen Ingenieur und Grafiker Charles Minard illustrierte Russland-Feldzug Napoleons (Abb. 7-3). Diese Darstellung ersetzt eine Geschichtsstunde auf ganz besondere Weise. 422.000 Soldaten sind im Juni 1812 zum Marsch auf Moskau aufgebrochen. Die Truppenstärke in der Angriffsphase wird durch ein hellgraues

Band dargestellt. In Moskau ist die Zahl der Soldaten auf rund 100.000 Mann gesunken. Der Rückzug ist mit einem weitaus schmäleren schwarzen Band symbolisiert. Den Feldzug überleben rund 10.000 Soldaten. – Was macht diese Grafik so einzigartig? Zählen Sie doch, wie viele Variablen in dieser Darstellung zu sehen sind: Truppenstärke, Marschrichtung, Zeit, Ort sowie Temperatur.

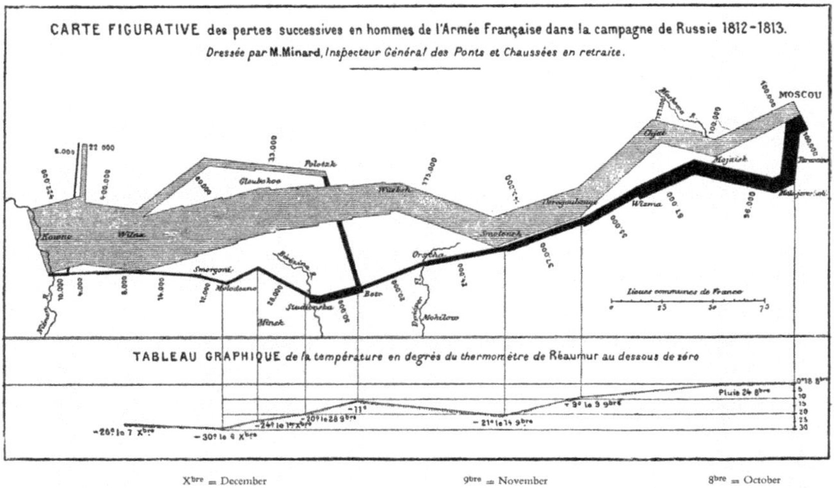


**Abb. 7-3:** Russland-Feldzug Napoleons (Quelle: Minard, zit. nach Tufte 1983, S. 41)

Zu den wichtigsten Formen der erklärenden Informationsgrafiken zählen Strukturdarstellungen und schematische Darstellungen.

**Strukturdarstellungen** stellen Zusammenhänge dar. Zu den Strukturdarstellungen gehören Netzwerke, Baumdiagramme und Flussdiagramme.

- **Netzwerke** dienen der Visualisierung von Beziehungsgeflechten. Beispiele: Zusammenhänge zwischen Einflussfaktoren (Abb. 7-4), Soziogramm zur Darstellung der Sympathien zwischen den Mitarbeitern eines Unternehmens.
- **Baumdiagramme** dienen dazu, hierarchische Abhängigkeiten sichtbar zu machen. Z.B. können Sie in einem Baumdiagramm die Organisationsstruktur eines Unternehmens (Organigramm), den Stammbaum einer Familie, aber auch abstrakte Inhalte wie etwa die Zusammenhänge zwischen einem Oberbegriff und mehreren Unterbegriffen oder die in einem Kapitel behandelten Themen symbolisieren. Die Elemente eines Organigramms werden als geometrische Formen wie z.B. Kreise und Rechtecke dargestellt, die durch Linien und Pfeile miteinander verbunden sind (Abb. 7-5).

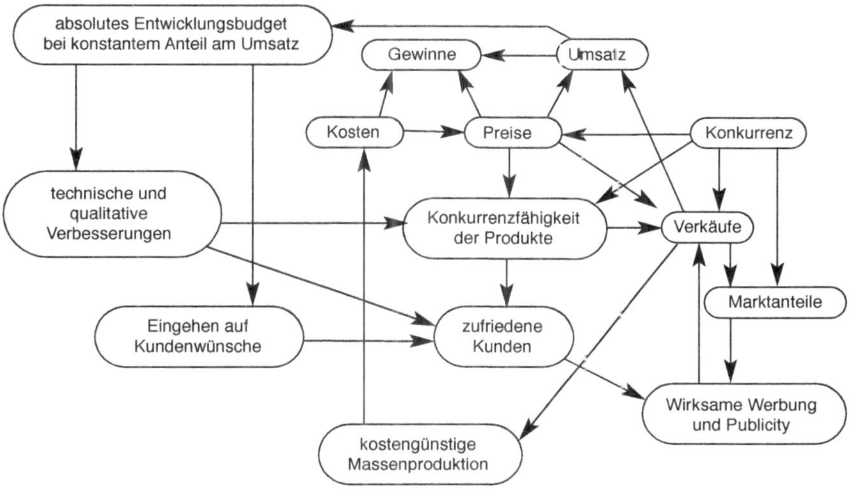


**Abb. 7-4:** Netzwerk (Quelle: Schweizer 1999, S. 61)

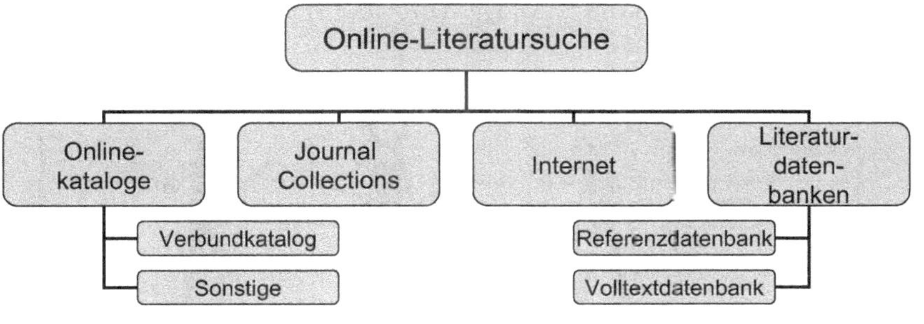


**Abb. 7-5:** Baumdiagramm

- **Flussdiagramme** stellen zeitliche bzw. logische Abläufe dar. Beispielsweise lassen sich durch Flussdiagramme der Ablauf einer empirischen Untersuchung, die Stufen der Produktentwicklung oder – wie in Abb. 7-6 – die Vorgangsweise bei der Suche nach Zeitschriftenartikeln veranschaulichen.

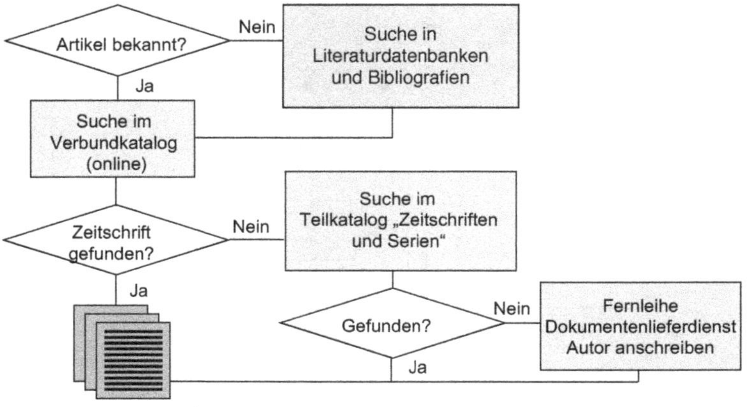


**Abb. 7-6:** Flussdiagramm

**Schematische Darstellungen** haben gegenüber realistischen Abbildungen (Bildern) den Vorteil, dass sie Komplexität reduzieren. Sie zeigen nicht so sehr, wie etwas aussieht, sondern betonen vielmehr die für das Verständnis wesentlichen Strukturen (Ballstaedt 1997, S. 205). So verdeutlicht etwa Abb. 7-7 durch eine schematische Darstellung, welchen Eindruck (passiv, neutral, aktiv) die jeweilige Arm- und Handbewegung eines Redners beim Publikum macht.

**Abb. 7-7:** Schematische Darstellung von Körperbewegungen (Quelle: Schneider 1995, S. 68)

Auch abstrakte Sachverhalte, wie etwa die Beteiligung einer Bank an Unternehmen, lassen sich durch schematische Darstellungen konkretisieren (Abb. 7-8). Beachten Sie, dass diese schematische Darstellung insofern über ein Baumdiagramm hinausgeht, als hier nicht nur die hierarchischen Abhängigkeiten, sondern – durch die Dicke der Pfeile und die Größe der Kästchen – auch das Ausmaß der Unternehmensbeteiligung und die Unternehmensgröße dargestellt werden.

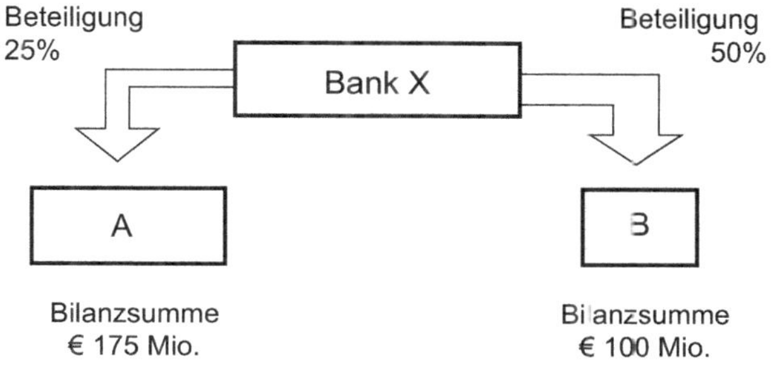


**Abb. 7-8:** Schematische Darstellung einer Unternehmensbeteiligung (Quelle: In Anlehnung an Cadet/Charles/Galus 1990, S. 64)

### 7.2.2 Zahlenbilder

Zahlenbilder, auch Diagramme genannt, dienen zur Darstellung von quantitativen Daten. Durch die schnelle Weiterentwicklung der Softwareprogramme, mithilfe derer man Daten visualisieren kann, ist es in den vergangenen Jahren sehr einfach geworden, aus Zahlen Bilder entstehen zu lassen. Das Erstellen eines Zahlenbildes ist also keine Hexerei mehr. Aber: Wissen Sie auch, welcher Diagrammtyp geeignet ist, Ihre Aussagen am besten zu vermitteln?

Bevor man also mit der Visualisierung der Information beginnt, sollte man sich immer die Frage stellen, welche Aussage man mit einem Bild machen will. Je nach Ausgangssituation sind für die Darstellung der Inhalte bzw. Daten nur bestimmte Diagrammtypen geeignet. Tabelle 7-1 soll Ihnen als Entscheidungshilfe für die Wahl des richtigen Diagrammtyps dienen.

| | Beabsichtigte Aussage | | | | |
|---|---|---|---|---|---|
| Diagramm-Typ | Anteil (Struktur) | Rangfolge | Häufigkeit | Zeitreihe (Trend) | Zusammenhang (Korrelation) |
| Säule | | | ✓ | ✓ | |
| Balken | | ✓ | | | ✓ |
| Kreis | ✓ | | | | |
| Linie | | | | ✓ | |

**Tab. 7-1:** Geeignete Diagrammtypen für beabsichtigte Aussage (Quelle: In Anlehnung an Zelazny 2005, S. 3

Beschäftigen wir uns zunächst mit den **Säulendiagrammen**. Dieser Diagrammtyp eignet sich am besten zur Darstellung unterschiedlicher Häufigkeiten. Säulendiagramme werden aber auch eingesetzt, wenn die Entwicklung eines Sachverhalts in einem bestimmten Zeitraum visualisiert werden soll. Abbildung 7-9 zeigt ein typisches Beispiel für ein Säulendiagramm, und zwar die Auto-Neuzulassungen in den Monaten April bis September 2001 (Statistik Austria, 2001).

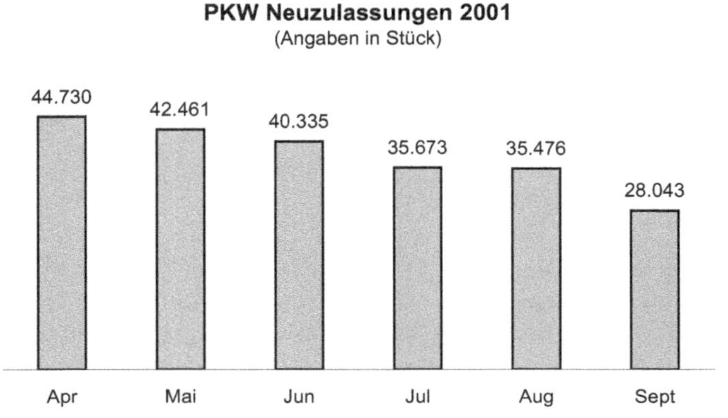


**Abb. 7-9:** Säulendiagramm

**Balkendiagramme** werden vor allem für die Darstellung von Rangfolgen verwendet. Die einzelnen Daten werden einander gegenübergestellt und dadurch bewertet. Aussagen, die Begriffe wie größer, länger, besser oder teurer aufzeigen, bilden die Rangfolge. Typische Inhalte dieser Grafiken sind z.B. Einkommen verschiedener Berufsgruppen oder, wie in Abbildung 7-10 dargestellt, die Bekanntheit von Unternehmen. Man sieht eine Rei-

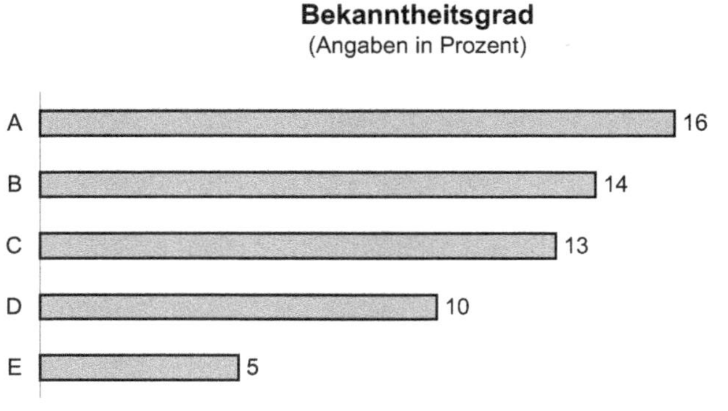


**Abb. 7-10:** Balkendiagramm

henfolge der Unternehmen A bis E, gereiht nach ihrem Bekanntheitsgrad in der Bevölkerung. Unternehmen A ist am bekanntesten, B liegt knapp dahinter, und E liegt weit abgeschlagen an letzter Stelle.

Einige Tipps für Säulen- und Balkendiagramme:
- Möglichst nicht mehr als 10 Säulen oder Balken darstellen.
- Wert direkt am Datenpunkt (oberhalb der Säule bzw. neben dem Balken) anbringen.
- Die Skala beginnt beim Wert Null.
- Balken nach der Größe vom höchsten zum niedrigsten Wert ordnen.

**Kreisdiagramme** stellen das Verhältnis einzelner Teile zu einem Ganzen dar. Dieser Diagrammtyp eignet sich besonders zur Darstellung von Anteilen und Strukturen und kann selbst bei stark variierenden Größenunterschieden diese noch gut sichtbar machen. Als Beispiele gelten Anteile von Autotypen an den Gesamtzulassungen eines Jahres, Struktur des Getränkemarktes usw. In Abbildung 7-11 wird der Anteil der Werbeausgaben einer Branche gegliedert nach den einzelnen Medien dargestellt.

Einige Tipps für Kreisdiagramme:
- Die Anordnung der Segmente erfolgt nach deren Wichtigkeit. Das wichtigste Segment beginnt bei „0 Uhr".
- Nicht mehr als fünf bis sieben Segmente darstellen.
- Die Datenbeschriftung (Werte und Aussage) erfolgt direkt im/beim Segment.
- Ein besonders wichtiges Segment kann herausgelöst werden. Keinesfalls mehr als zwei Segmente herauslösen.

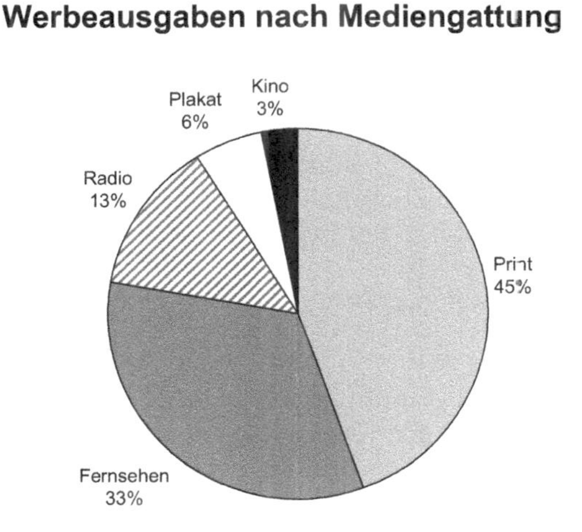


**Abb. 7-11:** Kreisdiagramm

- Zum Vergleich mehrerer Gesamtheiten eignen sich gruppierte Balken besser als Kreisdiagramme.

**Liniendiagramme** zeichnen den Trend einer statistischen Größe im (Zeit-) Verlauf und sind speziell zur Darstellung einer großen Anzahl von Datenpunkten geeignet. Da die im Diagramm eingetragenen Punkte durch eine Linie miteinander verbunden werden, stellt die bildliche Darstellung eine – meist zeitliche – Ordnung der Daten und einen kontinuierlichen Übergang zwischen den Punkten her. Ein Liniendiagramm soll daher nur verwendet werden, wenn dieser kontinuierliche Verlauf in den Daten auch vorhanden ist. Durch die Darstellung mehrerer Datenreihen ist es möglich, Vergleiche zwischen den dargestellten Gruppen anzustellen, etwa, wie in Abbildung 7-12 ersichtlich, den saisonalen Werbedruck von drei Unternehmen, ausgedrückt in Prozent der Werbeausgaben.

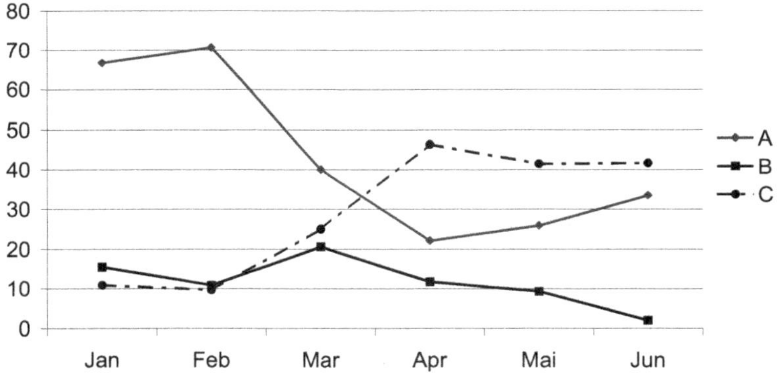


**Abb. 7-12:** Liniendiagramm

Einige Tipps für Liniendiagramme:

- Den Linien sollte ein Koordinatennetz hinterlegt werden.
- Nicht mehr als drei bis fünf Linien darstellen.
- Die Linienstärke der Datenlinien sollte nicht zu dünn sein.
- Durchgezogene Linien sind in der Regel lesbarer als gepunktete oder gestrichelte Linien.
- Für verschiedene Variablen grafisch unterschiedlich gestaltete Datenpunkte einsetzen.

Neben den behandelten Diagrammtypen gibt es noch eine Reihe weiterer Varianten, z.B. gestapelte Säulen, vergleichende Säulen- oder Balkenpaare, Verbund- sowie Punktdiagramme. Auf diese wird bei Zelazny (2005) ausführlich eingegangen.

Bisher haben wir uns mit den Einsatzmöglichkeiten der verschiedenen Diagrammarten beschäftigt und gesehen, dass die Wahl eines bestimmten Diagramms von der beabsichtigten Aussage abhängt. Einige Fragen sind nun noch offen:

**Gute oder schlechte Grafik?** Unabhängig vom gewählten Diagrammtyp treten häufige bestimmte Fehler auf, die man unbedingt vermeiden sollte:

- fehlende oder fehlerhafte Beschriftung (Datenpunkte, Überschrift, Legende etc.),
- Überladen des Diagramms mit grafischen Elementen,
- Verkürzen bzw. Verlängern von Achsen sowie Achsenunterbrechung.

Bleiben wir zunächst bei der **Beschriftung** eines Diagramms. In vielen Diagrammen fehlt die Beschriftung fast völlig, sodass sie ihrer eigentlichen Aufgabe, nämlich Information leicht und verständlich zu vermitteln, nicht nachkommen. Welche Beschriftungen sind also notwendig? Der Zweck eines Diagramms (bzw. jeder Art von Abbildung) ist es, Informationen zu übermitteln. Dazu zählt zunächst ein Titel, damit der Leser erfährt, worum es in der Grafik eigentlich geht. Wenn Sie Zahlen, z.B. Ergebnisse aus einer Umfrage, darstellen, ist es notwendig anzugeben, welche Zahlenqualität abgebildet wird, d.h. ob es sich um Prozent- oder Mittelwerte etc. handelt. Stellen Sie Vergleiche dar, dann muss eindeutig erkennbar sein, welche Säule oder Linie welche Gruppe von Daten enthält. Meist fügt man zu diesem Zweck eine Legende in die Grafik ein, in der durch die in der Grafik verwendeten Symbole und Farben klar hervorgeht, welche Gruppe durch welche Farbe (welches Symbol) repräsentiert ist.

Durch die zahlreichen Möglichkeiten, die Computergrafiken bieten, wird man auch leicht dazu verleitet, **gestalterische Elemente** einzusetzen. Bedenken Sie jedoch, dass bei einem Diagramm der Darstellung der Daten die größte Bedeutung zukommt und nicht einem dekorativen Hintergrund, den Achsen, Gitternetzlinien oder gar schmückenden ClipArts. Wie aus Abb. 7-13 ersichtlich, treten durch minimalistisches Design (Diagramm B) die Daten stärker in den Vordergrund und die Kommunikationswirkung des Zahlenbildes wird verstärkt.

Verzerrungen der Achsen sind zu vermeiden. Viele Diagrammarten haben Größenachsen, durch welche die Verhältnisse der Datenreihen zueinander dargestellt werden. Durch Verkürzung oder Verlängerung dieser Achsen kann das Gesamtbild verzerrt werden. Ähnliche Probleme ergeben sich, wenn die Größenachse nicht bei 0 beginnt (siehe Abb. 7-14). Steigerungen erscheinen dann beispielsweise größer, als sie tatsächlich sind.

**Farbe oder Schwarz-Weiß?** Wollten Sie schon einmal dem grauen Alltag entfliehen und sind Sie dann ins Blaue gefahren? Sehen Sie manchmal die Welt durch eine rosarote Brille? In dieser nur kleinen Auswahl an Redensarten kommt die symbolische Wirkung einiger Farben zum Aus-

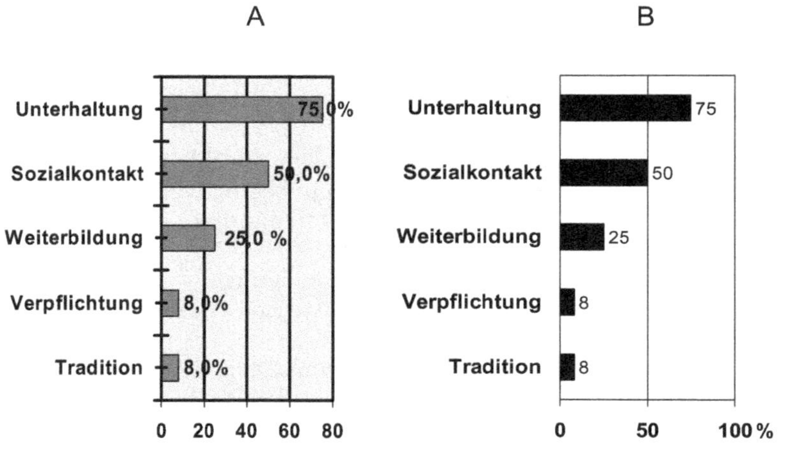


**Abb. 7-13:** Überladenes und minimalistisches Design von Diagrammen

druck. Wir können also unsere Gefühle und Empfindungen bestimmten Farben zuordnen, weil wir im Laufe unseres Lebens mit jeder Farbe spezifische Erfahrungen gemacht haben. An diese Erfahrungen erinnern wir uns, wenn wir eine Farbe wahrnehmen (Heller 1999, S. 13). Was liegt also näher, als grafische Darstellungen ebenso in Farbe zu gestalten? Aber welche und wie viele Farben sollen eingesetzt werden?

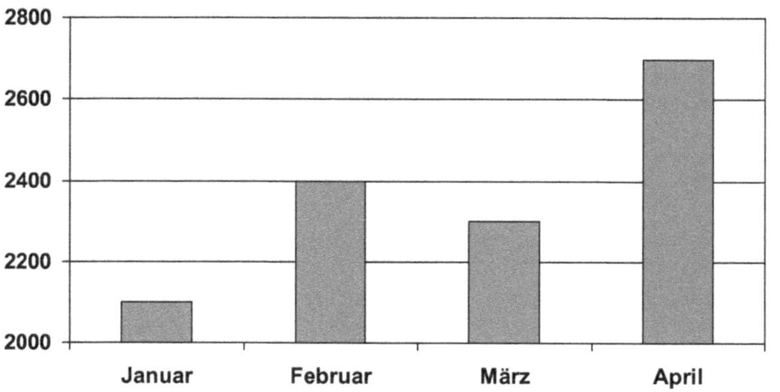


**Abb. 7-14:** Größenachse, die nicht bei 0 beginnt

Beim Einsatz von Farben in Abbildungen sollten Sie sich vor allem an der Farbsymbolik orientieren. Neben der generellen Farbsymbolik gibt es bestimmte Farbcodes, die Sie verwenden und beibehalten sollten. So signalisiert die Farbe Grün etwas Positives, z.B. die Sympathie von Kunden, Wachstum einer Firma, Zustimmung zu einer Aussage. Rot bedeutet Gefahr, z.B. Rückgang der Produktion, der Einnahmen oder auch Ablehnung. Es gibt eine Vielzahl an gelernten Farbcodes, die Sie gebrauchen können. Farbcodes sind auch dann anzuwenden, wenn Sie verschiedene Untersuchungsgruppen darstellen wollen, z.B. Frauen rosa, Männer blau. Wichtig dabei ist, dass Sie diese Farbcodes als visuelles Hilfsmittel bei allen Darstellungen gleich einsetzen und nicht verändern. Auch sollten Sie Farben sparsam einsetzen. Vielfarbige Abbildungen haben zwar dekorative Wirkung, die Aussagekraft wird dadurch aber selten gesteigert. Versuchen Sie, mit drei Farben, eventuell mit deren Abstufungen, auszukommen.

**Zwei- oder dreidimensionale Darstellung?** Die meisten Diagrammarten lassen sich zwei- oder dreidimensional darstellen. Damit in einem zweidimensionalen Bild ein räumlicher Eindruck entsteht, muss es perspektivische Merkmale aufweisen. Solche 3-D-Diagramme sind meist effektvoller als zweidimensionale. Ob damit auch die Aussagekraft des Diagramms erhöht wird, ist allerdings fraglich. In wissenschaftlichen Arbeiten ist von 3-D-Diagrammen abzuraten, weil durch die perspektivische Darstellung die Betrachter nicht selten vom Inhalt abgelenkt, in manchen Fällen sogar in die Irre geführt werden.

**Optische Täuschung oder Manipulation?** Grafische Darstellungen verschlüsseln Informationen durch Symbole, Farben und Muster. Das menschliche Auge muss diese Informationen entschlüsseln und interpretieren. Doch können unsere Sinne, unsere visuelle Wahrnehmung, auch trügen. Aus der Wahrnehmungspsychologie sind zahlreiche Wahrnehmungstäuschungen bekannt, deren Effekte uns auch bei der Betrachtung von Grafiken immer wieder in die Irre führen. Abbildung 7-15 zeigt als typisches Beispiel die bekannte Müller-Lyersche Täuschung. Lassen Sie die Abbildung auf sich wirken. Sind beide Linien gleich lang oder ist eine kürzer?

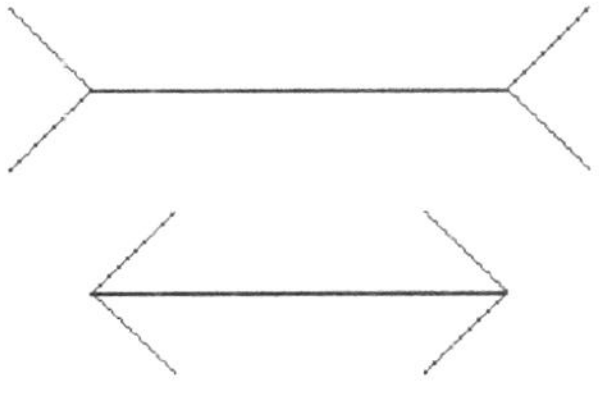

**Abb. 7-15:** Müller-Lyersche Täuschung

Die Tatsache, dass sich unsere visuelle Wahrnehmung täuschen lässt, wird manchmal auch bewusst zur Manipulation des Betrachters eingesetzt. Ein Beispiel dafür ist die Abbildung 7-16, welche die Bevölkerungsentwicklung von 1950 bis 2050 zeigt. Betitelt ist diese Grafik mit „Die Bevölkerungsexplosion". Der Eindruck der Explosion entsteht dadurch, dass zwar die Höhe der Figuren der Bevölkerungszahl entspricht, nicht aber die Fläche. Weitere Manipulationsbeispiele finden Sie bei Krämer (1997, S. 88 ff).

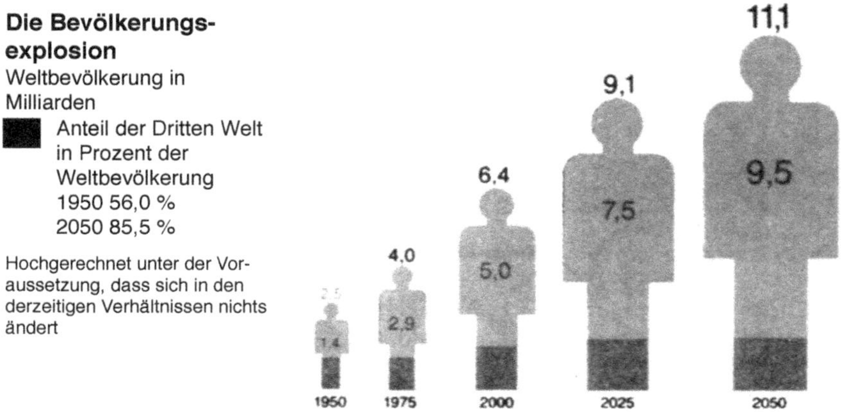


**Abb. 7-16:** Datenverzerrung „Die Bevölkerungsexplosion" (Quelle: Krämer 1997, S. 88)

## 7.3 Tabellen

Wann setzt man ein Diagramm ein und wann besser eine Tabelle? Bei der Aufbereitung quantitativer Daten steht man immer wieder vor dieser Frage. Welche Form der Darstellung eher geeignet ist, hängt im Wesentlichen von der zu vermittelnden Information ab. Ein wesentliches Kriterium bei der Entscheidung ist, wie genau und wie schnell der Leser Daten bzw. die Beziehungen zwischen den Daten der gewählten Darstellungsform entnehmen kann. **Tabellen** stellen Informationen mit einer sehr hohen Genauigkeit dar. Mit einem **Diagramm** können Sie komplexe Zusammenhänge sehr einfach und schnell darstellen. Allerdings ist auch der interessierteste Leser nur in der Lage, eine bestimmte Anzahl an Informationen zu verarbeiten.

Genauso, wie es schlechte Diagramme gibt, aus denen man die gewünschte Aussage kaum ablesen kann, ist es auch bei Tabellen immer wieder der Fall, dass man einen Sachverhalt anhand der angebotenen Zahlen nur schwer erkennen kann. Vergessen Sie den Zweck des Visualisierens nicht: Informationen leicht verständlich und schnell dem Leser zu übermitteln. Auch bei der Erstellung von Tabellen gibt es Gestaltungsregeln, die Sie berücksichtigen sollten, um mit dem Leser effektiv zu kommunizieren. Bevor Sie mit der Ausarbeitung einer Tabelle beginnen, überlegen Sie, welche Fragen mit den Daten beantwortet werden sollen. Um dem Leser die Antwort zu erleichtern, gibt es einige Tipps, wie eine Tabelle organisiert sein soll:

**Vermeiden Sie unnötige Komplexität.** In der Regel findet man mit zweidimensionalen Tabellen das Auslangen. Tabellen, in denen drei oder mehr Variablen dargestellt werden, sollten vermieden und wenn möglich auf eine zweidimensionale Tabelle reduziert werden. Tabelle 7-2 zeigt den Aufbau einer zweidimensionalen Tabelle, d.h. es werden zwei Merkmale (Variablen) mit den jeweiligen Merkmalsausprägungen dargestellt. Jede Tabelle ist in Zeilen und Spalten gegliedert, in denen jeweils ein Merkmal mit seinen Ausprägungen tabelliert ist. Durch die Tabellierung entstehen Zellen, in denen die gemeinsamen Häufigkeiten der beiden Variablen als (Prozent-)Werte angegeben sind.

Im folgenden Beispiel sieht man die Antworten auf die Frage nach dem letzten Kinobesuch. In den Spalten ist die Variable „letzter Kinobesuch" mit seinen Antwortmöglichkeiten tabelliert, in den Zeilen die Variablen „Geschlecht" und „Alter". Die Antworten sind also nach Männern und Frauen und nach Alter mit den entsprechenden Altersgruppen gegliedert.

| | Letzter Kinobesuch | | | | |
|---|---|---|---|---|---|
| Waagrechte Prozentuierung | In den letzten 7 Tagen | Vor 14 Tagen | Vor 2 bis 4 Wochen | Vor 4 Wochen bis 3 Monaten | Vor mehr als 3 Monaten |
| **Gesamt** | **5** | **5** | **7** | **14** | **69** |
| Männer | 5 | 6 | 8 | 14 | 67 |
| Frauen | 4 | 5 | 7 | 13 | 71 |
| 14–19 Jahre | 16 | 17 | 21 | 25 | 21 |
| 20–29 Jahre | 12 | 13 | 16 | 23 | 36 |
| 30–39 Jahre | 4 | 5 | 8 | 21 | 62 |
| 40–49 Jahre | 2 | 3 | 5 | 13 | 77 |

**Tab. 7-2:** Aufbau einer zweidimensionalen Häufigkeitstabelle (Quelle: In Anlehnung an Verein Arbeitsgemeinschaft Media-Analysen 2000)

Auch durch die **Anordnung der Zeilen und Spalten** können Sie die Lesbarkeit einer Tabelle deutlich steigern.

- In der Regel steht jene Variable, die die Merkmalsausprägung bzw. das Auftreten der anderen Variable beeinflusst, in der Zeile. Diese wird unabhängige Variable genannt. Die abhängige Variable steht in der Spalte, bildet also den Spaltenkopf. In unserem Beispiel sind das Geschlecht und das Alter die unabhängigen Variablen, der letzte Kinobesuch die abhängige.

- Ordnen Sie die Merkmalsausprägungen der beiden Variablen nach inhaltlich nachvollziehbaren Kriterien. In unserem Beispiel wird z.B. das Alter nach Altersgruppen von der jüngsten zur ältesten Altersgruppe gereiht.
- Die schönste Tabelle hat keine Aussage, wenn nicht klar ersichtlich ist, um welche Zahlen es sich dabei handelt. Sind es Häufigkeiten, Prozente oder Mittelwerte?
- Auch die Richtung der Prozentuierung muss angegeben werden, d.h. ist die Basis der Aussage die Variable in der Zeile oder der Spalte?
- Schreiben Sie die Zahlen rechtsbündig und keinesfalls zentriert oder linksbündig.

Ebenso kann ein ansprechendes **Layout** die Tabelle lesbarer machen. Eine gut strukturierte Tabelle ist z.B. durch Gliederungslinien gekennzeichnet. Achtung jedoch vor zu vielen Linien, die weder schön sind noch das Lesen der Tabelle erleichtern. Bei langen Spalten können auch optische Gliederungen wie z.B. „Zeilendurchschüsse" für den Betrachter hilfreich sein.

Weitere Informationen und Beispiele zum Thema Visualisierung finden Sie in dem Video „Wie setze ich Visualisierungen optimal ein?"
http://www.marketmentor.at/projects/wa.html

**In Kürze**

- Visualisieren heißt, mit Abbildungen und Tabellen zu kommunizieren.
- Abbildungen und Tabellen müssen mit einem Titel versehen, nummeriert und im Text erklärt werden.
- Erklärende Grafiken (Strukturdarstellungen und schematische Darstellungen) veranschaulichen komplexe Sachverhalte.
- Strukturdarstellungen stellen Zusammenhänge dar, schematische Darstellungen dienen der Reduktion von Komplexität.
- Zahlen werden durch Diagramme und Tabellen visualisiert.
- Die Wahl des Diagrammtyps hängt von der beabsichtigten Aussage ab.
- Mit Säulendiagrammen werden Häufigkeiten und Zeitvergleiche dargestellt.
- Balkendiagramme informieren über eine Reihenfolge in den Daten.
- Kreisdiagramme geben Auskunft über Anteile eines Ganzen.
- Die Darstellung von Liniendiagrammen eignet sich für die Darstellung von Zeitverläufen.
- Mit Tabellen können Daten mit hoher Genauigkeit dargestellt werden.

# 8 Dokumentation von Quellen

Wie Sie bereits wissen, ist eine wesentliche Anforderung an wissenschaftliche Texte die lückenlose Dokumentation der verwendeten Quellen. Dies geschieht zum einen durch Zitate im Text und andererseits im Literaturverzeichnis der Arbeit. Zunächst zeigen wir Ihnen, wie Sie Plagiate vermeiden – sicherlich die wichtigste Information in diesem Kapitel. Danach lernen Sie die verschiedenen Zitationsmöglichkeiten kennen. Anschließend beschäftigen wir uns mit der Erstellung des Literaturverzeichnisses. Den Abschluss bilden Ausführungen über den Beleg von Quellen in englischsprachigen Arbeiten.

## 8.1 Vermeidung von Plagiaten

In den letzten Jahren sind zahlreiche spektakuläre Fälle von Plagiaten bekannt geworden: Ein deutscher Verteidigungsminister musste wegen eines seine Dissertation betreffenden Plagiatsfalls zurücktreten, ebenso wie ein ungarischer Präsident. Selbst ein österreichischer Wissenschaftsminister wurde des Plagiats verdächtigt. Abseits von diesen aufsehenerregenden Fällen werden auch an den Universitäten und Hochschulen gehäuft Plagiate aufgedeckt. Dies hat vielleicht damit zu tun, dass es in Zeiten des Internets einfacher geworden ist, die Texte und Ideen anderer zu kopieren. Andererseits ermöglichen das Internet und spezielle Datenbanken aber auch, wissenschaftliche Arbeiten viel schneller und einfacher auf Plagiate zu prüfen.

Nicht jedes Plagiat erfolgt in böser Absicht. Die folgenden Informationen sollen Ihnen helfen, unbeabsichtigte Plagiate zu vermeiden. Immerhin können Plagiate im Extremfall zur negativen Bewertung einer wissenschaftlichen Arbeit oder sogar zur Aberkennung des Studienabschlusses führen. Dazu ist zunächst der Begriff des Plagiats zu definieren. Unter einem Plagiat versteht man im Allgemeinen „die Ausweisung fremden geistigen Eigentums als eigenes" (Weber 2007, S. 41). Dabei lassen sich verschiedene Arten unterscheiden:

- **Vollplagiat**: Bei einem Vollplagiat wird versucht, eine gesamte von einem anderen Autor verfasste Arbeit oder zumindest den Großteil einer Literaturquelle als eigene Arbeit auszugeben. Dass dies aus Versehen geschehen ist, lässt sich sicher nicht argumentieren.
- **Direkte Zitate ohne Nennung der Quelle**: Bei einem direkten Zitat wird, wie Sie später noch genauer lesen werden, eine Literaturquelle Wort für Wort übernommen. Werden Textstellen aus einer Quelle übernommen, ist die Quelle (in einer Fußnote oder direkt im Text) anzugeben, ansonsten handelt es sich um ein Plagiat.

- **Nicht in Anführungszeichen gesetzte direkte Zitate**: Wortwörtlich zitierte Textstellen sind immer durch Anführungszeichen (oder ein Blockzitat, siehe Abschnitt 8.2.2) kenntlich zu machen, und die Quelle ist anzugeben. Geschieht dies nicht, so liegt ein Plagiat vor.

  **Original**: Bei der einfachen Zufallsstichprobe hat jedes Element der Grundgesamtheit die gleiche Chance, ausgewählt zu werden und damit in die Stichprobe zu gelangen.

  **Plagiat**: Bei der einfachen Zufallsstichprobe hat jedes Element der Grundgesamtheit die gleiche Chance, ausgewählt zu werden und damit in die Stichprobe zu gelangen (Ebster 1999, S. 82).

  **Korrektes direktes Zitat**: „Bei der einfachen Zufallsstichprobe hat jedes Element der Grundgesamtheit die gleiche Chance, ausgewählt zu werden und damit in die Stichprobe zu gelangen" (Ebster 1999, S. 82).

- **Nicht in eigenen Worten formulierte indirekte Zitate**: Bei indirekten Zitaten wird die Quelle paraphrasiert, also in eigenen Worten wiedergegeben. Auch hier ist die Quelle in der Fußnote oder direkt im Text anzugeben. Auf keinen Fall sollten Sie bei einem indirekten Zitat, wie im folgenden Beispiel, nur ein oder zwei Wörter der Originalquelle verändern oder die Satzstruktur völlig gleich lassen. In gewisser Weise wird hier ein direktes Zitat mit wenigen Worten auf ein indirektes Zitat „umgeschminkt". Gerade diese Art des Plagiats kommt, unter Umständen aus Unwissenheit, besonders häufig vor. Sie lässt sich jedoch durch spezielle Plagiatssoftware besonders leicht entdecken. Um dieser Art des Plagiierens zu entgehen, schlagen Booth/Colomb/Williams (2008, S. 194) folgende Vorgehensweite vor: Legen Sie das Buch oder den Artikel, aus dem Sie paraphrasieren möchten, kurz zur Seite, überlegen Sie sich den Inhalt und bringen Sie Ihre Worte zu Papier. Nehmen Sie danach die Originalquelle wieder zur Hand und überprüfen Sie, ob Ihr indirektes Zitat nicht zu nahe an der Quelle liegt.

  **Original:** Bei der einfachen Zufallsstichprobe hat jedes Element der Grundgesamtheit die gleiche Chance, ausgewählt zu werden und damit in die Stichprobe zu gelangen.

  **Plagiat:** Bei der einfachen Zufallsauswahl haben alle Elemente der Grundgesamtheit die gleiche Chance, ausgewählt zu werden und in die Stichprobe zu gelangen (Ebster 1999, S. 82).

  **Korrektes indirektes Zitat:** Für alle Untersuchungseinheiten besteht bei der einfachen Zufallsauswahl die gleiche Wahrscheinlichkeit, in die Stichprobe aufgenommen zu werden (Ebster 1999, S. 82).

- **Übernahme von Ideen ohne Nennung der Quelle**: Entstammt eine Idee nicht dem eigenen Gehirn, sondern findet sich beispielsweise in der Fachliteratur, so ist die Quelle zu nennen. Diese Art des Plagiats ist wahrscheinlich am schwierigsten aufzudecken und nachzuweisen, trotzdem gebietet es die Fairness, die Quelle der Inspiration anzugeben.

**Kompilationen** (unreflektierte Aneinanderreihungen direkter oder indirekter Zitate) stellen streng genommen kein Plagiat dar. Sie sind jedoch unbedingt zu vermeiden! Auf die eigene intellektuelle Leistung kommt es an – Zitate sind dabei nur Stützen.

> Weitere Informationen über Plagiate finden Sie im Video „Wie vermeide ich Plagiate?"
> http://www.marketmentor.at/projects/wa.html

## 8.2 Zitation

### 8.2.1 Grundsätzliche Zitierweisen

Bei den Formen der Zitation lassen sich in wirtschafts- und sozialwissenschaftlichen Arbeiten, wie in Abb. 8-1 dargestellt, drei Vorgehensweisen unterscheiden:[1]

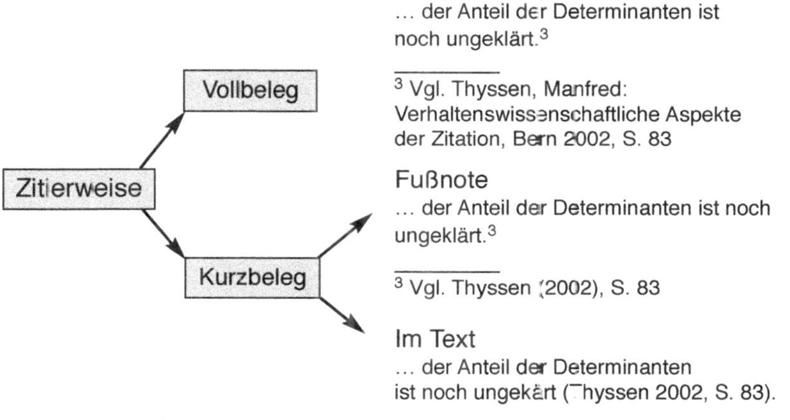


**Abb. 8-1:** Zitierweisen

- **Kurzbeleg in der Fußnote**
  Der Kurzbeleg der Literaturstelle, auf die verwiesen wird, befindet sich in einer Fußnote. Auch Anmerkungen werden in Fußnoten untergebracht. Im Text können nie zwei Fußnotenzeichen direkt nacheinander stehen. Mehrfachbelege werden in derselben Fußnote angeführt.

1 In anderen Wissenschaftsgebieten, so etwa in den Naturwissenschaften, gibt es noch eine Reihe anderer Spielarten.

Bei längeren Arbeiten (wie z.B. Masterarbeiten) ist es aus Gründen der Übersichtlichkeit und um den Textfluss durch dreistellige Fußnotenziffern nicht zu stören, angebracht, die Fußnotenzählung auf jeder Seite oder zumindest in jedem Kapitel neu zu beginnen.

- **Kurzbeleg im Text**
  Diese „modernere" Form des Zitierens wird vor allem in (internationalen) Fachzeitschriften häufig benutzt. In manchen Wissenschaften wird fast ausschließlich im Text zitiert (z.B. in der Psychologie). Auch in den Wirtschaftswissenschaften findet diese Zitierform zunehmend Verbreitung. Bei englischsprachigen wissenschaftlichen Arbeiten ist ausschließlich mit Kurzbelegen im Text zu arbeiten. Als Nachteil ist anzuführen, dass Anmerkungen auch bei dieser Zitierform in Fußnoten stehen müssen.

- **Vollbeleg**
  Beim Vollbeleg, der praktisch nur in der Fußnote vorkommt, werden die gesamten bibliografischen Daten angeführt. Außer in sehr kurzen wissenschaftlichen Arbeiten (in denen der Vollbeleg das Literaturverzeichnis ersetzen kann) findet sich der platzraubende Vollbeleg nur noch selten. Aufgrund der geringen Relevanz für studentische wissenschaftliche Arbeiten verzichten wir daher auf die weitere Darstellung.

### 8.2.2 Direkte und indirekte Zitate

Eine wichtige Unterscheidung ist, wie in Abschnitt 8.1 bereits kurz angeführt, jene zwischen direkten und indirekten Zitaten. Bei direkten Zitaten wird die zitierte Quelle wörtlich wiedergegeben, bei indirekten Zitaten hingegen wird die Quelle nur sinngemäß übernommen (Abb. 8-2).

Beachten Sie: **Direkte Zitate** sollten Sie nur *sehr sparsam* einsetzen, am besten nur dann, wenn der Autor einer Quelle einen Gedanken in besonders treffender Weise zu Papier gebracht hat und/oder eine Umschreibung den Sinn des Zitats entstellen würde. In allen anderen Fällen sollten Sie die wesentlichen Aussagen der Quelle in eigenen Worten ausdrücken.

**Indirekte, sinngemäße Zitate** stellen in den Sozial- und Wirtschaftswissenschaften die Regel dar.

#### Indirekte Zitate

Entscheiden Sie sich dafür, Ihre **Zitate in der Fußnote** zu belegen, dann gilt folgende allgemeine Form:

**[1]Vgl. Nachname (Jahr), Zitatstelle**

**Abb. 8-2:** Direkte und indirekte Zitate

Wie Sie aus dem folgenden Beispiel ersehen können, wird im Text im Anschluss an die sinngemäß wiedergegebene Textpassage ein Fußnotenzeichen gesetzt. In der Fußnote wird zunächst das Fußnotenzeichen wiederholt. Um kenntlich zu machen, dass es sich um ein indirektes Zitat handelt, folgt danach die Abkürzung „Vgl." (für „Vergleiche"). Es folgen der Nachname des Autors, das in Klammern gesetzte Erscheinungsjahr des Werkes sowie die Zitatstelle, also jene Seite(n), von welcher/-n das Zitat stammt:

> ... Der Spielraum des Anbieters bei preispolitischen Entscheidungen hängt insbesondere von dessen Marktposition ab.[8] Allerdings ist dabei zu berücksichtigen, dass...
>
> ---
>
> [8] Vgl. Agora (2011), S. 114

In der **Fußnote** werden indirekte Zitate je nach Art der Quelle unterschiedlich belegt:

- **Buch:**
  Vgl. Name (Jahr), Zitatstelle
  *Beispiel:* Vgl. Lomen (2010), S. 110
- **Buch oder Artikel mit mehreren Autoren:**
  Vgl. Name/Name (Jahr), Zitatstelle
  *Beispiel:* Vgl. Mayer/Siebeck (2007), S. 425
- **Buch oder Artikel mit mehr als drei Autoren:**
  Vgl. Name des ersten Autors u.a. (Jahr), Zitatstelle
  *Beispiel:* Vgl. Baecker u.a. (1992), S. 47

- **Mehr als eine Quelle eines Autors im selben Jahr:**
  Vgl. Name (Jahr a [b, c etc.)]), Zitatstelle
  *Beispiel:* Vgl. Huber (2011a), S. 94
  *Anmerkung:* Durch den Zusatz a, b, c etc. zur Jahreszahl wird die Zuordnung des Zitats zur Quelle im Literaturverzeichnis ermöglicht.
- **Quelle ohne genannten Autor:**
  Vgl. o.V. (Jahr), Zitatstelle
  *Beispiel:* Vgl. o.V. (2002), S. 7
  *Anmerkung:* o.V. = „ohne Verfasserangabe"
- **Quelle ohne Jahresangabe:**
  Vgl. Name (o.J.), Zitatstelle
  *Beispiel:* Vgl. Cochran (o.J.), S. 288
  *Anmerkung:* o.J. = „ohne Jahresangabe"
- **Zitat bezieht sich auf zwei aufeinanderfolgende Seiten:**
  Vgl. Name (Jahr), Zitatstelle f.
  *Beispiel:* Vgl. Lechner (2000), S. 290 f.
  *Anmerkung:* f. = „und die folgende Seite"
- **Mehr als zwei aufeinanderfolgende Seiten:**
  Vgl. Name (Jahr), Zitatstelle ff.
  *Beispiel:* Vgl. Moresino (2010), S. 65 ff.
  *Anmerkung:* ff. = „und die folgenden Seiten"
- **Firmenschriften u.Ä. ohne ersichtliche(n) Autor(en):**
  Vgl. Herausgeber (Jahr), Zitatstelle
  *Beispiel:* Vgl. Institut der deutschen Wirtschaft Köln (1996), S. 78
- **Website im Internet:**
  Vgl. Name (Jahr), Zitatstelle (sofern verfügbar)
  *Beispiel:* Tronchim (2006)
  *Anmerkung:* Die Zitatstelle (Seite) kann bei Websites in der Regel nur bei Dokumenten im Word- oder pdf-Format, nicht aber bei HTML-Seiten angegeben werden, da im HTML-Format die Seite von den Einstellungen des Webbrowsers abhängig ist. An die Stelle des Autors bzw. Erscheinungsjahres können auch „o.V". (ohne Verfasserangabe) bzw. „o.J." (ohne Jahresangabe) treten.

**Mehrfachzitate** (in *einer* Fußnote!) dienen zur Untermauerung eines Arguments oder auch dazu, auf gegensätzliche Meinungen hinzuweisen. Wenn Sie beispielsweise im Text schreiben: „In der Literatur wird häufig darauf hingewiesen, dass …", so verlangt dies nach einem Mehrfachzitat. Die in der Fußnote angeführten Belege werden durch Semikolon getrennt. Verbindende Zusätze (*ähnlich:*, ebenso: *anderer Meinung:*) sind möglich.

**Beispiel:**
17Vgl. z.B. Trimmel (1994), S. 23; Depauli (1998), S. 43; gegenteiliger Auffassung: Müller (1999), S. 117 f.

**Anmerkungen** (wie zum Beispiel Verweise auf andere Stellen in der Arbeit) finden sich ebenfalls in Fußnoten:

**Beispiel:**
18Nähere Ausführungen dazu finden sich in Kapitel 12.

Entscheiden Sie sich für **Kurzbelege im Text**, so können Sie stark oder schwach autorenorientiert zitieren (Gruber 2000, S. 14).

Bei **schwacher Autorenorientierung** steht das Zitat im Mittelpunkt, der Autor des Zitats tritt in den Hintergrund. Es gilt die folgende allgemeine Belegform:

**Text (Nachname Jahr, Zitatstelle)**

Diese ist aus dem folgenden Beispiel ersichtlich:

… Der Spielraum des Anbieters bei preispolitischen Entscheidungen hängt insbesondere von dessen Marktposition ab (Agora 2011, S. 114). Allerdings ist dabei zu berücksichtigen, dass…

Bei **starker Autorenorientierung** wird der Autor des Zitats stärker betont:[2]

**Nachname (Jahr, Zitatstelle) Text**

Agora (2011, S. 114) stellt dazu fest, dass der Spielraum des Anbieters bei preispolitischen Entscheidungen insbesondere von dessen Marktposition abhängt. Allerdings ist dabei zu berücksichtigen, dass …

Oder:

In diesem Zusammenhang weist Agora (2011, S. 114) darauf hin, dass der Spielraum bei preispolitischen Entscheidungen …

Beachten Sie, dass im Gegensatz zum Zitat in der Fußnote bei indirekten Zitaten im Text der Zusatz „Vgl." in der Regel *nicht* verwendet wird.[3] Auch im **Text** werden indirekte Zitate je nach Quelle unterschiedlich belegt:

- **Buch:**
  (Name Jahr, Zitatstelle)
  *Beispiel:* (Lomen 2010, S. 110)

---

2 In den meisten wissenschaftlichen Arbeiten ist es ratsam, nicht zu häufig stark autorenzentriert zu zitieren, da für gewöhnlich die Inhalte der Zitate von größerer Relevanz für die Arbeit sind als deren Autoren.

- **Buch oder Artikel mit mehreren Autoren:**
  (Name/Name Jahr, Zitatstelle)
  *Beispiel:* (Mayer/Siebeck 2007, S. 425)
- **Buch oder Artikel mit mehr als drei Autoren:**
  (Name des ersten Autors u.a. Jahr, Zitatstelle)
  *Beispiel:* (Baecker u.a. 1992, S. 47)
- **Mehr als eine Quelle eines Autors im selben Jahr:**
  (Name Jahr a [b, c etc.], Zitatstelle)
  *Beispiel:* (Huber 2011a, S. 94)
  *Anmerkung:* Durch den Zusatz a, b, c etc. zur Jahreszahl wird die Zuordnung des Zitats zur Quelle im Literaturverzeichnis ermöglicht.
- **Quelle ohne genannten Autor:**
  (o.V. Jahr, Zitatstelle)
  *Beispiel:* (o.V. 2002, S. 7)
  *Anmerkung:* o.V.= „ohne Verfasserangabe"
- **Quelle ohne Jahresangabe:**
  (Name o.J., Zitatstelle)
  *Beispiel:* (Cochran o.J., S. 288)
  *Anmerkung:* o.J. = „ohne Jahresangabe"
- **Zitat bezieht sich auf zwei aufeinanderfolgende Seiten:**
  (Name Jahr, Zitatstelle f.)
  *Beispiel:* (Lechner 2000, S. 290 f.)
  *Anmerkung:* f. = „und die folgende Seite"
- **Mehr als zwei aufeinanderfolgende Seiten:**
  (Name Jahr, Zitatstelle ff.)
  *Beispiel:* (Moresino 2010, S. 65 ff.)
  *Anmerkung:* ff = „und die folgenden Seiten"
- **Firmenschriften u.Ä. ohne ersichtliche(n) Autor(en):**
  (Herausgeber Jahr, Zitatstelle)
  *Beispiel:* (Institut der deutschen Wirtschaft Köln 1996, S. 78)
- **Website im Internet:**
  (Name Jahr, Zitatstelle – sofern verfügbar)
  *Beispiel:* (Tronchim 2006)
  *Anmerkung:* Die Zitatstelle (Seite) kann bei Websites in der Regel nur bei Dokumenten im Word- oder pdf-Format, nicht aber bei HTML-Seiten angegeben werden, da im HTML-Format die Seite von den Einstellungen des Webbrowsers abhängig ist. An die Stelle des Autors bzw. Erscheinungsjahres können auch „o.V". (ohne Verfasserangabe) bzw. „o.J." (ohne Jahresangabe) treten.

**Mehrfachzitate** können zur Untermauerung von Argumenten eingesetzt werden. Zitate werden durch Semikolon getrennt. Verbindende Zusätze (*ähnlich:*, ebenso: *anderer Meinung:*) sind bei Zitaten im Text *nicht üblich*, weil sie den Lesefluss zu sehr stören würden.

**Beispiel:**
... wobei diesen nur geringe Bedeutung zuzumessen ist (Benedikt 2009, S. 512; Mondieu 2011, S. 311).

Auch bei Kurzbelegen im Text müssen (längere) **Anmerkungen in Fußnoten** untergebracht werden.

Wird der Autor im Text genannt, erfolgt der Beleg durch die Nennung der Jahreszahl und gegebenenfalls der Zitatstelle in Klammern direkt nach dem Autorennamen.

**Beispiel:**
Im Gegensatz dazu weist Smith (2012, S. 43) darauf hin, dass …

Ansonsten steht der Beleg am Ende der sinngemäß wiedergegebenen Quelle.

### Direkte Zitate

Werden direkte **Zitate in der Fußnote** belegt, so gilt folgende allgemeine Form:

**[1]Nachname (Jahr), Zitatstelle**

Beachten Sie, dass bei direkten Zitaten, wie im folgenden Beispiel, der zitierte Text in Anführungszeichen gesetzt wird. Im Gegensatz zu indirekten Zitaten *entfällt* der Zusatz „Vgl." in der Fußnote:

„Erlebnispsychologisch gesehen treffen die rosaroten Traumwelten vom Fließband offenbar den Massengeschmack. Erlebnismarketing bedeutet in Zukunft vor allem: Szenerie und Dramaturgie von Erlebnislandschaften."[3]

---

[3] Opaschowski (2000), S. 48

Beim **Kurzbeleg im Text** werden der Name des Autors, das Erscheinungsjahr und die Zitatstelle, genauso wie bei indirekten Zitaten, in Klammern gesetzt. Der Text des Zitats wird in Anführungszeichen gesetzt, damit der Leser das direkte Zitat von indirekten Zitaten unterscheiden kann:

**(Nachname Jahr, Zitatstelle)**

---

3 Diese Zitierregel ist allerdings nicht allgemein anerkannt. In der Literatur finden Sie durchaus auch wissenschaftliche Texte, in denen indirekte Zitate durch „vgl." eingeleitet werden, auch wenn im Text zitiert wird.

Auch bei direkten Zitaten ist es, analog zu indirekten Zitaten, möglich, schwach oder stark autorenorientiert zu zitieren. Im folgenden Beispiel wird schwach autorenorientiert zitiert:

> „Erlebnispsychologisch gesehen treffen die rosaroten Traumwelten vom Fließband offenbar den Massengeschmack. Erlebnismarketing bedeutet in Zukunft vor allem: Szenerie und Dramaturgie von Erlebnislandschaften" (Opaschowski 2000, S. 48).

Bei längeren direkten Zitaten ist es, unabhängig davon, ob Sie im Text oder in der Fußnote zitieren, üblich, das Zitat vom übrigen Text abzuheben, indem es vom linken und rechten Rand eingerückt und mit einfachem Zeilenabstand geschrieben wird. Meist wird das Zitat auch durch Kursivschrift gekennzeichnet. Dies wird als **Blockzitat** bezeichnet:

> *Our tendency to assume that an action is more correct if others are doing it is exploited in a variety of settings. Bartenders often salt their tip jars with a few dollar bills at the beginning of an evening to simulate tips left by prior customers and thereby to give the impression that tipping with folding money is proper barroom behavior. Church ushers sometimes salt collection baskets for the same reason and with the same positive effect on proceeds. Evangelical preachers are known to seed their audience with ringers, who are rehearsed to come forward at a specified time to give [...] donations.*
> (Cialdini 2009, S. 99 f.)

Bei Blockzitaten entfallen die Anführungszeichen. Die aus dem Beispiel ersichtlichen in Klammern gesetzten Auslassungspunkte werden bei direkten Zitaten verwendet, um nicht übernommene Wörter oder Satzteile zu kennzeichnen. Beachten Sie jedoch, dass unmittelbar zu Beginn und am Ende eines direkten Zitats Auslassungen nicht gekennzeichnet werden.

### 8.2.3 Sekundärzitate

Grundsätzlich sind bei wissenschaftlichen Arbeiten **immer** die **Originalquellen** zu zitieren. Das hat folgenden Grund:

Mit Sekundärzitaten verhält es sich ähnlich wie mit Gebrauchtwagen: Vielleicht leisten sie, was sie versprechen, vielleicht aber auch nicht. Zwar ist es möglich, dass der Verfasser der Arbeit, aus der man ein Sekundärzitat übernehmen möchte, korrekt aus der Originalquelle zitiert hat, sicher sein kann man sich dessen aber nicht. Unkorrekte oder sinnentstellende Übernahme kommt sowohl bei direkten als auch bei indirekten Zitaten vor.

Daher sollte man nur in Einzelfällen, wenn die Originalquelle nicht oder nur sehr schwierig zu beschaffen wäre, auf Sekundärzitate zurückgreifen.

Beispiele:

- Zeitschriften, die weder an der eigenen Universitätsbibliothek noch durch die Fernleihe zu beschaffen sind.

- Working papers, falls der Autor dem Ersuchen nach Zusendung nicht nachkommt.

Falls die Originalquelle trotz eingehender Bemühungen nicht zugänglich ist, sollte man sich zunächst fragen, ob die Quelle für die eigene Arbeit wirklich von **wesentlicher** Bedeutung ist. Nur wenn diese Frage zu bejahen ist, sollte ein Sekundärzitat übernommen werden. Sekundärzitate sind auf jeden Fall als solche zu kennzeichnen. Es gilt als akademisch unredlich, vorzugeben, man habe die Originalquelle gelesen, wenn man in Wirklichkeit eine Sekundärquelle verwendet. Beim Zitieren von Sekundärquellen können Sie sich an folgende Form halten:

- Kurzzitat in Fußnote:
  [1] vgl. Autornachname (Jahr), Zitatstelle, zit. nach Nachname des Autors der Sekundärquelle (Jahr), Zitatstelle in der Sekundärquelle

  **Beispiel:**
  1 Vgl. Gentry/Summers (1976), S. 177, zit. nach Zikmund (2004), S. 217

- Kurzzitat im Text:
  (Autornachname Jahr, Zitatstelle, zit. nach Nachname des Autors der Sekundärquelle Jahr, Zitatstelle in der Sekundärquelle)

  **Beispiel:**
  (Gentry/Summers 1976, S. 177, zit. nach Zikmund 2004, S. 217)

## 8.3 Das Literaturverzeichnis

Die in einer wissenschaftlichen Arbeit verwendete Literatur wird zweimal dokumentiert: Zum einen werden direkte und indirekte Zitate im Text oder in der Fußnote belegt. Zum anderen wird die herangezogene Literatur im Literaturverzeichnis angeführt. Dies ist besonders bei der in diesem Buch vorgeschlagenen Form des Zitierens mit Kurzbelegen essenziell, da die Kurzbelege allein nicht sämtliche bibliografische Angaben enthalten, die es dem Leser ermöglichen, die Literaturquellen zu finden.

In das Literaturverzeichnis wird die zitierte Literatur vollständig aufgenommen:

- Jedes direkt oder indirekt zitierte Werk muss im Literaturverzeichnis vorkommen.
- Jedes im Literaturverzeichnis vorkommende Werk muss zumindest in einem direkten oder indirekten Zitat vorkommen

Das Literaturverzeichnis und die zitierten Werke müssen einander also im Verhältnis 1:1 entsprechen. Werke, die zum Beispiel in einem frühen Stadium der Arbeit gelesen, aber nicht in die Arbeit (direkt oder indirekt) eingeflossen sind, werden *nicht* im Literaturverzeichnis angeführt.

Beachten Sie bei der Erstellung des Literaturverzeichnisses folgende Hinweise:

- Einträge in das Literaturverzeichnis beginnen jeweils mit Zu- und Vornamen des Autors/der Autoren, gefolgt vom Erscheinungsjahr des Werkes. Erst danach folgen die übrigen bibliografischen Angaben. Durch diese Anordnung wird es dem Leser möglich, im Text zitierte Quellen schnell im Literaturverzeichnis zu finden.
- Die Einträge im Literaturverzeichnis werden gemäß den Zunamen der Autoren alphabetisch geordnet. Auch die Angabe „o.V." (ohne Verfasser) wird alphabetisch eingereiht.
- Die akademischen Grade und Berufstitel von Autoren und Herausgebern (z.B. Dr., Prof.) werden im Literaturverzeichnis (so wie auch in den Zitatbelegen) *nicht* angeführt.
- Bei den vorgeschlagenen Kurzbelegen von Zitaten ist es *nicht* sinnvoll, das Literaturverzeichnis in Monografien, Zeitschriften etc. zu untergliedern. Der Leser kann aus dem Kurzbeleg (in der Fußnote oder im Text) nicht erkennen, um welche Art von Quelle es sich handelt, und die Auffindung des Werkes im Literaturverzeichnis würde erschwert.
- Das Literaturverzeichnis sollte grafisch übersichtlich aufbereitet werden. Dazu tragen hängende Einzüge und Abstände zwischen den einzelnen Einträgen bei (Abb. 8-3).

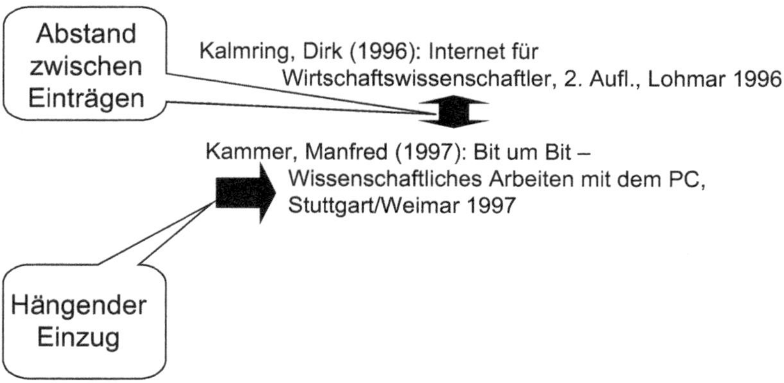


**Abb. 8-3:** Übersichtliche Aufbereitung des Literaturverzeichnisses

Nach ihrer Erscheinungsform (Buch, Aufsatz, Sammelband etc.) werden Quellen in das Literaturverzeichnis unterschiedlich aufgenommen:

- **Buch:**
  Autornachname, Vorname (Jahr): Titel, Auflage, Ort.

*Beispiele:* Landsburg, Steven E. (2002): Price theory and applications, 5th ed., Cincinnati, OH.

Kroeber-Riel, Werner/Weinberg, Peter/Gröppel-Klein, Andrea (2009): Konsumentenverhalten, 9. Aufl., München.

*Anmerkung:* Die Nennung der Auflage erfolgt erst ab der 2. Auflage.

- **Artikel in einer Zeitschrift/Zeitung:**
  Autornachname, Vorname (Jahr): Titel des Artikels, in: Name der Zeitschrift, Jahrgang, Heftnummer (gegebenenfalls mit Datumsangabe), erste und letzte Seite des Artikels.
  *Beispiel:* Baetge, Jörg (1989): Möglichkeiten der Früherkennung negativer Unternehmensentwicklungen, in: ZfbF, 41. Jg., Nr. 4, S. 792–811.
  Anderson, Elizabeth (1995): High tech v. high touch: A case study of TQM implementation in higher education, in: Managing Service Quality, Vol. 5, No. 2, pp. 48–56.
  *Anmerkung:* Der Name der Zeitschrift kann, falls allgemein üblich, auch abgekürzt werden.

- **Beitrag in einem Sammelwerk:**
  Autornachname, Vorname (Jahr): Titel des Beitrags oder Stichworts, in: Nachname(n), Vorname(n) des Herausgebers oder Autorenteams (Hrsg.), Titel, Auflage, Ort, erste und letzte Seite des Beitrags.
  *Beispiele:* Meffert, Heribert (1985): Wettbewerbsorientierte Marketingstrategien im Zeichen schrumpfender und stagnierender Märkte, in: Raffée, Hans/Wiedmann, Klaus-Peter (Hrsg.): Strategisches Marketing, Stuttgart, S. 475–490.
  Cooper, Harris/Dorr, Nancy (1996): Conducting a Meta-Analysis, in: Leong, Frederick T./Austin, James T. (eds.): The psychology research handbook: A guide for graduate students and research assistants, Thousand Oaks/London/New Delhi, pp. 229–238.

- **Buch oder Artikel mit mehr als drei Autoren:**
  Nachname des ersten Autors, Vorname u.a. (Jahr): quellenspezifische bibliografische Angaben.
  Beispiel: Backhaus, Klaus u.a. (2011): Multivariate Analysemethoden. Eine anwendungsorientierte Einführung, 13. Aufl., Berlin u.a.

- **Mehr als eine Quelle eines Autors im selben Jahr:**
  Nachname, Vorname, (Jahr a [b, c etc.]): quellenspezifische bibliografische Angaben
  Beispiele: Homburg, Christian/Baumgartner, Hans (1985a): Beurteilung von Kausalmodellen – Bestandsaufnahme und Anwendungsempfehlungen, in: Marketing ZFP, 17. Jg., Heft 3, S. 162–176.
  Homburg, Christian/Baumgartner, Hans (1995b): Die Kausalanalyse als Instrument der Marketingforschung, in: Zeitschrift für Betriebswirtschaft, 65. Jg., Heft 10, S. 1091–1108.

- **Zeitungsartikel ohne genannten Autor:**
  o.V. (Jahr): Titel des Aufsatzes, in: Name der Zeitung, Jahrgang, Heftnummer (gegebenenfalls mit Datumsangabe), erste und letzte Seite.
  *Beispiel:* o.V. (1997): DFB sieht vor Gericht Solidarität gefährdet: Zwei Verfahren zum Thema Fußball im Fernsehen, in: FAZ, Nr. 273 vom 13.10.1997, S. 38.

- **Quelle ohne Jahresangabe:**
  Autornachname, Vorname (o.J.): Titel, Auflage, Ort.
  *Beispiel:* Reiferscheid, Bruno (o.J.): Ladenbau und Ladeneinrichtungen, 3. Aufl., Köln.

- **Firmenschrift u.ä. ohne ersichtliche(n) Autor(en):**
  Herausgeber (Jahr): Titel, Auflage, Ort.
  *Beispiel:* Flughafen Wien AG (1992): Zeichnungsprospekt 1992, Wien.

- **Diplomarbeiten und Dissertationen:**
  Nachname, Vorname (Jahr): Titel, Diss. bzw. Dipl.-Arb., Ort.
  *Beispiel:* Ferrarese, Barbara/Wasserer, Simone (2002): Legge finanziaria 2001, Dipl.-Arb. Universität Innsbruck, Innsbruck.

- **Website im Internet:**
  Autornachname, Vorname (Jahr – falls vorhanden, sonst: o.J.): Titel Dokuments, URL: http://..., Stand: Datum des Zugriffs.
  *Beispiele:* Trochim, William M.K. (2006): The research methods knowledge base, URL: http:// http://www.socialresearchmethods.net/kb, Stand: 9. September 2012.
  Landesstatistik Tirol (2002): Der Tourismus in Tirol, http://www.tirol.gv.at/statistik/tourismus.html, Stand: 20. April 2010.
  *Anmerkung:* Es sind immer der gesamte, den Zugriff ermöglichende Verzeichnispfad sowie das Datum des Zugriffs anzugeben. Falls kein Erscheinungsjahr angegeben ist, wird dies durch „o.J." (ohne Jahresangabe) kenntlich gemacht. Gegebenenfalls werden Ausdrucke der Internetquellen, nach Absprache mit dem Betreuer, in den Anhang der Arbeit gestellt.

Verschiedene **Varianten** sind üblich:

- Häufig werden die Vornamen von Autoren abgekürzt. Dies sollte jedoch nur nach Rücksprache mit dem Betreuer der Arbeit geschehen.
- Vielfach wird bei Büchern (nicht jedoch bei Zeitschriften und Zeitungen) der Verlag angegeben (Beispiel: Kroeber-Riel, Werner/Weinberg, Peter/Gröppel-Klein, Andrea (2009): Konsumentenverhalten, 9. Aufl., München: Vahlen. Wird diese Form gewählt, so muss der Verlag bei allen im Literaturverzeichnis aufgezählten Büchern angegeben werden.

## 8.4 Formalien in englischsprachigen Arbeiten

Da in internationalen Fachzeitschriften wissenschaftliche Erkenntnisse in den meisten Fällen in englischer Sprache publiziert werden und in vielen wirtschafts- und sozialwissenschaftlichen Studienrichtungen englischer Sprachunterricht vorgesehen ist oder sogar einzelne Lehrveranstaltungen auf Englisch abgehalten werden, ist es für viele Studierende erwägenswert, wissenschaftliche Prüfungsarbeiten in englischer Sprache zu verfassen.

Im angloamerikanischen Raum wird den Formalien in der Regel stärkere Bedeutung zugemessen als in den deutschsprachigen Ländern. Dementsprechend ist es auch zu einer gewissen Normierung auf diesem Gebiet gekommen. Die wichtigsten „Zitierregeln" sind jene der *Modern Language Association* (MLA) und der *American Psychological Association* (APA). Während die MLA-Regeln hauptsächlich in geisteswissenschaftlichen Disziplinen angewandt werden, sind für Studierende der Sozial- und Wirtschaftswissenschaften vorwiegend die Richtlinien der APA von Bedeutung.

Bei der **Zitation** nach den APA-Richtlinien erfolgt die Quellenangabe stets im Text. Angegeben werden der Autor, das Erscheinungsjahr und gegebenenfalls die Belegstelle.
Beispiele:

- Smith (2012, p. 117) reported the results of… (Ein Autor)
- According to Noble and Barnes (2000, p. 45) … (Zwei Autoren)
- According to Fortini, Schultz, and Wang (2002, p. 26) … (Mehr als zwei Autoren bei starker Autorenzentrierung)
- … (Fortini, Schultz, & Wang, 2002, p. 26) (Mehr als zwei Autoren bei schwacher Autorenzentrierung)
- The researchers (Fortini et al., 2002, p. 225) further noted that … (Mehrere Autoren nach der ersten Nennung)

Das **Literaturverzeichnis** wird als „References" bezeichnet. Die Einträge in das Literaturverzeichnis werden alphabetisch geordnet.

Beispiele:

- Anderson, E. (1976). *A place on the corner.* Chicago: The University of Chicago Press. (Buch mit einem Autor)
- Ebster, C., & Garaus, M. (2011). *Store design and visual merchandising: Designing store space that encourages buying.* New York: Business Expert Press. (Buch mit zwei Autoren)
- Finke, R. A., Ward, T. B., & Smith, S. M. (1992). *Creative cognition: Theory, research, and applications.* Cambridge, MA: MIT Press. (Buch mit drei Autoren)
- Gottdiener, M. (1998). The semiotics of consumer spaces: The growing importance of themed environments. In J. F. Sherry (Ed.), *Servicescapes:*

*The concept of place in contemporary markets* (pp. 29–53). Lincolnwood, IL: NTC Business Books. (Beitrag in einem Sammelband)

- Jaccard, J., Becker, M. A. & Wood, G. (1984). Pairwise multiple comparison procedures: A review. *Psychological Bulletin, 96*, 589–596. (Aufsatz in einem wissenschaftlichen Journal)
- Schneider, M. (2002, March 25). Who needs a whole MBA? A specialized master's degree may better fit the bill. *Business Week*, pp. 102–103. (Artikel in einem Magazin)

Diese Form des Zitierens ist somit dem in diesem Buch vorgestellten „Kurzbeleg im Text" sehr ähnlich. Allerdings umfasst das Regelwerk der APA zahlreiche weitere Richtlinien, deren Darstellung den Rahmen dieser Publikation sprengen würde. Es wird dazu auf das Style-Manual der APA verwiesen:

> American Psychological Association (2009): Publication Manual of the American Psychological Association (6th ed.). Washington, DC: Author.

Eine gute Darstellung der wichtigsten Regeln zur Manuskriptgestaltung im APA-Style findet sich überdies auf der folgenden Website des Online Writing Center an der Purdue University:

> URL: http://owl.english.purdue.edu/owl/section/2/10/

> Weitere Informationen und Anschauungsbeispiele zum Thema Zitieren finden Sie in dem Video „Wie zitiere ich richtig?"
> http://www.marketmentor.at/projects/wa.html

**In Kürze**

- Durch korrektes Zitieren lassen sich Plagiate vermeiden.
- Übliche Zitierweisen in den Wirtschafts- und Sozialwissenschaften sind der Kurzbeleg im Text und der Kurzbeleg in der Fußnote.
- Setzen Sie direkte Zitate nur sehr sparsam ein.
- Die Formulierungen in indirekten Zitaten müssen sich deutlich von der Originalquelle unterscheiden, um nicht als Plagiate zu gelten.
- Sekundärzitate sind möglichst zu vermeiden, jedenfalls aber als solche zu kennzeichnen.
- Jedes zitierte Werk muss ins Literaturverzeichnis aufgenommen werden.
- Nur zitierte Werke werden in das Literaturverzeichnis aufgenommen.
- Bei englischsprachigen Arbeiten können Sie sich an die Regeln der APA halten.

# 9 Mündliche Präsentation der Arbeit

In vielen Lehrveranstaltungen wird verlangt, Seminar- und Übungsarbeiten nicht nur in schriftlicher Form vorzulegen, sondern auch ein mündliches Referat über das jeweilige Thema zu halten. Dadurch wird die Kunst des Vortragens geübt, die einige Semester später bei der Präsentation und Verteidigung der wissenschaftlichen Abschlussarbeit – Bachelorarbeit, Masterarbeit oder Dissertation –, aber auch in vielen Berufen erforderlich ist. Als Studierender lernen Sie dabei, Argumente für den Vortragsinhalt vorzubringen und diesen zu verteidigen. Sie bekommen aber auch erstmals die Gelegenheit, sich Fragen und konstruktiver Kritik vonseiten des Lehrveranstaltungsleiters sowie der Kolleginnen und Kollegen zu stellen.

Welche Kernelemente eines Referats bzw. einer Präsentation kann man unterscheiden? Diese sind in Abbildung 9-1 dargestellt. Sie als Referent (WER) möchten überzeugen, eine Idee durchsetzen, ein Masterarbeitsthema verteidigen oder eine Bachelorarbeit präsentieren. Sie haben also eine bestimmte Absicht und treffen zu diesem Zweck bestimmte Aussagen (WAS), die Sie mit einem bestimmten Vortragsmittel (Referat mit Unterstützung einer PowerPoint-Päsentation und/oder Handouts usw.) einer Zuhörerschaft (WEM: den Professoren, Kollegen) näherbringen wollen. Sie beabsichtigen zum Beispiel folgende Wirkung: zu überzeugen, dass ein gewähltes Thema für eine wissenschaftliche Arbeit interessant zu erforschen ist und dass Sie sich fundierte Kenntnisse über ein bestimmtes Thema angeeignet haben.

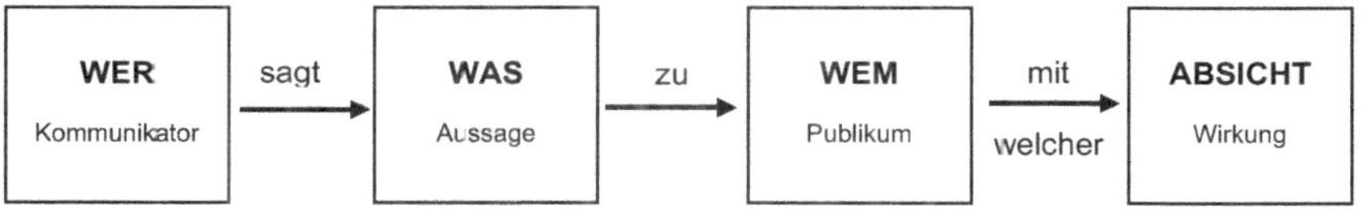


**Abb. 9-1:** Die Kernelemente eines Vortrags (Quelle: In Anlehnung an Lasswell 1971)

Lassen Sie sich nicht entmutigen, wenn nicht alles gleich beim ersten Mal so klappt, wie Sie es sich vorstellen. Die Kunst der Präsentation muss schrittweise erlernt und vor allem geübt werden. In den folgenden Abschnitten finden Sie einige Tipps und Hinweise, wie Sie Ihre zukünftigen Vorträge, Referate und Präsentationen erfolgreich meistern können.

## 9.1 Vor der Präsentation

**Lernen Sie Ihr Publikum und die Umstände, unter denen Sie präsentieren werden, kennen.** Bevor Sie mit der inhaltlichen Vorbereitung der Präsentation beginnen, sollten Sie überlegen, an wen sich der Vortrag richtet. Die Präsentation muss immer auf das Publikum abgestimmt werden.

- Welcher Personenkreis wird bei der Präsentation anwesend sein? Sind es Kollegen aus dem Studium, und/oder wird der Professor oder Assistent oder ein Forschungsgremium zuhören?
- Wie gut sind die themenspezifischen Kenntnisse der Zuhörer? Welche Fachbegriffe können vorausgesetzt werden?
- Haben alle Zuhörer das gleiche Interesse an den vorgetragenen Inhalten?
- Welche Vortragsmedien stehen zur Verfügung? Gibt es einen Videobeamer oder ein Flipchart?
- Wie lange haben Sie Zeit für die Darstellung Ihres Anliegens?
- Müssen Sie am Ende Frage und Antwort stehen?

**Strukturieren Sie Ihren Vortrag.** Eine gelungene Präsentation zeichnet sich in der Regel nicht nur durch die verständliche Vermittlung von (Fach-) Wissen aus, sondern auch durch das gewonnene Interesse des Publikums an Ihrem Thema. Jeder Vortrag folgt einem bestimmten Ablauf – Einleitung, Haupt- und Schlussteil. In der Abbildung 9-2 sind die drei Phasen einer Präsentation dargestellt.

In der ersten Phase, der Einleitung, stellen Sie den Kontakt zu Ihrem Publikum her. Egal wie klein oder bekannt der Zuhörerkreis ist: Eine Begrüßung, Vorstellung Ihrer Person und des Themas, über das Sie sprechen werden, ist der erste Schlüssel zum Erfolg. Der erste Eindruck zählt! Zeigen Sie dem Publikum, dass Sie Freude daran haben, Ihre Ideen bzw. Schlussfolgerungen vortragen zu können. Konkretisieren Sie anschließend das Thema und geben Sie eine kurze und prägnante Übersicht über den Inhalt und den Verlauf des Referats. Das fördert das Interesse und das Verständnis der Zuhörer für Ihr Thema. Im Hauptteil des Vortrags wird zunächst die für das Thema relevante Literatur vorgestellt. Darauf folgen die Hypothesen oder Forschungsfragen. Es folgt – insbesondere bei empirischen Arbeiten – die Darstellung der methodischen Vorgangweise. Danach werden die zentralen Ergebnisse vermittelt. Stellen Sie sich selbst die Frage, was die wesentlichen Aussagen Ihres Vortrags sein sollen, und reduzieren Sie den Vortragsstoff auf diese Kernaussagen. Der Schlussteil einer Präsentation wird durch eine Zusammenfassung der vorgetragenen Inhalte und durch Ausblicke und Anregungen für weiterführende Diskussionen eingeleitet. Beendet wird eine Präsentation durch einen Dank an das Publikum für seine Aufmerksamkeit sowie durch die (wiederholte) Aufforderung, Fragen zu stellen.

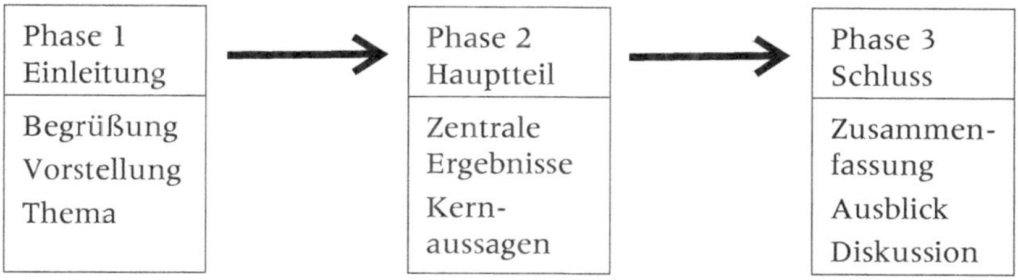


**Abb. 9-2:** Die drei Phasen einer Präsentation

**Üben Sie Ihren Vortrag.** Auch eine gut durchdachte und professionell geplante Präsentation sollte geübt werden, und zwar unter realistischen Bedingungen. Tragen Sie die Präsentation zumindest einmal einem imaginären Publikum oder, noch besser, einem guten Freund vor. Da man sich in den meisten Fällen ja nicht selbst reden „sieht", fallen einem bestimmte Gewohnheiten häufig nicht auf. In Gesprächen mit Freunden und der Familie sind sie meist auch nicht störend, bei Vorträgen vor einem unbekannten Publikum jedoch sehr wohl. Beobachten Sie, ob Sie sehr gestenreich sprechen oder z.B. mit Ihrem Schmuck oder Ihren Haaren spielen, sich am Tisch anlehnen, häufig Ihre Brille zurechtrücken usw.

Simulieren Sie den Einsatz der Folien oder anderer Medien, hören Sie sich argumentieren und messen Sie vor allem die Zeit, die Sie für den Vortrag benötigen. Gerade das richtige Timing macht am meisten zu schaffen, wenn man keine Erfahrung mit Präsentationen hat oder diese vorher nicht geübt hat. Apropos Zeit: Erfahrungsgemäß braucht man für den Vortrag vor Publikum etwas länger als im Probelauf. Zeitvorgaben sind unbedingt einzuhalten. Präsentationen, die länger als vorgesehen dauern, sind in der Regel nicht gut vorbereitet und strukturiert, in jedem Fall stellen sie eine Missachtung des Publikums dar. Der Probedurchgang sollte daher kürzer ausfallen, als der Vortrag selbst dauern soll. Kalkulieren Sie auch Zeit für Fragen aus dem Publikum ein. Abbildung 9-3 zeigt, wie viel Prozent Ihrer Zeit Sie für die einzelnen Phasen in etwa einplanen sollten.

| | | |
|---|---|---|
| **Phase 1**<br>**Einleitung**<br>**15%** | **Phase 2**<br>**Hauptteil**<br>**65%** | **Phase 3**<br>**Schluss**<br>**20%** |

**Abb. 9-3:** Zeitplanung einer Präsentation

Kurz vor Ihrem Auftritt: Sie haben alle bisherigen Schritte bravourös gemeistert. Sie kennen das Publikum, das erwartet wird, haben eine ausgezeichnete Präsentation mitgebracht und stehen vor dem Flipchart oder dem Laptop-Computer. Sie wollen mit dem Vortrag beginnen. Mit welchem Knopf wird der Projektor eingeschaltet, wie wird der Computer an den Videobeamer angeschlossen, was tun, wenn die Beleuchtung oder das Mikrofon ausfällt? Es genügt, wenn Sie rechtzeitig vor Ort sind, sich gegebenenfalls von einem Techniker die Geräte erklären lassen und überprüfen, ob alle benötigten Hilfsmittel funktionieren.

## 9.2 Das Auftreten während der Präsentation

**Überzeugen Sie durch Ihr persönliches Auftreten.** Die inhaltliche Vorbereitung auf den Vortrag ist die Basis für eine gute Präsentation. Ebenso wichtig ist die Kommunikation mit den Zuhörern während des Referats. Eine gut gelungene Präsentation hängt also nicht allein von den fundierten Kenntnissen über das Thema des Vortrags ab (diese setzt das Publikum voraus), sondern auch vom Auftreten des Vortragenden. Unter Kommunikation mit dem Auditorium versteht man sowohl die sprachliche Ausdrucksfähigkeit des Referenten als auch seine Körpersprache und die Begeisterung für das vorgetragene Thema. Redner wirken umso glaubwürdiger, je engagierter sie mit den Inhalten und den Zuhörern umgehen. Die Begeisterung bei interessanten Themen springt oft von selbst auf das Publikum über. Bedenken Sie: Wenn schon der Referent sein Thema für langweilig hält, wie sollen es dann die Zuhörer spannend finden?

Kommen wir zunächst zum sprachlichen Ausdruck. Vortragstalent ist nicht jedem gleichermaßen gegeben. Durch regelmäßige Übung gewinnen Sie Selbstvertrauen und Routine. Die folgenden Tipps sollen Ihnen helfen, **sprachliche Mittel** bei Ihrer Präsentation besser einsetzen zu können.

- Artikulieren Sie Ihre Worte laut und deutlich, sodass Sie auch in der letzten Reihe verstanden werden.
- Formulieren Sie Ihre Aussagen präzise.
- Sprechen Sie zum Publikum und nicht zum Laptop-Computer oder zur Wand hinter Ihnen, auf der die Projektion zu sehen ist.
- Sprechen Sie langsam, damit Ihnen das Auditorium folgen kann. Schnell sprechenden Referenten kann man meist nicht oder nur eine begrenzte Zeit lang aufmerksam zuhören. Außerdem frustriert schnelles Sprechen die Zuhörer und vermittelt den Eindruck, dass der Referent nervös ist. Je wichtiger ein Gedanke, umso langsamer sollte er ausgesprochen werden. So stellen Sie sicher, dass die Zuhörer Ihre Kerngedanken auch verarbeiten können. Durch Tempoverzögerungen können Sie zusätzlich Spannung erzeugen. Das ideale Sprechtempo liegt meist bei 100 bis 130 Wörtern pro Minute, das sind rund 10 Sätze pro Minute.
- Machen Sie bewusst Pausen zwischen einzelnen Sätzen, damit das gesprochene Wort besser kognitiv verarbeitet werden kann. Durch Pausen wird das Gesagte unterstrichen.

- Zu den schlechtesten Vortragenden zählen jene, die ihr Referat von einem vorformulierten Text ablesen, da dies monoton und meist unnatürlich wirkt. Am besten ist es, einen Text in freier Rede entlang eines „roten Fadens" vorzutragen und die Gedanken spontan beim Reden auszuformulieren. Stichwortzettel als Gedächtnisstützen sind erlaubt. Es hat sich bewährt, diese in Form von Karteikarten anzufertigen. Um besser in den Vortrag einsteigen zu können, ist es hilfreich, die Begrüßung und den ersten Satz ausformuliert zu notieren. Auch auf den Schluss sollte man sich gut vorbereitet haben, denn der letzte Eindruck haftet nach. Der Hauptvortrag der Präsentation sollte jedoch wirklich nur in Stichworten notiert werden. Ausformulierte Sätze verleiten dazu, die Augen auf dem Papier ruhen zu lassen und weiter abzulesen, wodurch Sprachmonotonie entsteht. Der Blickkontakt geht verloren, die Aufmerksamkeit des Publikums lässt nach. Also: Zuerst kurz hinsehen, Blickkontakt mit dem Publikum suchen und erst dann einen Gedanken aussprechen.
- Stichwortzettel können unterschiedlich gestaltet sein. Wichtig ist jedoch, dass sie nummeriert und mit einem Zeitplan versehen sind.

Durch Einsatz von natürlicher **Gestik und Mimik** wird das Gesagte unterstrichen. Gestik, Mimik und Blickkontakt mit dem Publikum fassen wir als Körpersprache zusammen. Bevor Sie diese Tipps lesen: Bleiben Sie trotz all dieser Hinweise authentisch und entwickeln Sie daraus Ihren eigenen Präsentationsstil.

- Grundsätzlich ist es besser, einen Vortrag im Stehen zu halten. Eine Präsentation im Stehen wirkt aktiver. Der Redner kann seine Position im Raum verändern, er kann einige Schritte gehen. Dies lockert zum einen den Vortrag auf, zum anderen kann dadurch Aufmerksamkeit erzeugt werden, wenn man von einem Thema zu einem anderen überleiten möchte. Des Weiteren lässt sich durch Bewegung bisweilen auch die Nervosität während des Vortrags eindämmen (vgl. Abschnitt 9.4).
- Verstecken Sie sich nicht hinter einem Rednerpult. Dadurch entsteht eine Barriere zwischen Ihnen und dem Publikum, die den Kontakt erschwert.
- Auch der Einsatz von Gesten will gelernt sein. Halten Sie z.B. Ihre Stichwortzettel, aber halten Sie sich nicht daran fest. Verwenden Sie einen Laptop zur Präsentation, bietet sich eine Fernbedienung an, die man benutzt, um die Folien weiterzublättern. Achtung vor verschränkten Armen. Diese vermitteln den Eindruck von Abwehr und Unsicherheit.
- Wichtig ist auch der Blickkontakt zu den Zuhörern. Dies signalisiert eine Hinwendung zum Publikum und aktiviert dieses, weil jeder einzelne das Gefühl bekommt, persönlich angesprochen zu werden. Durch den Blick ins Publikum entsteht außerdem eine wichtige Rückkopplung für den Vortragenden. Er erhält dadurch die Möglichkeit, aus den Reaktionen

der Zuhörer auf seinen Vortrag zu schließen, d.h. ob das Interesse am Vortrag noch besteht und ob er sich verständlich ausdrückt. Ein aufmerksamer Redner kann darauf reagieren, z.B. das Publikum anregen, Fragen zu stellen, oder bei verständnislosen Blicken weitere Erklärungen für das Gesagte anbieten.

**Keine Angst vor Fragen.** Wenn die Präsentation beendet ist, ist noch nicht alles vorbei. Jetzt kommen die Fragen aus dem Auditorium. Also verlassen Sie nicht gleich fluchtartig den Raum, sondern stellen Sie sich dem wissenschaftlichen Diskurs. Dadurch haben Sie nochmals die Chance, zu überzeugen und Kompetenz zu beweisen. Auch hier gibt es einige Tipps, wie Sie Fragerunden meistern können:

- Geben Sie kurze und präzise Antworten. Langatmige Antworten bieten weitere Möglichkeiten, nachzuhaken, also weiterzufragen.
- Wiederholen Sie eventuell die an Sie gestellte Frage, um sicherzustellen, dass Sie diese auch richtig verstanden haben (inhaltlich und akustisch) und eine kompetente Antwort geben können. Die Wiederholung einer Frage gibt Ihnen außerdem Zeit zum Nachdenken, was Sie darauf antworten wollen.
- Auch ein vorgebrachter Einwand ist eine Frage. Versuchen Sie darauf eine Antwort zu geben.
- Werden viele Fragen auf einmal gestellt, notieren Sie diese (auf einem Flipchart) und geben Sie die Antworten im Anschluss an die Fragerunde.

## 9.3 Der Einsatz von Vortragsmedien

Jeder Vortrag sollte durch den Einsatz visueller Vortragsmedien unterstützt werden. Zu diesen zählen das Flipchart, der Overheadprojektor, der Diaprojektor und der Laptop-Computer mit Videobeamer. Die visuelle Unterstützung von Präsentationen durch Folien, die mittels Videoprojektor (Beamer) projiziert werden, zählt zu den häufigsten Referatsformen. Im Folgenden wird daher auf diese Vortragsform näher eingegangen. Details über die Verwendung anderer Medien können Sie bei Hierhold (2005) sowie Langner-Geissler/Lipp (1997) nachlesen.

Die zur Unterstützung des gesprochenen Wortes eingesetzte Computerpräsentation (meist PowerPoint oder, falls Sie eine Apple-Computer verwenden, Keynote) sollte ebenso gut strukturiert sein wie der Vortrag selbst, d.h. der „rote Faden" des Vortrags sollte hier wiederzufinden sein. Zu Beginn des Vortrags kann dies durch eine Übersichtsfolie erzielt werden. Auf dieser werden die wichtigsten Themen der Präsentation in der Reihenfolge, in der sie vorgetragen werden, aufgeführt (vgl. Abb. 9-4). Während des Vortrags kann dem Publikum die Orientierung durch eine Kopf- oder Fußzeile auf den Folien, die sich in Abhängigkeit vom vorgetragenen Themenblock verändert, erleichtert werden. Zum Abschluss empfiehlt es sich, die Kernaussagen des Vortrags auch schriftlich (oder eventuell grafisch) auf einer Folie als Zusammenfassung zu präsentieren.

**Agenda**

- ✓ Hintergrund des Diplomarbeitsprojektes
- ✓ Forschungsproblem
- ✓ Übersicht über relevante Literatur
- ✓ Hypothesen
- ✓ Kurzüberblick über die Forschungsmethode
- ✓ Zentrale Ergebnisse
- ✓ Diskussionsrunde

**Abb. 9-4:** Beispiel für eine Übersichtsfolie

Bei der Gestaltung der Folien ist auf eine lesbare Schriftgröße (mindestens 18 Punkt) und auf eine überschaubare Menge an Informationen zu achten. Um einen positiven Eindruck bei Ihren Zuhörern zu erzielen, ist es ratsam, Ihre wichtigsten Aussagen nicht nur schriftlich, sondern auch visuell darzustellen, also durch Informationsgrafiken, Diagramme, Tabellen und Bilder. Anregungen dazu finden Sie in Kapitel 7. Die bisweilen von Vortragenden geäußerte Befürchtung, die Präsentation könnte durch den Einsatz von Grafiken und Bildern unseriös oder „unwissenschaftlich" wirken, ist fast immer unbegründet. Lediglich bei der Verwendung von Cliparts sollten Sie vorsichtig sein. Während originelle, Ihre Aussage unterstreichende Bilder und Grafiken Ihre Präsentation interessanter und leichter verständlich machen, sind die den meisten Präsentationsprogrammen beigegebenen Standard-Cliparts vielen Zuhörern schon aus anderen Vorträgen bekannt und können somit klischeehaft und peinlich wirken. Überlegen Sie sich daher eigene Visualisierungsmöglichkeiten oder greifen Sie auf Bilder aus dem Internet zurück. Achten Sie dabei jedoch auf deren Auflösung (Fotos in zu geringer Auflösung wirken unprofessionell) und auf das Copyright.

Wie viele Folien sind für eine Präsentation vorzubereiten? Als Faustregel gilt, dass man für die Erklärung des Inhaltes auf einer Folie in etwa zwei bis vier Minuten einrechnen muss. Bei einem Vortrag von einer halben Stunde sind das etwa 8 bis 15 Folien. Umsichtige Referenten haben einige Folien mehr vorbereitet, als sie tatsächlich vortragen, um diese eventuell – während des Vortrages oder in einer Diskussionsrunde – bei Detailfragen einsetzen zu können. Die meisten Präsentationsprogramme (wie z.B. PowerPoint) bieten die Möglichkeit, Zusatzfolien auszublenden und nur bei Bedarf, also bei Detailfragen, wieder einzublenden.

Beachten Sie, dass, was Sie sagen und was das Publikum sieht, übereinstimmt. Jede Grafik und jede Tabelle, die Sie vorführen, muss erklärt werden. Die Erläuterungen können durch Zeigen auf den jeweiligen Text, die jeweilige Grafik oder Zahl unterstrichen werden. Achtung: Eine noch so schöne Folie nützt nichts, wenn Sie diese mit Ihrem Körper verdecken. Auch hier heißt es üben, damit die Folie nicht auf Ihren Körper, sondern auf die Leinwand projiziert wird.

## 9.4 Mit Mut und Lampenfieber zum Erfolg

Jeder – ob geübter Redner oder Anfänger – ist vor einem Vortrag bis zu einem gewissen Grad nervös und angespannt. Lampenfieber zu haben ist also völlig normal, ein wenig davon gehört bei jeder Präsentation dazu. Auch die Referenten vor und nach Ihnen haben Lampenfieber. Sie sind mit dem Problem nicht allein. Lampenfieber wurde schon vor über 2000 Jahren bei Cicero als Begleiterscheinung der Rede erwähnt.

Was sind die typischen Merkmale dieses Phänomens? Vor allem sind es Nervosität und starke innere Anspannung. Die Redeangst kann sich sowohl durch psychische (Nervosität, Konzentrationsschwäche, Schlaflosigkeit, Blackout) wie auch durch körperliche Symptome äußern (Herzklopfen, Atemnot, trockener Mund- und Rachenraum, Schweißausbruch, zitternde Finger, feuchtkalte Hände, Stottern, Magen-Darm-Beschwerden).

Vielen Referenten gelingt es, die physischen Symptome von Lampenfieber durch Bewegung zu verringern. Halten Sie wenn möglich Ihr Referat im Stehen. So können Sie während des Vortrags auch einige Schritte gehen. Versuchen Sie einen Mittelweg zwischen Aufundabgehen und steifem Stehen zu finden. Gegen einen trockenen Mund hilft ein Glas Wasser, das Sie vor dem Vortrag organisieren sollten.

Die Nervosität vor einem Vortrag oder einem Referat – also einem öffentlichen Auftritt – hat auch einige Vorteile und ist in einem bestimmten Ausmaß für eine gelungene Präsentation notwendig. Lampenfieber wirkt bis zu einem gewissen Grad positiv aktivierend, hilft Ihnen also, einen lebendigen Vortrag zu halten. Nutzen Sie diese Aufregung. Malen Sie sich Ihre erfolgreiche Rede in den schönsten Farben aus.

Dennoch sollten Sie sich auch entspannen, damit zu große Nervosität Ihre Leistungsfähigkeit nicht einschränkt. Wenn irgendwie möglich, versuchen Sie, sich nicht bis kurz vor der Präsentation vorzubereiten. Gehen Sie lieber spazieren oder tun Sie sonst etwas, was Ihnen Spaß macht. Lenken Sie sich ab. Vor allem sollten Sie unnötigen Zeitdruck vermeiden. Dazu zählt auch, dass Sie genügend Zeit einplanen, um an den Vortragsort zu gelangen.

Stellen Sie keine zu hohen Ansprüche an sich selbst. Ebenso wie für alle anderen Phasen wissenschaftlicher Arbeit gilt auch hier: Übung macht den Meister. Bestärken Sie hingegen Ihr Selbstwertgefühl. Sie reden sicher über ein Thema, das Sie sehr gut beherrschen und auf das Sie sich gut vorbereitet haben. Sie haben also keinen Grund, nervös zu sein. Ein Trick, der von vielen Rednern angewandt wird: Prägen Sie sich den Anfang und das Ende Ihrer Rede gut ein. So können Sie brillant starten und gewinnen Selbstvertrauen. Mit einem kompetent vorgetragenen Ende können Sie einen guten Eindruck hinterlassen.

Zu den unangenehmsten Situationen bei einem Vortrag zählen Redepannen. Gerade hat man einen Gedanken noch schön formuliert im Kopf gehabt, plötzlich fällt er einem nicht mehr ein. Wie können Sie sich aus dieser Situation retten? Wiederholen Sie den zuletzt vorgetragenen Gedanken, fassen Sie das Gesagte kurz zusammen. Auch für das Auditorium ist es angenehm, Informationen von Zeit zu Zeit reflektieren zu können. Fragen Sie, ob einer der Zuhörer eine Anmerkung zu dem bisher Vorgetragenen machen möchte. So gewinnen Sie Zeit.

Wenn Sie jetzt noch immer Lampenfieber vor Ihrer ersten Präsentation haben: Nehmen Sie eine Vertrauensperson mit und lassen Sie diese in einer der ersten Reihen Platz nehmen. Zu wissen, dass man in einer schwierigen Situation psychisch unterstützt wird, hilft in vielen Fällen.

> Weitere Informationen und Anschauungsbeispiele zum Thema Präsentation finden Sie in dem Video „Wie präsentiere ich meine Arbeit?"
> http://www.marketmentor.at/projects/wa.html

**In Kürze**

- Lernen Sie Ihr Publikum und die Umstände, unter denen Sie präsentieren werden, kennen.
- Strukturieren Sie Ihren Vortrag.
- Gut präsentieren zu können, lernt man durch Übung.
- Halten Sie die angegebene Vortragszeit ein.
- Inhalt allein genügt für eine erfolgreiche Präsentation nicht. Sprachlicher Ausdruck und Kommunikationsfähigkeiten (Gestik, Mimik und Blickkontakt) sind ebenso wichtig.
- Stellen Sie sich den Fragen im Anschluss an den Vortrag.
- Üben Sie den richtigen Einsatz der Vortragsmedien.
- Lampenfieber hat fast jeder Redner. Lernen Sie, das Beste daraus zu machen.

# 10 Grundlagen empirischer Forschung

Egal an welcher Stelle Sie in Ihrer Ausbildung stehen: Sie haben schon viele Jahre des Lernens hinter sich. Sie haben Lesen und Schreiben gelernt, Geografie, Geschichte und wahrscheinlich auch mehr oder weniger gerne Mathematik. Wissenschaftliche Forschung und ihre Methoden zu erlernen – und vor allem auch anzuwenden – unterscheidet sich jedoch etwas von Ihrem bisherigen Studium, weil es dazu einer Vielzahl von Fähigkeiten bedarf.

Um in den Wirtschafts- und Sozialwissenschaften forschen zu können, müssen Sie nicht nur das Gebiet, das Sie untersuchen wollen, zumindest in seinen Grundzügen beherrschen, sondern auch die spezifischen Forschungs- und Datenerhebungsmethoden kennen. Wollen Sie eine Befragung durchführen, müssen Sie einen Fragebogen formulieren können, bei einer qualitativen Untersuchung einen Gesprächsleitfaden erstellen, bei einem Experiment die Versuchsbedingungen definieren und herstellen und vieles andere mehr. Auch wenn Sie die Datenerhebung vielleicht nicht selbst durchführen, so müssen Sie diese zumindest planen. Des Weiteren gehören auch die Auswertung der Rohdaten mithilfe von Software sowie die Interpretation der Ergebnisse zu den Aufgaben eines empirisch arbeitenden Wissenschaftlers. Und nicht zu vergessen: Die Ergebnisse müssen niedergeschrieben und meist auch präsentiert werden. Sie müssen also eine Vielzahl an unterschiedlichen Fähigkeiten mitbringen, um eine empirische Arbeit durchführen zu können.

Die folgenden Kapitel sollen Ihnen das Herangehen an ein empirisches Forschungsprojekt näherbringen.

## 10.1 Was ist Empirie?

Mit den Methoden empirischer Wirtschafts- und Sozialforschung werden Personen, Personengruppen, Organisationen, aber auch Texte und Bilder untersucht. Der Begriff „empirisch" kann mit „Erfahrung sammelnd" oder auch „auf Erfahrung beruhend" übersetzt werden. Das Ziel empirischer Wissenschaften besteht darin, Erkenntnisse durch Erfahrung zu sammeln, also durch Beobachtungen in der Realität zu verankern. Wie kann dies geschehen? Zunächst ist festzuhalten, dass Beobachtungen ohne Erwartungen, Vermutungen oder Hypothesen nicht möglich sind. Wir müssen eine bestimmte Auswahl dessen treffen, was wir beobachten möchten. Dieser Entscheidung, was wir beobachten wollen, liegen dem Forschungsgegenstand adäquate Theorien zugrunde. Empirie ist ohne Auseinandersetzung mit Theorien nicht möglich.

Um Erfahrungen sammeln zu können, ist ein fachspezifisches Methodeninventar notwendig. Vereinfacht ausgedrückt kann man Forschungsmethoden als Verfahren bezeichnen, mit denen sich systematisch und nachvollziehbar Informationen über Sachverhalte erheben und analysieren lassen. Derartige Methoden sind deshalb erforderlich, weil die empirischen Wirtschafts- und Sozialwissenschaften an Phänomenen interessiert sind, für die wir keinen angeborenen Sinn oder keine erworbenen Fähigkeiten besitzen. Dazu einige Beispiele: Warum werden bestimmte Produkte öfter gekauft als andere, politische Parteien heute gewählt, bei der darauffolgenden Wahl nicht mehr, wie können wir Informationen über Umweltbewusstsein oder Kundenzufriedenheit erheben? Um all diese Phänomene und Konstrukte beschreiben und Aussagen über sie machen zu können, benötigen wir Methoden. Später werden Sie lesen, wie der Forschungsprozess abläuft und welche Bereiche zu den Methoden zu zählen sind.

## 10.2 Quantitative und qualitative Forschungsmethoden

Innerhalb der empirischen Forschungsmethoden kann man zwischen quantitativen und qualitativen Verfahren unterscheiden.

Man spricht von **quantitativen Verfahren**, wenn empirische Beobachtungen über ausgewählte Merkmale systematisch einem Kategoriensystem (Skala) zugeordnet und auf einer zahlenmäßig breiten Basis gesammelt werden. Mit der Quantifizierung von relevanten Untersuchungsmerkmalen wird das Ziel verfolgt, das umfangreiche Datenmaterial möglichst übersichtlich und anschaulich darzustellen. Die Beobachtungen sollen unter anderem im Hinblick auf die Häufigkeit ihres Auftretens und ihrer graduellen Ausprägungen analysiert und durch wenige einfache Maßzahlen wie z.B. Mittelwert und Streuung ersetzt werden. Die Analyse der erhobenen Daten mündet also in der statistischen Verarbeitung von Messwerten unter Zuhilfenahme computergestützter Datenanalyseprogramme. Auf quantifizierende Analyseverfahren („statistische Auswertung") wird in diesem Buch nicht näher eingegangen. Diese sind unter anderem bei Bortz/Schuster (2010), Hirsig (2006) sowie Backhaus (2011) nachzulesen.

Zu den quantitativen Forschungsmethoden zählen unter anderem die standardisierte Befragung (Umfrageforschung), die quantitative Beobachtung, experimentelle Erhebungen sowie die quantitative Inhaltsanalyse. In Kapitel 13 werden diese Methoden näher vorgestellt.

Sucht man nach einer Definition für **qualitative Forschung**, so ist eine kurze und prägnante Antwort nicht leicht. Zum einen unterscheidet sich qualitative Forschung durch die Art des verwendeten Datenmaterials von der quantitativen Forschung. Qualitative Forschungsmethoden greifen auf eine überschaubare Anzahl von Untersuchungseinheiten zurück, die sehr detailliert erfasst und beschrieben werden. An die Stelle der quantitativen Darstellung der erhobenen Daten tritt im qualitativen Ansatz eine verbalisierte Betrachtung der Beobachtungen. Weiters weist Lamnek (2010,

S. 19 ff.) darauf hin, dass es kein feststehendes Repertoire an Datenerhebungs- und Analysetechniken gibt. Dies erklärt sich aus der „Heterogenität der bearbeiteten Gegenstände und Fragestellungen" sowie „der an sie angepassten und nach ihnen gewählten Methoden". Die zentralen Aspekte qualitativer Forschung sind also durch die Art und Weise, wie an den Untersuchungsgegenstand herangegangen wird, sowie den Stellenwert von Hypothesen und Theorie zu charakterisieren.

Flick/Kardorff/Steinke (2002, S. 24) geben eine Übersicht über die wichtigsten Merkmale der qualitativen Forschungspraxis. Demnach gehören unter anderem dazu:

- ein Methodenspektrum anstatt nur einer Methode
- die Orientierung am Alltagsgeschehen bzw. -wissen
- die Erhebung der Daten in ihrem Kontext
- die Reflexivität des Forschers
- das Verstehen als Erkenntnisprinzip
- die Forderung nach Offenheit
- die Konstruktion der Wirklichkeit als Grundlage
- die Entdeckung und Bildung von Theorien als Ziel

Eine detaillierte Darstellung über die Grundlagen qualitativen Denkens finden Sie auch bei Mayring (2002, S. 19 ff.).

Stellen Sie fest, dass Sie mit qualitativen Methoden an Ihr Thema herangehen sollten, dass also die wissenschaftliche Frage am besten durch einen qualitativ orientierten Forschungsansatz beantwortet werden kann, so stehen Ihnen unter anderem folgende Techniken zur Verfügung, auf die in Kapitel 13 näher eingegangen wird:

- qualitative Interviews: narratives Interview, fokussiertes bzw. problemzentriertes Interview, Leitfadeninterview
- Gruppendiskussion
- teilnehmende Beobachtung
- qualitative Inhaltsanalyse

## 10.3 Der empirische Forschungsprozess

Forschungsvorhaben folgen einem bestimmten Ablauf. Am Beginn einer empirischen Arbeit steht das noch sehr breite Interesse eines Wissenschaftlers an einem Forschungsgegenstand. Nach und nach kristallisieren sich aus dem anfänglich eher generellen Interesse an einem Problem konkrete Fragen heraus. Diese werden als Hypothesen bzw. Forschungsfragen formuliert. Es folgen Planung, Durchführung und Analyse der empirischen Untersuchung. Daran schließen die Interpretation und Diskussion der Ergebnisse an. Mit der Präsentation möglicher Problemlösungen wird der Forschungsprozess abgeschlossen.

Der Ablauf des wissenschaftlichen Forschungsprozesses ist in Abbildung 10-1 dargestellt und findet sich in vielen Einführungen über Methoden der empirischen Sozialwissenschaften (Friedrichs 1990, S. 51; Atteslander 2010, S. 52 f.). Ein Vorteil dieses Modells ist darin zu sehen, dass die Abfolge der einzelnen Forschungsschritte bei jeglicher Methode – egal ob Sie etwa eine Befragung oder eine Beobachtungsstudie durchführen – im Wesentlichen gleich bleibt.

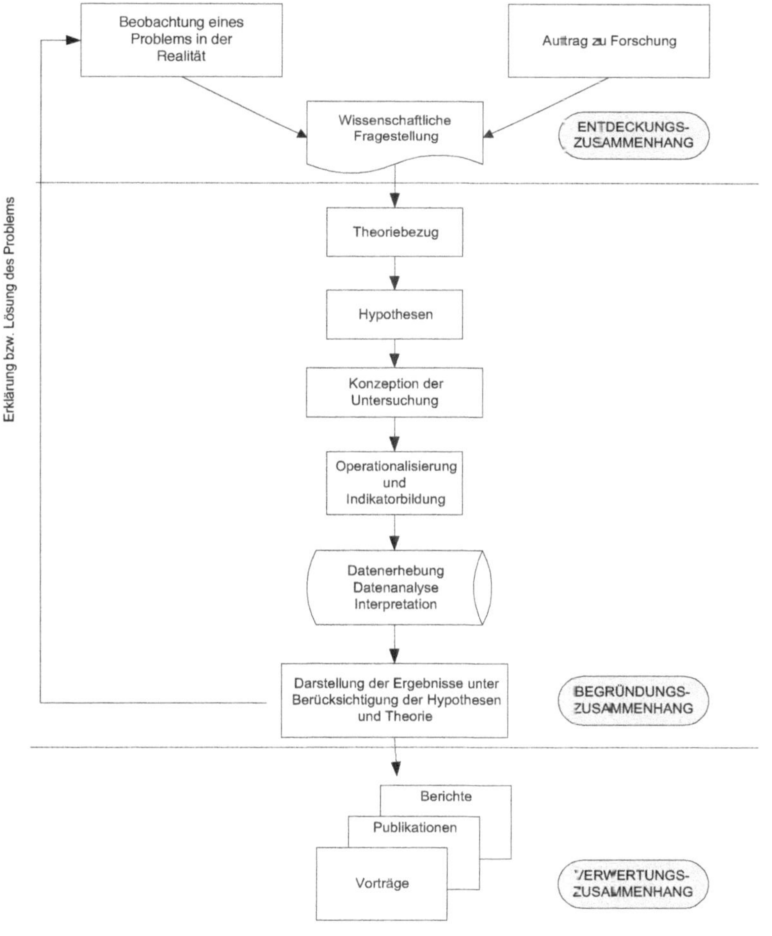


**Abb. 10-1:** Der wissenschaftliche Forschungsprozess
(Quelle: In Anlehnung an Atteslander 2010, S. 52 f.)

In der Literatur findet man häufig eine Dreiteilung des gesamten Forschungsprozesses in Entdeckungs-, Begründungs- und Verwertungszusammenhang (Atteslander 2010, S. 53 f.). Diese soll im Folgenden dargestellt werden.

Der **Entdeckungszusammenhang** legt die Interessen und Ziele dar, warum eine wissenschaftliche Fragestellung empirisch untersucht werden soll. Im Wesentlichen gibt es drei Gründe für wissenschaftliche Forschung:

- Ein wissenschaftlich relevantes Problem soll untersucht werden.
- Zu solchen Problemen liegen bereits Theorien und Befunde vor, die einander widersprechen oder wichtige Fragen offenlassen.
- Auch ein Auftrag kann Anlass zu einer Studie sein, etwa die Evaluierung eines therapeutischen Programmes oder die Entwicklung eines Produkts (Friedrichs 1990, S. 50).

Die wichtigsten Aufgaben in dieser ersten Phase sind das Suchen und Sammeln von bereits vorliegenden Informationen und Kenntnissen. Die sorgfältige Aufarbeitung eines Problems ist umso nützlicher, je mehr gegensätzliche und dem Vorverständnis widersprechende Aspekte gesammelt werden. Sie ist umso notwendiger, je weniger Literatur zu diesem Problem vorliegt und zur Hypothesenbildung beitragen kann. Und sie ist umso relevanter, je eher man vermuten kann, hierdurch das begrenzte Problem auf ein allgemeines zurückführen zu können. Dieser Phase des Forschungsprozesses ist also besondere Sorgfalt zu widmen, da sie die Basis für die weiteren Schritte darstellt.

Unter dem **Begründungszusammenhang** versteht man all jene Schritte, mit deren Hilfe das Problem untersucht wird. Zunächst wird geprüft, ob bereits Theorien und Hypothesen vorliegen, die zur Problemlösung herangezogen werden können. Im Anschluss daran wird das zu untersuchende Problem eingegrenzt. Aus den vorliegenden Theorien werden Hypothesen formuliert. Danach werden die methodenspezifischen Verfahren festgelegt (siehe dazu die Kapitel 12 und 13). Nachdem eine geeignete Methode zur Datenerhebung und ein adäquates Forschungsdesign bestimmt worden sind, erfolgt die Operationalisierung der Variablen, d.h. es wird genau beschrieben, wodurch ein Merkmal erfasst werden soll. Weiters wird entschieden, wie die Auswahl der Untersuchungseinheiten getroffen wird. Anschließend wird der Umfang der Stichprobe bestimmt. Es folgt die Phase der Datenerhebung und Datenanalyse sowie der Interpretation der Ergebnisse.

Friedrichs (1990, S. 54) versteht unter dem **Verwertungs- und Wirkungszusammenhang** den „Beitrag zur Lösung des anfangs gestellten Problems". Daran können Sie erkennen, dass Entdeckungs- und Verwertungszusammenhang eng aufeinander bezogen, also nicht voneinander zu trennen sind. Außerdem weist Friedrichs auf die exakte Begründung der Aussagen hin, da sich aus diesen konkrete Handlungsmöglichkeiten ableiten lassen. Beim Verwertungs- und Wirkungszusammenhang steht also die Formulierung von Problemlösungen im Vordergrund. Die Verwertung der Studie kann des Weiteren durch Publikationen, Vorträge, Pressemeldungen etc. erfolgen.

## 10.4 Hypothesen und Forschungsfragen als Ausgangspunkt empirischer Forschung

Eine wesentliche Aufgabe empirischer Forschung ist die Überprüfung von Hypothesen bzw. Beantwortung von Forschungsfragen. In diesem Abschnitt werden Sie erfahren, was man darunter versteht. Vereinfacht ausgedrückt, sind Hypothesen Vermutungen darüber, warum etwas so ist, wie es ist. Bisweilen stellt sich heraus, dass eine Vermutung richtig war, weil man sie durch wissenschaftliche Untersuchungen bestätigen konnte. Das ist nicht immer der Fall. Hat sich eine Annahme als falsch erwiesen, stellt der Wissenschaftler neue Fragen und somit auch neue Hypothesen auf. Um zu testen, welche Vermutung am ehesten der Realität entspricht, erheben und analysieren wir Daten. Aber davon später.

Jeder empirische Forschungsprozess beginnt mit der Problembenennung und der Formulierung der wissenschaftlichen Fragestellung. Der Forscher versucht damit sein Vorhaben zu konkretisieren, es erstmals in Worte zu fassen und zu gliedern. Meinefeld (2002, S. 266) nennt dies das Bewusstmachen des Vorwissens. Die wissenschaftliche Fragestellung wird durch die Formulierung von Hypothesen oder Forschungsfragen präzisiert. Es gibt keine wissenschaftliche Forschung ohne Hypothesen bzw. Forschungsfragen, da es ohne sie nicht möglich ist, die Ergebnisse einer empirischen Untersuchung nachzuvollziehen und in den aktuellen Forschungsstand einzuordnen.

Hypothesen und Forschungsfragen müssen bestimmten Anforderungen entsprechen, um als solche zu gelten. Von einer **Hypothese** spricht man, wenn das Untersuchungsproblem auf der Ebene einer wissenschaftlichen Theorie als zu überprüfende Aussage formuliert werden kann. Hypothesen werden im Rahmen der quantitativen Forschung aufgestellt.

In der qualitativen Forschung verwendet man in der Regel **Forschungsfragen**. Dies erklärt sich aus der besonderen Zugangsweise der qualitativen Methoden an das Untersuchungsfeld, nicht aus dem Fehlen einer entsprechenden Theorie. Eine ausführliche Diskussion finden Sie bei Meinefeld (2002, S. 265 ff.) sowie Hopf (1996).

Nun aber zu Tipps und Beispielen, die Ihnen helfen sollen, Ihre Hypothesen und Forschungsfragen zu formulieren:

- Hypothesen werden in der Regel an das **Ende des Literaturteils** gestellt. Dies hat einige Vorteile: Erstens kennt der interessierte Leser bereits den theoretischen Hintergrund des Forschungsvorhabens und kann die formulierten Forschungsfragen leicht nachvollziehen. Zweitens sind sie an dieser Stelle eine gute Überleitung zum unmittelbar folgenden empirischen Teil. Auch die Entscheidung für die gewählten Untersuchungsmethode wird dadurch transparenter. Insgesamt wird also die Lesbarkeit der Arbeit erhöht.

- Hypothesen sollten immer **gemeinsam mit der grundlegenden wissenschaftlichen Fragestellung**, dem Forschungsproblem, präsentiert werden. Ein Beispiel: Wissenschaftliche Fragestellung: „Welche soziodemografischen Unterschiede lassen sich hinsichtlich der Motive für politisches Engagement feststellen?" Hypothese: „Männer sind politisch engagierter als Frauen."
- Eine Hypothese sollte nach Möglichkeit die **Art des erwarteten Zusammenhangs bzw. Unterschieds zwischen zwei Variablen benennen.** Dies bezeichnet man als **gerichtete Hypothese**. Ein Beispiel: „Je größer die Ähnlichkeit zwischen Kommunikator und Rezipient, desto höher ist die wahrgenommene Glaubwürdigkeit des Kommunikators." Ein weiteres Beispiel: „Persönlichkeitsstarke Personen weisen einen höheren Printmedienkonsum auf als persönlichkeitsschwache Personen." Manchmal ist es nicht möglich, die Art des Zusammenhangs zwischen Variablen anzugeben. Trotzdem müssen Sie darauf hinweisen, dass Sie einen (bisher unbekannten) Zusammenhang erwarten. Man nennt dies eine **ungerichtete Hypothese**. Ein Beispiel: „Der erlebnisorientierte Konsument unterscheidet sich bezüglich seiner emotionalen Grundorientierung von anderen Konsumentengruppen." Ein weiteres Beispiel: „Die 15- bis 19-Jährigen unterscheiden sich hinsichtlich der Nutzungshäufigkeit des Internets von den 20- bis 25-Jährigen." Wenn Sie bereits begründete Annahmen darüber haben, welche Zusammenhänge bzw. Unterschiede zwischen den Merkmalen (Variablen) zu erwarten sind, sollten gerichtete Hypothesen formuliert werden. Diese stellen die wissenschaftliche Frage konkreter dar und haben einen höheren Erklärungswert.
- Eine Hypothese sollte so **kurz** wie möglich **formuliert** sein.
- Die **Anzahl** der Hypothesen sollte **überschaubar** sein. Empirische Abschlussarbeiten mit mehr als drei bis maximal fünf oder sechs grundlegenden Hypothesen sind mit der geforderten Genauigkeit und Tiefe kaum zu bewältigen.
- **Vermeiden Sie in Ihrer Hypothese das Wort „signifikant".** Das ist ein Ausdruck, der nur im Zusammenhang mit der Beschreibung statistischer Verfahren und deren Ergebnisse verwendet werden sollte. Ein negatives Beispiel: „Es gibt einen signifikanten Unterschied in der Bewertung der Bedarfsermittlung zwischen den Beratern der Bank XY und jenen der Konkurrenz." Besser: „Die Bank XY wird bei den Gesprächen zur Bedarfsermittlung besser bewertet als andere Banken."

- Machen Sie **keine Vorhersagen über mögliche Ergebnisse** Ihrer Untersuchung. Dadurch wird es nahezu unmöglich, eine Hypothese zu verifizieren. Es ist weitaus besser, nur die Richtung eines Ergebnisses in der Hypothese zu formulieren, anstatt dieses zahlenmäßig anzugeben.
- **Vermeiden Sie in Ihrer Hypothese das Wort „beweisen".** Mit den Ergebnissen aus empirischer Sozialforschung kann man Aussagen immer nur mit einer bestimmen Sicherheit treffen, nie aber 100%ig sicher sein (Pyrczak/Bruce 2005, S. 9 ff.).
- Hypothesen können z.B. **mit folgenden Sätzen formuliert** werden:
  „Es wird erwartet, dass ..."
  „Wir gehen von der Annahme aus, dass ..."
  „Wenn ... eintritt, dann ..."
  „Je mehr ..., desto ..."

**In Kürze**

- Der Begriff „empirisch" bedeutet „durch Erfahrung". Empirische Erkenntnisse werden durch die Erhebung und Auswertung von Daten gewonnen.
- Im Forschungsprozess lassen sich drei Phasen unterscheiden: Entdeckungs-, Begründungs- und Verwertungszusammenhang.
- In den Wirtschafts- und Sozialwissenschaften werden sowohl quantitative als auch qualitative Daten erhoben und mit den entsprechenden Methoden ausgewertet.
- Es gibt keine empirische Forschung ohne die Formulierung wissenschaftlicher Fragen. Dies betrifft sowohl Forschungsvorhaben, die mit quantitativen, als auch solche, die mit qualitativen Methoden durchgeführt werden.
- Wissenschaftliche Fragen werden als Hypothesen bzw. Forschungsfragen präzisiert.

# 11 Messen in den Wirtschafts- und Sozialwissenschaften

Viele Messvorgänge sind in unserem Alltag bereits so selbstverständlich, dass wir sie gar nicht mehr wahrnehmen. Wir stehen morgens auf und schauen auf die Uhr, messen also die Zeit. Wir fahren mit dem Auto ins Büro oder auf die Universität und stellen auf dem Tachometer die Geschwindigkeit unseres Fahrzeugs fest.

Die Abbildung der Zeit auf eine für den Menschen einfach beobachtbare und somit objektivierbare Größe – die Stunden-, Minuten- und Sekundenanzeige auf einer Uhr – ist sicherlich eine Leistung, die hervorgehoben werden muss. Aber auch andere Messwerkzeuge, wie z.B. die Temperaturskala, haben eines gemeinsam: Sie übertragen Informationen, die dem Menschen nicht bzw. nur indirekt oder unpräzise zur Verfügung stehen, auf leicht ablesbare Instrumente. Diese Instrumente nennen wir Skalen.

Friedrichs (1990, S. 97) versteht unter Messung „die systematische Zuordnung einer Menge von Zahlen oder Symbolen zu den Ausprägungen einer Variablen. Die Zuordnung sollte so erfolgen, dass die Relationen unter den Zahlenwerten den Relationen unter den Objekten entsprechen."

In den folgenden Abschnitten wollen wir uns mit den zentralen Begriffen im Vorfeld der Datensammlung beschäftigen. Dabei werden wir der Frage nachgehen, wie die uns vorliegende Realität für unsere Forschungszwecke systematisiert und messbar gemacht werden kann.

## 11.1 Merkmalsträger und Merkmale

Spricht man in den empirischen Wissenschaften von einer Messung, so sind vorab folgende Begriffe zu definieren:

- Merkmalsträger/Untersuchungseinheiten
- Merkmal und Merkmalsausprägung

Die Wirtschafts- und Sozialwissenschaften befassen sich nicht nur mit Menschen, sondern auch mit Medien, Marken, Texten und anderem. Diese Komponenten werden bezüglich ausgewählter, für eine bestimmte Fragestellung relevanter Merkmale beschrieben. In unseren weiteren Ausführungen können also sowohl Personen als auch Unternehmen oder Texte als **Merkmalsträger** oder Untersuchungseinheiten bezeichnet werden.

Unter einem **Merkmal** verstehen wir eine Eigenschaft, mit der eine Untersuchungseinheit beschrieben werden kann. So können Personen z.B. durch ihr Geschlecht beschrieben werden, Medien mit den Merkmalen Erscheinungsintervall, Reichweite usw., Marken durch ihr Image. Um Merkmalsunterschiede beschreiben zu können, muss man zunächst Merkmalsausprägungen definieren.

Bei der Messung eines der beschriebenen Merkmale werden den **Merkmalsausprägungen** – man bezeichnet diese auch als empirische Relative – anhand bestimmter Regeln Zahlen zugeordnet. Diese Zahlen nennt man numerische Relative. Durch eine entsprechende Übersetzung und Überführung empirischer in numerische Relative entsteht eine Skala.

Beginnen wir mit einem Beispiel: In nahezu jedem Fragebogen werden Informationen über das Einkommen der befragten Personen, ihr Alter und Geschlecht erhoben, manchmal wird auch die Frage nach dem Besitz eines PCs oder der Einstellung zu politischen Ereignissen gestellt. Die Beantwortung dieser Fragen kann als Prozess des Messens betrachtet werden. Die Antwortmöglichkeiten sind durch eine Skala vorgegeben. Diese erlaubt eine eindeutige Zuordnung der Antworten zu den Antwortalternativen. Durch diesen Vorgang wird es möglich, statistisch-mathematische Analysen durchzuführen, d.h. die Beobachtungen bzw. Antworten zu quantifizieren (vgl. Tab. 12-1).

Im nächsten Abschnitt beschäftigen wir uns zunächst näher mit der Frage, wie Merkmale klassifiziert und untersucht werden können. Welche Bedeutung kommt also den numerischen Relativen – den Zahlen – zu, die wir den Objekten oder Ereignissen zuordnen, und welche Operationen darf man bei diesen Zahlen anwenden?

| Merkmalsträger/ Untersuchungs-einheiten | Merkmal | Merkmalsausprägung | Nummerisches Relativ |
|---|---|---|---|
| Personen | Geschlecht | Männlich<br>Weiblich | 1<br>2 |
| Person | Einstellung zu politischem Ereignis | Stimme sehr zu<br>Stimme eher zu<br>Stimme eher nicht zu<br>Stimme gar nicht zu | 1<br>2<br>3<br>4 |
| Printmedien | Erscheinungs-intervall | Täglich<br>Wöchentlich<br>Monatlich<br>Halbjährlich<br>Jährlich | 1<br>2<br>3<br>4<br>5 |
| Unternehmen | Innovations-potenzial | Sehr innovativ<br>Eher innovativ<br>Eher nicht innovativ<br>Gar nicht innovativ | 1<br>2<br>3<br>4 |

**Tab. 11-1:** Merkmalsträger, Merkmal, Merkmalsausprägung und numerisches Relativ

## 11.2 Operationalisierung

Viele Eigenschaften von Objekten und Ereignissen sind im Umgang mit diesen einfach zu beobachten und somit auch relativ einfach zu messen. In der empirischen Sozialforschung interessieren wir uns jedoch häufig für Sachverhalte und Eigenschaften, die der direkten Erfahrung nicht zugänglich sind. Diese Sachverhalte werden als **Konstrukt** bezeichnet. Können wir diese latenten Eigenschaften und Merkmale nicht direkt messen, benötigen wir Indikatoren, in denen sich die latenten Eigenschaften manifestieren, also sichtbar werden. Unter einem **Indikator** versteht man einen empirisch beobachtbaren Sachverhalt, mit welchem ein nicht beobachtbares (latentes) Konstrukt bzw. eine Dimension eines solchen Konstrukts gemessen werden kann.

Ein Beispiel: Einstellungen, Meinungen etc. sind als solche nicht direkt beobachtbar. Wir können z.B. das Umweltbewusstsein einer Person nicht „sehen". Beobachtbar ist aber, ob Personen bestimmten Aussagen wie „Ich bin Mitglied einer Umweltschutzorganisation" zustimmen oder nicht. Die entsprechenden Daten können – die Gütekriterien einer Messung vorausgesetzt (siehe Abschnitt 11.6) – als Indikatoren der gemessenen Einstellung gelten.

Das Ziel der **Operationalisierung** ist es also, theoretische Konstrukte messbar zu machen. Dies geschieht zunächst durch den Einsatz geeigneter Indikatoren. Darüber hinaus umfasst die Operationalisierung aber auch genaue Anleitungen zur Messung, also das meist mehrere Indikatoren umfassende Messinstrument sowie das verwendete Messniveau.

## 11.3 Messniveau

Das Mess- bzw. Skalenniveau gibt an, wie man die durch Zahlen ausgedrückten Antworten einer Person interpretieren darf, und damit auch, welche Operationen mit den Zahlen sinnvoll sind. Es geht darum, welche Bedingungen eines empirischen Relativs erfüllt sein müssen, damit eine Skala eines bestimmten Typs vorliegt. Es werden drei Skalenniveaus unterschieden: Nominal- und Ordinalskalen sowie das metrische Skalenniveau. Innerhalb des metrischen Skalenniveaus wird zwischen Intervall- und Verhältnisskalen differenziert. Im Folgenden werden die Skalentypen kurz skizziert.

Bei einer **Nominalskala** bedeuten unterschiedliche Zahlen nichts anderes als unterschiedliche Merkmalsausprägungen. Gleiche Ausprägungen eines Merkmals bedeuten Gleiches, ungleiche Ausprägungen bedeuten Ungleiches. Die Ausprägungen eines Merkmals schließen einander gegenseitig aus. So kann z.B. eine Person nur männlich oder weiblich sein, jemand kann dem römisch-katholischen Glauben angehören, aber nicht gleichzeitig dem evangelischen. Nominal skalierte Merkmale sind eindeutige Klassifikationen eines Merkmals. Bei solchen Daten können Sie nur die Häufigkeit der einzelnen Ausprägungen angeben, also welches Merkmal am häufigsten vorkommt (man nennt diesen Kennwert Modus) und innerhalb welcher Eckpunkte sich Merkmalsausprägungen bewegen können (Minimum und Maximum).

Bei einer **Ordinalskala** drücken die Zahlen eine Rangfolge aus, sagen aber nichts über die Relationen der zugrunde liegenden Eigenschaft aus. Gleiche Abstände zwischen den Zahlenwerten bedeuten also nicht gleiche Abstände „in der Realität". Bei einem Wettrennen wissen wir, dass der Erstplatzierte schneller als der Zweite und dieser wiederum schneller als der Dritte war. Was wir dadurch nicht wissen, ist, um wie viel schneller oder langsamer diese Läufer im Vergleich zu den anderen waren. Im Gegensatz zu Nominalskalen unterscheiden die Messwerte auf Ordinalskalen also nicht nur zwischen Gleich und Ungleich, sondern stehen auch für ein „Mehr" oder „Weniger", „Größer" oder „Kleiner", „Schneller" oder „Langsamer" einer Merkmalsausprägung. Bei solchen Daten können der Median als der in der Mitte liegende Wert sowie der Quartilsabstand als Streuung der Merkmalsausprägungen berechnet werden.

Bei der Gruppe der **metrischen Skalen** können die Merkmalsausprägungen jeden beliebigen Zahlenwert annehmen. Die Abstände zwischen den Merkmalsausprägungen müssen immer gleich groß sein. Weiters unterscheiden wir bei quantitativen Merkmalsausprägungen zwischen stetigen und diskreten Merkmalen. Stetige Merkmale sind dadurch gekennzeichnet, dass sie theoretisch jeden beliebigen Wert im Messbereich erreichen können, also unendlich viele Merkmalsausprägungen besitzen (z.B. Gewicht, Länge, Zeit). Ein diskretes Merkmal hat endlich viele, abzählbare Ausprägungen wie z.B. die Anzahl der Geschwister.

Wie bereits angesprochen, unterscheidet man bei den metrischen Skalen zwischen **Intervall-** und **Verhältnisskalen**. Intervallskalen haben keinen absoluten Nullpunkt. Sie gehen von einem Minimal- bis zu einem Maximalwert. Die Abstände zwischen den einzelnen Messpunkten sind gleich groß. So ist z.B. der Abstand zwischen 0 Grad Celsius und 10 Grad Celsius (physikalisch gesehen) genauso groß wie der zwischen 10 und 20 Grad. Der Nullpunkt dieser Skala ist jedoch willkürlich festgelegt.

Im Gegensatz dazu ist bei einer Verhältnisskala ein sinnvoll interpretierbarer Nullpunkt vorhanden. Daher kann man auch Verhältnisse zwischen verschiedenen Werten berechnen. Man kann legitimerweise sagen, dass eine Person, die 100 Meter in 10 Sekunden bewältigt, doppelt so schnell läuft wie eine, die dafür 20 Sekunden benötigt (während 20 Grad Celsius nicht doppelt so warm wie 10 Grad Celsius ist). Bei metrischen Skalen ist neben dem Median und dem Quartilsabstand unter anderem auch die Berechnung von arithmetischem Mittel und Varianz sinnvoll.

Wie aus Tabelle 11-2 ersichtlich, nimmt der Informationsgehalt von Daten mit steigendem Messniveau zu. Je differenzierter eine Messung ist, d.h. ein Sachverhalt abgebildet wird, desto genauere Aussagen kann man darüber machen. So verfügt etwa eine Intervallskala auch über die Eigenschaften der Ordinal- und Nominalskala. Jede höhere Skala schließt die niedrigeren mit ein. Das heißt auch, dass alle mathematischen Berechnungen der darunterliegenden Skalenniveaus durchgeführt werden können. Bei der Intervallskala bedeutet dies beispielsweise, dass zusätzlich zum arithmetischen Mittel auch der Median und Modus berechnet werden können. Jede Skala lässt sich auf die darunterliegenden Messniveaus transformieren.

| Skala | Mögliche Aussagen | Beispiele | Einige statistische Kennwerte |
|---|---|---|---|
| Nominalskala | Gleichheit bzw. Verschiedenheit, also eine Klassifizierung, Typisierung | Geschlecht, Medien, Parteien, Muttersprache, Wohnort | Modalwert<br>Minimum–Maximum |
| Ordinalskala | Relationen (größer–kleiner, mehr–weniger usw.), also eine Rangordnung | Präferenz, Siegerlisten, Ratings, Schulnoten | Median<br>Quartile |
| Intervallskala | Gleichheit bzw. Verschiedenheit von Differenzen, da kein absoluter Nullpunkt vorhanden | Datum, Temperatur in Celsius | Arithmetisches Mittel<br>Varianz |
| Verhältnisskala | Gleichheit bzw. Verschiedenheit von Verhältnissen, da absoluter Nullpunkt vorhanden | Länge, Einkommen | Arithmetisches Mittel<br>Varianz |

**Tab. 11-2:** Messniveaus (Quelle: In Anlehnung an Bortz/Döring 2006, S. 70)

Warum sollten Sie sich über das Skalenniveau Ihrer Erhebungen Gedanken machen? Mit der Wahl des „richtigen" Skalenniveaus legen Sie bereits vor Beginn der Datenerhebung fest, welche statistischen Auswertungen Sie in weiterer Folge durchführen können. Die Aussagekraft Ihrer Ergebnisse steigt mit der Höhe des Messniveaus.

Was die Wahl des „richtigen" Skalenniveaus anbelangt, so sind zwei Überlegungen anzustellen: Einerseits orientiert sich das Skalenniveau am Forschungsinteresse. Wenn Sie ein Merkmal sehr interessiert, Sie also besonders differenzierte Aussagen darüber machen wollen, müssen Sie versuchen, es möglichst fein abgestuft zu erheben. Wie wir gesehen haben, ist dies in der Regel nur mit metrischen Skalen möglich.

Die Wahl des Messniveaus hängt jedoch nicht nur vom Erkenntnisinteresse des Forschers ab, sondern auch vom Merkmalsträger selbst. Abgesehen von vielen demografischen Merkmalen wie z.B. Geschlecht oder Wohnort ist das Skalenniveau der meisten Merkmale nicht von vornherein festgelegt. So kann man beispielsweise das Alter einer Person in Jahren notieren, dann liegt eine metrische Skala vor. Wird das Alter bereits bei der Erhebung in Altersgruppen erfasst, ist nur mehr eine Ordinalskala gegeben.

## 11.4 Arten von Skalen

Eine **Skala** ist ein Messinstrument, mit dessen Hilfe Sachverhalte, Eigenschaften usw. quantifiziert werden. Bei der Messung eines Merkmals werden den Merkmalsausprägungen (empirische Relative) anhand bestimmter Regeln Zahlen zugeordnet. Diese Zahlen werden als numerische Relative bezeichnet. Mit der Operationalisierung eines Merkmals werden die Erfassungsmodalitäten angegeben, mithilfe derer empirische Relative in numerische übersetzt werden.

Bei einer Befragung versteht man unter Operationalisierung z.B. die genaue Frageformulierung mitsamt den Antwortvorgaben. Genau genommen würden zur Operationalisierung auch die Anweisungen an den Interviewer gehören, wie die Fragen vorzulesen, wann Listen vorzulegen und wie die Antworten aufzunehmen sind. Was bei einer Befragung der Fragebogen ist, ist für die Methoden der Beobachtung und der Inhaltsanalyse das Schema, in dem Verhaltenseinheiten bzw. Texte, Bildelemente usw. kategorisiert werden. Kategorien sind die operationale Definition dessen, was gemessen werden soll. Die Operationalisierung legt fest, welche Merkmalsausprägungen eine Kategorie annehmen kann. Werden z.B. Tageszeitungen analysiert, so wären denkbare Kategorien der Name des jeweiligen Mediums oder der Erscheinungstag mit den entsprechenden Kodiermöglichkeiten.

Achtung: Die Antwortvorgaben einer Frage bzw. die Merkmalsausprägungen in einem Kategorien- oder Beobachtungsschema sind nicht als Skala zu bezeichnen. Diese sind einzig und allein der Weg, wie man die Antworten auf einem Instrument – der Skala – sammeln kann. Die Skala selbst muss also bei der Datenerfassung bereits vorhanden sein. Veranschaulichen wir das Gesagte durch das folgende Beispiel: Frage: „Wie zufrieden sind Sie mit Ihrem Leben ganz allgemein?" Antwortmöglichkeiten: „Sehr zufrieden" (1) bis „Gar nicht zufrieden" (5). Durch die Zuordnung der verbalen Antwort einer Person zu einer Ziffer wird die Antwort auf einer bereits bestehenden Skala, deren Merkmalsausprägungen z.B. von 1 (Sehr zufrieden) bis 5 (Gar nicht zufrieden) reichen können, notiert.

Gehen wir einen Schritt weiter. Bisweilen gelingt es, ein Merkmal durch eine einzige Frage, Kategorie oder Beobachtung – wir sagen dazu auch

**Item** – zu erfassen. In vielen Fällen ist es jedoch nicht möglich, ein Merkmal mit nur einem Item zu erforschen, meist – so wie in unserem letzten Beispiel – auch nicht ratsam. Ein Messinstrument, also eine Skala, kann auch aus mehreren Items bestehen, wir sprechen dann von einer **Itembatterie** (multi-item scale). Dabei geben die Auskunftspersonen für jedes Item den Grad ihrer Zustimmung an. Daraus wird dann im Zuge der Auswertung ein Summenscore errechnet, indem die Ratings der einzelnen Items summiert werden.

Repräsentieren die Items einer solchen Skala nur eine Messdimension, handelt es sich um eine **eindimensionale Skala**. Ein typisches Beispiel dafür ist die Skala der sozialen Distanz von Bogardus (1933). Mit dieser Skala soll das Merkmal Akzeptanz bzw. Ablehnung gegenüber sozialen Gruppen gemessen werden. In ihrer ursprünglichen Fassung bestand diese Skala aus sieben Items, die alle ein und dieselbe Dimension – eben soziale Distanz – messen (vgl. Tab. 11-3).

„Für jede der unten angeführten Nationalitäten kreuzen Sie bitte jeden Lebensbereich an, zu dem Sie ein Mitglied dieser Nationalität zulassen würden. Ich würde …"

| | Nationalität A | Nationalität B |
|---|---|---|
| sie in meine Familie einheiraten lassen. | | |
| sie in meinen persönlichen Freundeskreis aufnehmen. | | |
| sie als Nachbarn in meiner Straße akzeptieren. | | |
| sie als Kollegen an meinem Arbeitsplatz dulden. | | |
| sie Staatsbürger meines Landes werden lassen. | | |
| sie nur als Besucher in meinem Land dulden. | | |
| ihnen die Einreise in mein Land verweigern. | | |

**Tab. 11-3:** Beispiel einer eindimensionalen Skala (Quelle: Bogardus 1933)

Im Gegensatz zu den eindimensionalen Skalen versuchen **mehrdimensionale Skalen** ein Konstrukt anhand mehrerer Aspekte abzubilden. Stellen Sie sich vor, Sie wollen die Zufriedenheit von Bankkunden messen. Es gäbe sicher etliche Bereiche, mit denen man zufrieden sein kann oder nicht. Denken Sie an die Öffnungszeiten, die Freundlichkeit und die Kompetenz der Mitarbeiter usw. Wie kann nun dieses Konstrukt „Dienstleistungsqualität", also die Zufriedenheit mit den Servicemerkmalen einer Dienstleistung, operationalisiert und erfasst werden?

Eine der bekanntesten Skalen, die dieses Konstrukt messen, ist die von Parasuraman/Zeithaml/Berry (1985) entwickelte Servqual-Methode. Aufgrund konzeptioneller Überlegungen und zahlreicher empirischer Überprüfungen postulieren die Autoren fünf Dimensionen, mithilfe derer sich Dienstleistungsqualität darstellen lässt. In der modifizierten und verkürzten Form (Parasuraman/Zeithaml/Berry 1991) werden diese fünf Dimensionen der Dienstleistungsqualität durch 22 Items präzisiert. Die Auskunftspersonen geben ihr Urteil über die jeweiligen Servicemerkmale auf einer 7-stufigen Skala ab. Im Folgenden werden die fünf Dimensionen der Servqual-Skala beschrieben.

- Annehmlichkeit des physischen Umfeldes: „Tangibles" prägen das äußere Erscheinungsbild des Dienstleistungsunternehmens. Hierzu zählen etwa das Gebäude, die Einrichtung und das Erscheinungsbild des Personals.
- Zuverlässigkeit: „Reliability" bezeichnet die Fähigkeit eines Dienstleistungsunternehmens, die zugesagte Leistung dem Leistungsversprechen gemäß auszuführen.
- Reagibilität: „Responsiveness" drückt die Bereitschaft eines Dienstleistungsunternehmens aus, auf spezifische Wünsche des Kunden einzugehen.
- Leistungskompetenz: „Assurance" bezieht sich auf die Fähigkeit eines Unternehmens zur Erbringung der Dienstleistung. Hierunter fallen insbesondere Kriterien wie das Wissen, die Erfahrung, die Vertrauenswürdigkeit und die Freundlichkeit der Mitarbeiter.
- Einfühlungsvermögen: „Empathy" kennzeichnet die Bereitschaft und Fähigkeit eines Dienstleistungsunternehmens, dem Kunden Aufmerksamkeit zu schenken.

In der Tabelle 11-4 ist für jede Dimension beispielhaft jeweils ein Item aufgelistet. Bei der Auswertung werden nicht alle Items zu einem einzigen Summenscore zusammengefasst. Vielmehr errechnet man aus den Items jeder der Subskalen (Dimensionen) jeweils einen eigenen Summenscore.

| Dimension | Items |
|---|---|
| Tangibles | Physical facilities are visually appealing. |
| Reliability | Performs the service right the first time. |
| Responsiveness | Always willing to help. |
| Assurance | Employees can be trusted. |
| Empathy | Employees give personal attention. |

**Tab. 11-4:** Beispiel einer multidimensionalen Skala (Quelle: Parasuraman/Zeithaml/Berry 1991)

## 11.5 Skalierungsverfahren

Nachdem Sie nun die einzelnen Messniveaus kennengelernt haben, stellt sich für Sie sicher die Frage, wie man zu den Items einer Skala kommt. Dabei bieten sich zwei Möglichkeiten an:

- Konstruktion einer Skala durch den Wissenschaftler selbst
- Verwendung einer bereits vorliegenden Skala

Bleiben wir zunächst bei der Konstruktion einer Skala. Man bezeichnet alle Methoden, die zur Erstellung eines Messinstruments eingesetzt werden, als „Skalierungsverfahren". Das Resultat eines Skalierungsverfahrens ist eine Skala, mit deren Hilfe Eigenschaften eines Untersuchungsgegenstandes entlang einer inhaltlichen Dimension gemessen werden können. Die Qualität einer Skala wird an den Gütekriterien Validität, Reliabilität und Objektivität gemessen (siehe dazu Abschnitt 11.6).

In ungefährer Abfolge ihrer Entwicklung lassen sich in Anlehnung an Scheuch/Zehnpfennig (1974) folgende Skalierungsarten unterscheiden:

- Thurstone-Skala (Methode der gleich erscheinenden Abstände)
- Methode der nachträglich bestimmten Abstände
- Likert-Skala (Methode der summierten Einschätzungen)
- Skalendiskriminationstechnik
- Guttman-Skala (Skalogrammanalyse)
- Skalierung latenter Strukturen
- Verfahren der transferierten Rangordnungen
- Methode des semantischen Differenzials (Polaritätenprofil)
- Verfahren der Multidimensionalen Skalierung (MDS)

Auf die einzelnen Theorien, Modelle und Methoden der Skalierung kann in diesem Buch nicht näher eingegangen werden. Es sei auf das Standardwerk der Skalenkonstruktion von DeVellis (2012) verwiesen. Weiterführende Literatur zur Skalierung und Itemkonstruktion finden Sie bei Borg/Staufenbiel (2007), Rost (2004) sowie Mummendey/Grau (2008).

Der Aufwand einer Skalenkonstruktion übersteigt bisweilen die Möglichkeiten von Studierenden. Zum einen verfügen Studierende meist nicht über die notwendigen finanziellen und organisatorischen Mittel, zum anderen sind fundierte statistische Kenntnisse erforderlich, um eine valide und reliable Skala konstruieren zu können. Für viele Forschungsbereiche gibt es jedoch bereits in der Fachliteratur zitierte Itembatterien, auf die man zurückgreifen kann. Häufig sind in empirischen Zeitschriftenaufsätzen auch Angaben über die zur Messung der untersuchten Konstrukte verwendeten Itembatterien enthalten. Ansonsten können Sie die Autoren auch kontaktieren und sie ersuchen, Ihnen die nötigen Informationen zukommen zu lassen.

Auch **Skalenhandbücher**, in denen veröffentlichte Skalen gesammelt werden, leisten gute Dienste. Im Folgenden finden Sie eine Zusammenstellung einiger Skalenhandbücher. Diese enthalten meist nicht nur die jeweiligen Items, sondern dokumentieren auch deren Entwicklung und informieren über die Qualität der Skala nach den Gütekriterien Validität und Reliabilität. In einigen Handbüchern kann man auch den theoretischen Hintergrund der Skalenkonstruktion nachlesen.

- Bearden/Netemeyer (2011): Handbook of marketing scales, 3rd ed.
- Brunner/Hensel (1994/1996/2001/2005): Marketing scales handbook (4 Bände)
- Buss (1986): Social behavior and personality
- Glöckner-Rist/Schmidt (1999): ZUMA Informationssystem. Elektronisches Handbuch sozialwissenschaftlicher Erhebungsinstrumente
- Robinson/Shaver/Wrightsman (1991): Measures of personality and social psychological attitudes
- Robinson/Shaver/Wrightsman (1999): Measures of political attitudes
- Schuessler (1982): Measuring social life feelings. Improved methods for assessing how people feel about society and their place in society

Auch spezialisierte Websites können Hinweise auf relevante Skalen liefern:
Handbook of Management Scales: http://en.wikibooks.org/wiki/Handbook_of_Management_Scales
Registry of Scales and Measures: http://www.scalesandmeasures.net/
Psychology Scales and Questionnaires: http://www.ul.ac.uk/subjects/psychology/psycscales.shtml
Elektronisches Testarchiv des Zentrums für Psychologische Information und Dokumentation: http://www.zpid.de/index.php?wahl=products&uwahl=frei&uuwahl=testarchiveintro

Wie Sie an den Literaturhinweisen erkennen können, handelt es sich bei den meisten Handbüchern um Werke in englischer Sprache. Auch die darin enthaltenen Items und Skalen liegen meist nicht in deutscher Sprache vor. Wollen Sie diese Instrumente in Ihrem Forschungsvorhaben einsetzen, so müssen diese erst übersetzt und einer neuerlichen Überprüfung der Gütekriterien unterzogen werden.

## 11.6 Gütekriterien quantitativer Messungen

Wie gut es Ihnen gelungen ist, Ihr Messobjekt zu operationalisieren, d.h. in eine Skala zu übertragen, lässt sich anhand dreier Kriterien überprüfen.

Die Qualität eines Messverfahrens lässt sich durch

- die Validität,
- die Reliabilität sowie

- die Objektivität

bestimmen (Lienert/Raatz 1998, S. 7). Im Folgenden werden diese drei Gütekriterien näher erläutert.

### 11.6.1 Validität

Die Validität ist das wichtigste Gütekriterium einer Messung. Sie gibt an, ob das Erhebungsinstrument das Merkmal, das gemessen werden soll, auch tatsächlich misst, ob also das Messinstrument tatsächlich für die Überprüfung der Hypothesen geeignet ist. Trochim (2006) vergleicht die Validität eines Messinstruments mit einer Zielscheibe, bei der „ins Schwarze" getroffen werden muss, um von gültigen Ergebnissen sprechen zu können.

Man unterscheidet drei Arten der Validität (Bortz/Döring 2006, S. 200 ff.):

Von **Inhaltsvalidität** (face validity) spricht man, wenn das Messinstrument das zu messende Konstrukt in dessen wichtigsten Aspekten erfasst. Inhaltsvalidität bedeutet, dass die Gültigkeit der Messung mehr oder weniger für jedermann einsichtig aus den einzelnen Teilen des Messinstruments hervorgeht. Die Inhaltsvalidität beruht auf der Kenntnis von „Experten" über den betreffenden Gegenstand. So wird z.B. bei schulischen Prüfungen Inhaltsvalidität unterstellt, weil man annehmen kann, dass Lehrer in der Lage sein sollten, gute und schlechte Leistungen in ihrem Fach zu beurteilen.

**Kriteriumsvalidität** (criterion-related validity) ist gegeben, wenn das Ergebnis einer Messung eines latenten Konstrukts mit Messungen eines korrespondierenden manifesten Merkmals übereinstimmt. Bei der Kriteriumsvalidität geht es also um die Übereinstimmung eines Messinstruments mit anderen relevanten Merkmalen, den sogenannten Außenkriterien. Außenkriterien sind Beobachtungen, die in einer kausalen Abhängigkeit zu dem zu messenden Merkmal stehen. In vielen Fällen ist es jedoch schwer, ein geeignetes Außenkriterium zu benennen. Ein Beispiel: Welche Beobachtungen sind geeignet, die Umweltfreundlichkeit von Konsumenten abzubilden? Ist es der Kauf von Bioprodukten, das Trennen von Altstoffen und/oder weniger Auto zu fahren?

Die **Konstruktvalidität** (construct validity) gilt als die anspruchsvollste Form der Validität und hat vor allem theoretische Bedeutung. Die Prüfung auf Konstruktvalidität setzt fundiertes Wissen um das Konstrukt und seine zentralen Begriffe sowie die zugehörigen Theorien und einschlägigen Untersuchungen voraus. Mit Ausnahme der Inhaltsvalidität wird die Gültigkeit einer Messung in der Regel durch die Berechnung von Korrelationen quantifiziert. Hier gilt, dass Koeffizienten nahe 1 erreicht werden sollten, will man von einer validen Messung sprechen.

Weitere Ausführungen zur Validität und deren Bestimmung finden Sie unter anderem bei Lienert/Raatz (1998) sowie Sullivan/Feldman (1979, S. 17 ff).

### 11.6.2 Reliabilität

Das zweite Gütekriterium, an dem die Qualität von Erhebungsinstrumenten gemessen wird, ist die Reliabilität. Was bedeutet dieses Wort, das wir mit „Zuverlässigkeit" übersetzen können? Viele Messinstrumente, mit denen wir im täglichen Leben zu tun haben, sind nahezu 100%ig zuverlässig. Der Tachometer zeigt bei zweimaliger Messung einer unverminderten Geschwindigkeit noch immer die gleiche Stundenkilometerzahl an, ein Tisch hat nach der wiederholten Messung mit einem Metermaß noch immer die gleiche Breite.

In der Forschung bedeutet Reliabilität die Konsistenz bzw. die Wiederholbarkeit einer Messung. Die Zuverlässigkeit gibt die Messgenauigkeit eines Erhebungsinstruments an. Das heißt: Eine Messung sollte immer das gleiche Ergebnis bringen, egal wie oft und von wem sie unter den gleichen Bedingungen und in geringem zeitlichen Abstand durchgeführt wird. Konnte man die Validität mit einem Treffer auf einer Zielscheibe vergleichen, so bietet sich bei der Reliabilität der Vergleich mit einer pünktlichen Uhr an.

In den empirischen Wirtschafts- und Sozialwissenschaften sind wir bezüglich der Reliabilität unserer Messungen mit zwei Problemen konfrontiert: In der Praxis kann man nur mehr oder weniger genau an eine ideale präzise Messung herankommen. Die klassische Testtheorie geht von der Annahme aus, dass jede Messung aus dem wahren Ausprägungsgrad des untersuchten Merkmals und einem Messfehler besteht. Der zweite Grund ist in den Merkmalsträgern, den Befragten selbst, zu finden. Menschen lernen dazu, verändern ihren Ausschnitt der Realität und somit auch ihre Einstellungen und Meinungen, die wir erheben wollen. Die Reliabilität einer Messung hängt also einerseits von der Zuverlässigkeit des Messinstruments, andererseits von Lernprozessen ab. Damit wird deutlich, dass der Forscher die Randbedingungen der Untersuchung so weit wie möglich gleich halten muss, damit sein Messinstrument weniger anfällig auf Zufallsfehler und Lernprozesse reagiert.

Man kann die Messgenauigkeit eines Erhebungsinstruments mithilfe von drei Methoden bestimmen (Lienert/Raatz 1998, S. 182 ff.):

- **Test-Retest-Verfahren:** Diese Verfahren messen die Reliabilität einer Skala, indem sie die Ergebnisse derselben Probandengruppe nach wiederholter Vorgabe derselben Skala miteinander korrelieren. Das Verfahren kann freilich nur angewendet werden, wenn während der jeweils vorausgegangenen Vorlage des Erhebungsinstruments keine Lern- oder Gedächtniseffekte aufgetreten sind.
- **Paralleltest-Verfahren:** Kommen zwei vergleichbare Skalen, die zwar andere Items enthalten, aber das gleiche Konstrukt erfassen, zu den gleichen Ergebnisse? Auch bei diesem Verfahren wird die Reliabilität durch einen Korrelationskoeffizienten ausgedrückt.

- **Maße interner Konsistenz** beantworten die Frage: Wie homogen sind die verwendeten Items einer Skala? Eines der am häufigsten verwendeten Maße der internen Konsistenz ist der Alpha-Koeffizient nach Cronbach. Bei der Berechnung dieses Koeffizienten werden die Werte aller Items über alle Personen korreliert. Die daraus entstehende Maßzahl kann Werte zwischen 0 und 1 annehmen. Hohe Werte weisen auf eine hohe Reliabilität hin. Alpha-Werte ab 0,7 gelten in der Literatur (Nunnally 1978, S. 245) als annehmbar.

### 11.6.3 Objektivität

Jede wissenschaftliche Forschung fordert auch ein gewisses Maß an Objektivität. Eine Untersuchung ist dann objektiv, wenn sie frei von subjektiven, also „verzerrenden" Einflüssen durch die die Untersuchung durchführenden Personen ist. Der Objektivitätskoeffizient, der sich seitens der Korrelation der Ergebnisse verschiedener Forscher errechnen lässt, drückt den Grad an Objektivität einer Messung aus.

In Anlehnung an den Untersuchungsablauf werden dabei üblicherweise verschiedene Ebenen oder Aspekte der Objektivität unterschieden (Bortz/Döring 2006, S. 195 f.):

- **Durchführungsobjektivität** bedeutet die Unabhängigkeit der Erhebungssituation von den Untersuchenden. Die Reaktionen der Auskunftspersonen sollen nicht durch bewusste oder unbewusste Merkmale sowie Verhaltensweisen der Untersuchenden beeinflusst werden. Dies macht eine größtmögliche Neutralität und Zurückhaltung der durchführenden Personen und die Vermeidung sozialer Interaktion mit den Auskunftspersonen erforderlich.
- Die **Auswertungsobjektivität** betrifft die Freiheit, die dem Forscher bei der technischen Auswertung der erhobenen Daten zugestanden wird. Der individuelle Spielraum bei der Auswertung kann vor allem dadurch möglichst gering gehalten werden, dass eindeutige Regeln in Bezug auf Auswertung und Zuordnung der Informationen formuliert werden. Die Vorgabe von Auswertungsschablonen – z.B. bei Multiple-Choice-Tests – trägt maßgeblich zur Erhöhung der Auswertungsobjektivität bei.
- **Interpretationsobjektivität** liegt dann vor, wenn aus den Auswertungsergebnissen von verschiedenen Forschern die gleichen Schlussfolgerungen gezogen werden. In die Interpretation dürfen keine individuellen, nicht belegbaren Deutungen des Wissenschaftlers einfließen. Dies gelingt umso eher, je weniger Freiheit dem Forscher bei der Interpretation gelassen wird.

Alle drei Dimensionen der Objektivität können umso leichter sichergestellt werden, je weitgehender die Untersuchung standardisiert ist. Durch die Standardisierung wird festgelegt, wie eine Umfrage, eine Beobachtung oder ein Experiment durchzuführen ist, aber auch, welche Auswertungsschritte und Interpretationen möglich sind. Bei qualitativen und projektiven Erhebungsinstrumenten ist dagegen meist eine Überprüfung derselben erforderlich.

### 11.6.4 Zusammenhang zwischen den Gütekriterien

Die drei Gütekriterien stehen in engem Zusammenhang zueinander. Erinnern Sie sich nochmals an die Definition von Validität, Reliabilität und Objektivität. Validität überprüft die Gültigkeit des Erhebungsinstruments. Sie drückt den Grad der Übereinstimmung zwischen der operationalen und der theoretischen Definition eines Begriffs aus. Reliabilität bezeichnet die Zuverlässigkeit eines Messinstruments. Unter Objektivität wird verstanden, inwieweit eine Messung frei von subjektiven Einflüssen der erhebenden Personen ist.

Bleiben wir zunächst bei den beiden Kriterien Validität und Reliabilität. In Abschnitt 11.6.1 wurde die Gültigkeit einer Messung nach Trochim (2006) bereits mit den Treffern auf einer Zielscheibe verglichen. Die in Abbildung 11-1 dargestellten Zielscheiben veranschaulichen diesen Zusammenhang sehr deutlich. Der Punkt im Zentrum der Zielscheibe symbolisiert den Untersuchungsgegenstand. Die kleinen Punkte stellen jeweils eine Beobachtung bzw. Messung einer Person dar. Jedes Mal, wenn Sie das zu untersuchende Merkmal einer Person einwandfrei messen, treffen Sie damit in die Mitte der Zielscheibe. Je ungenauer Sie ein Merkmal oder eine Eigenschaft messen, desto weiter sind Sie vom Zentrum der Zielscheibe entfernt.

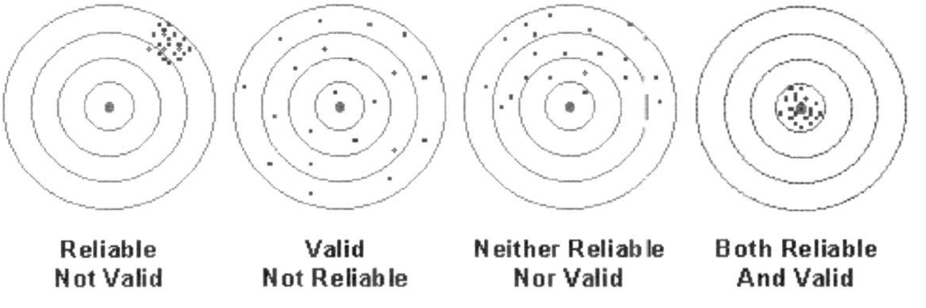


**Abb. 11-1:** Zusammenhang zwischen Reliabilität und Validität (Quelle: Trochim 2006)

Zielscheibe 1 zeigt, dass das Erhebungsinstrument konsistent, also zuverlässig misst. Sie treffen regelmäßig, allerdings nicht in die Mitte. D.h. Sie messen den falschen Wert für alle Personen, der Untersuchungsgegenstand wird nicht richtig abgebildet. Diese Messung ist zwar zuverlässig, aber nicht gültig. Auf der zweiten Zielscheibe sind die Treffer über die gesamte Scheibe verteilt, Sie treffen aber nie ins Zentrum. Die Ergebnisse bilden den Durchschnitt der Gruppe ab. Dadurch bekommen Sie eine valide Gruppenschätzung, die jedoch inkonsistent ist. Die dritte Zielscheibe zeigt das Szenario für eine Messung, die weder valid noch reliabel ist. Der Idealfall – reliable und valide Ergebnisse – wird auf der letzten Zielscheibe dargestellt. Sie haben konsistent ins Zentrum, also den Untersuchungsgegenstand, getroffen.

Zusammenfassend kann man folgende Beziehungen zwischen den Gütekriterien festhalten:

- Reliabilität ist eine notwendige Voraussetzung für Validität. Ist eine Messung nicht zuverlässig, kann sie nicht gültig sein.
- Objektivität ist eine Voraussetzung für Reliabilität.

## 11.7 Übertragbarkeit der Gütekriterien auf qualitative Messungen

Wie wir bereits in Abschnitt 10.2 gesehen haben, unterscheiden sich die Forschungsstrategien quantitativer und qualitativer Forschung deutlich voneinander. Die beschriebene Auslegung der Gütekriterien und die Verfahren zu ihrer Überprüfung sind größtenteils auf die Ziele und Probleme quantitativer Messungen zugeschnitten. Die Schwierigkeit, quantitative Gütekriterien auf qualitative Forschungsmethoden zu übertragen, bedeutet jedoch nicht, dass qualitative Forschung keine Bewertungskriterien benötigt. Allerdings müssen bei der Ausgestaltung dieser Gütekriterien die besondere Zielsetzung und die typischen Aufgabenbereiche qualitativer Erhebungsmethoden stärkere Beachtung finden (Mayring 2002).

Steinke (2002 S. 324 ff.) schlägt deshalb vor, Bewertungskriterien zu entwickeln, die möglichst viele Aspekte qualitativer Forschung abdecken. Die Besonderheiten qualitativer Forschung werden dabei als Ausgangspunkt herangezogen. Daraus wurden folgende sechs allgemeingültige Gütekriterien qualitativer Forschung erarbeitet (Mayring 2002, S. 119 ff.):

- **Dokumentation des methodischen Vorgehens**: Darlegung des Vorverständnisses, Analyseinstrument, Durchführung und Auswertung der Datenerhebung.
- **Argumentative Interpretationsabsicherung**: Interpretationen müssen schlüssig begründet werden, Alternativdeutungen sollen angeboten werden.
- **Regelgeleitetheit**: schrittweise und systematische Vorgehensweise.

- **Nähe zum Forschungsgegenstand**: Forschung in der natürlichen Lebenswelt der Betroffenen.
- **Kommunikative Validierung**: Diskussion der Ergebnisse mit den Betroffenen.
- **Triangulation**: Verknüpfung mehrerer Analysevorgänge, Theorien oder Methoden.

Eine ausführlichere Darstellung der Kriterien findet sich bei Steinke (2002, S 324 ff.), Seale (1999) sowie Kelle/Kluge/Prein (1993).

**In Kürze**

- Die empirischen Wirtschafts- und Sozialwissenschaften beschäftigen sich mit Menschen, Marken, Unternehmen, Medien, Texten und anderen Untersuchungsobjekten. Deren Merkmale und Eigenschaften sind nicht immer direkt beobachtbar. Sie werden durch Indikatoren gemessen.
- Mit der Operationalisierung eines Merkmals wird festgelegt, wie dieses gemessen werden kann.
- Merkmale und Eigenschaften werden auf Skalen gemessen. Diese haben unterschiedliche Aussagekraft. Man unterscheidet zwischen Nominal-, Ordinal- und metrischen Skalen.
- Mithilfe von Skalierungsverfahren werden Messinstrumente entwickelt.
- Eine Skala ist ein Messinstrument, mit dessen Hilfe man eindimensionale oder mehrdimensionale Konstrukte erfassen kann.
- Die Qualität einer Untersuchung wird anhand von Gütekriterien geprüft.
- In der quantitativen Forschung sind dies Validität, Reliabilität und Objektivität.
- Zu den Gütekriterien qualitativer Forschung zählen: Verfahrensdokumentation, Argumentative Interpretationsabsicherung, Regelgeleitetheit, Nähe zum Forschungsgegenstand sowie Kommunikative Validierung und Triangulation.

# 12 Auswahlverfahren

In diesem Kapitel beschäftigen wir uns damit, nach welchen Kriterien Untersuchungseinheiten für die Teilnahme an einem Forschungsprojekt ausgewählt werden. Die dargestellten Auswahlverfahren sind unabhängig von der gewählten Erhebungsmethode zu sehen, können also sowohl bei einer Befragung oder Beobachtungstudie als auch bei einer Inhaltsanalyse oder einem Experiment eingesetzt werden. Die Bandbreite der Auswahlverfahren lässt sich jedoch am besten am Beispiel der Umfrageforschung darstellen.

Konkret werden wir uns mit folgenden Begriffen und Fragen auseinandersetzen:

- Total- oder Stichprobenerhebung
- Grundgesamtheit und Auswahlbasis
- Repräsentativität von Stichproben
- Wie soll die Auswahl der in die Stichprobe einzubeziehenden Elemente erfolgen? D.h. wie werden die Personen aus der Grundgesamtheit ausgewählt?
- Wie groß soll die Stichprobe sein?

## 12.1 Total- und Stichprobenerhebung

Bei der Erhebung von Daten stehen dem Forscher grundsätzlich zwei Möglichkeiten offen. Er kann alle Elemente einer Grundgesamtheit einbeziehen – man spricht dann von einer Totalerhebung – oder nur einen Teil davon, der als Stichprobe bezeichnet wird.

**Totalerhebungen** kommen in der Praxis dann zum Einsatz, wenn die Grundgesamtheit überschaubar ist, also bei kleinen Bevölkerungs- und Personengruppen, z.B. den Mitarbeitern eines Unternehmens. Eine Ausnahme bildet die bekannteste Totalerhebung – die Volkszählung –, bei der Daten von mehreren Millionen Personen erfasst werden.

Meist ist es jedoch aus Zeit- und Kostengründen nicht möglich, alle Untersuchungseinheiten einer Grundgesamtheit in eine Erhebung einzubeziehen. Deshalb beschränkt man sich auf eine bestimmte Anzahl ihrer Vertreter, um Aussagen über Einstellungen, Meinungen, Motive etc. dieser Grundgesamtheit machen zu können. Eine **Stichprobe** ist also jener Teil einer Grundgesamtheit, der stellvertretend für diese befragt oder beobachtet wird. Die durch Stichprobenerhebungen erzielten Ergebnisse werden dann auf die entsprechende Grundgesamtheit übertragen.

Die Auswahl der Untersuchungseinheiten, also z.B. der Personen, die befragt, der Texte, die analysiert, oder der Personen, die beobachtet werden, sollte in der Regel nicht willkürlich erfolgen.[1] In der empirischen Sozialforschung unterscheidet man zwei große Gruppen an Auswahlverfahren, und zwar:

- die zufallsgesteuerten und
- die nicht-zufallsgesteuerten, systematischen Verfahren.

Abbildung 12-1 zeigt eine Übersicht der zufallsgesteuerten Auswahlverfahren. Wie dieser Abbildung zu entnehmen ist, kann man diese weiter in einfache und komplexe Zufallsauswahlen unterteilen.

| Zufallsgesteuerte Auswahlverfahren | | | | |
|---|---|---|---|---|
| Einfache Zufallsauswahl | | Komplexe Zufallsauswahl | | |
| Karteiauswahl | Gebiets-auswahl | Proportional oder disproportional geschichtete Auswahl | Mehrstufige Auswahl | Klumpen-auswahl |

**Abb. 12-1:** Zufallsgesteuerte Auswahlverfahren (Quelle: In Anlehnung an Kromrey 2009, S. 293 ff.)

Die nicht-zufallsgesteuerten, bewussten Auswahlverfahren bezeichnet man auch als systematische Auswahlen (vgl. Abbildung 12-2).

| Nicht-zufallsgesteuerte Auswahlverfahren | | | | |
|---|---|---|---|---|
| Willkürliche Auswahl | | Bewusste Auswahlen | | |
| | | Auswahl „typischer" Fälle | Auswahl nach dem „Konzentrationsprinzip" | Quotenauswahl |

**Abb. 12-2:** Nicht-zufallsgesteuerte Auswahlverfahren (Quelle: In Anlehnung an Kromrey 2009, S.280 ff.)

1 Der Forderung nach einer zufallsgesteuerten Auswahl der Untersuchungseinheiten sollte bei standardisierten Befragungen nachgekommen werden. In anderen Forschungsdesigns, z.B. bei einem Laborexperiment, ist diese jedoch kaum zu erfüllen und auch nicht immer notwendig. Dem Faktor „Zufall" wird bei Laborexperimenten dadurch Rechnung getragen, dass die Probanden durch Randomisierung der jeweiligen Versuchs- bzw. Kontrollgruppe zugeteilt werden (siehe Abschnitt 13.4).

Eine detaillierte Darstellung dieser Auswahlverfahren finden Sie in den Abschnitten 12.4 und 12.5.

## 12.2 Grundgesamtheit und Auswahlbasis

Die **Grundgesamtheit**, auch Population genannt, bezeichnet eine Menge von Objekten (Personen, Gruppen, Unternehmen, Texte usw.), über die Aussagen bezüglich bestimmter Merkmale getroffen werden sollen. Mit anderen Worten: Um eine Stichprobe auswählen zu können, muss man wissen, welchen Geltungsbereich eine Untersuchung haben soll, d.h. über welche Merkmalsträger man Aussagen machen möchte. Dieser Geltungsbereich wird als Grundgesamtheit bezeichnet.

Wie man an den folgenden Beispielen sieht, ist eine breite Vielfalt an Grundgesamtheiten möglich:

- wahlberechtigte Bevölkerung eines Landes
- Personen im Alter von 14 bis 18 Jahren
- Studierende der Universität X
- Unternehmen mit mehr als 10 Mitarbeitern
- Kunden eines Unternehmens
- PKW-Besitzer in einer Stadt
- sämtliche Ausgaben einer Tageszeitung X im Zeitraum Y

Der Begriff der **Auswahlbasis** bezieht sich auf die verschiedenen Erscheinungsformen, in denen die Untersuchungseinheiten der Grundgesamtheit für die Stichprobenziehung zugänglich sein können. Man unterscheidet Auswahlen auf Adressen- oder Flächenbasis.

Sollte etwa eine Stichprobe der Stammkunden eines Unternehmens gezogen werden, so bietet sich als Auswahlbasis die Kundendatenbank des Unternehmens an. Auch Stichproben für Bevölkerungsumfragen basieren meist auf Adressenlisten. Diese stammen aus dem Einwohnermeldeamt, zum Teil auch aus Wahlberechtigtenverzeichnissen. Derartige Auswahlen erfordern die genaue Überprüfung des Adressenmaterials (siehe dazu auch Wettschurek 1974, S. 191). In einigen Ländern, wie z.B. den Vereinigten Staaten, gibt es kein Einwohnermeldeamt, das als Auswahlbasis zur Verfügung steht. Aus diesem Grund werden geografische Einheiten als Auswahlbasis herangezogen. Allerdings ist hier besonders darauf zu achten, wie man von den Auswahleinheiten, die ja zunächst durch geografische Flächen repräsentiert sind, zu den Untersuchungseinheiten (Haushalten, Personen) kommt. Eine detaillierte Beschreibung dieser Verfahren ist bei Kromrey (2009) sowie Gabler/Hoffmeyer-Zlotnik (1997) nachzulesen.

Auch bei Befragungen, die über das Internet durchgeführt werden, sogenannten Online- oder Web-Befragungen, stellt sich die Frage nach der Grundgesamtheit. Laut einer Studie der ARD und des ZDF (2011) über die

Internetnutzung in Deutschland haben derzeit etwa 52 Millionen Deutsche ab 14 Jahren Zugang zum Internet. Ob man diese Personen als Grundgesamtheit von Online-Umfragen bezeichnen kann, hängt wohl wesentlich vom interessierenden Personenkreis ab.

In Zusammenhang mit der Diskussion um die Grundgesamtheit ist auch die Frage nach der Auswahlbasis von webbasierten Umfragen zu stellen. Mit Ausnahme von Umfragen in geschlossenen Nutzerkreisen (z.B. Mitarbeiter eines Unternehmens) gibt es keine nur annähernd vollständigen Listen, in denen die Internetnutzer verzeichnet sind und aus denen eine (Zufalls-)Auswahl der Befragten vorgenommen werden könnte. Auf dieses Problem gehen Bandilla/Bosnjak (2000) näher ein.

## 12.3 Repräsentativität

Das Ziel von Stichprobenerhebungen ist, anhand einer vergleichsweise kleinen Anzahl von Untersuchungseinheiten Aussagen über die Grundgesamtheit treffen zu können. Dies ist jedoch nur dann zulässig, wenn die Zusammensetzung der untersuchten Stichprobe bezüglich ausgewählter Merkmale jener der Grundgesamtheit entspricht. Idealerweise weicht die Struktur der Stichprobe in Bezug auf diese Merkmale nicht von der Struktur und den Merkmalskombinationen der Gesamtheit ab. Repräsentative Stichproben sind also das verkleinerte Abbild der Grundgesamtheit. Veranschaulichen wir die Repräsentativität anhand eines Beispiels. Abbildung 12-3 zeigt eine große sowie eine kleine Landkarte Deutschlands. Die große Landkarte repräsentiert die Grundgesamtheit und zeigt die Anteile der in den Bundesländern wohnenden Bevölkerung. Die kleine Karte entspricht einer Stichprobe, die eingezeichneten Personen entsprechen den Anteilen der in diesen Bundesländern interviewten Personen. Vergleichen Sie nun die beiden Karten miteinander, so werden Sie feststellen, dass die Verteilung der dargestellten Personen in beiden Landkarten gleich ist. Die kleine Landkarte (Stichprobe) ist also das verkleinerte Abbild der großen (Grundgesamtheit).

Die Qualität von Umfragen wird entscheidend durch die Repräsentativität der untersuchten Stichprobe beeinflusst. Um die Repräsentativität einer Stichprobe überprüfen zu können, muss man die entsprechenden Merkmale und deren Verteilung in der Grundgesamtheit kennen. Die strukturelle Abgleichung zwischen gezogener Stichprobe und der Grundgesamtheit erhält man, indem man die Ergebnisse der Stichprobe mit jenen aus der entsprechenden Grundgesamtheit vergleicht.

Zusammenfassend ist anzumerken, dass die Entscheidung, ob eine Stichprobe als repräsentativ bezeichnet werden kann oder nicht, von der korrekten anteilsmäßigen Abbildung der Merkmale entsprechend der Verteilung in der Grundgesamtheit abhängt. Repräsentativität kann *nicht* durch einen entsprechend großen Stichprobenumfang erzielt werden (siehe Abschnitt 12.8).[2]

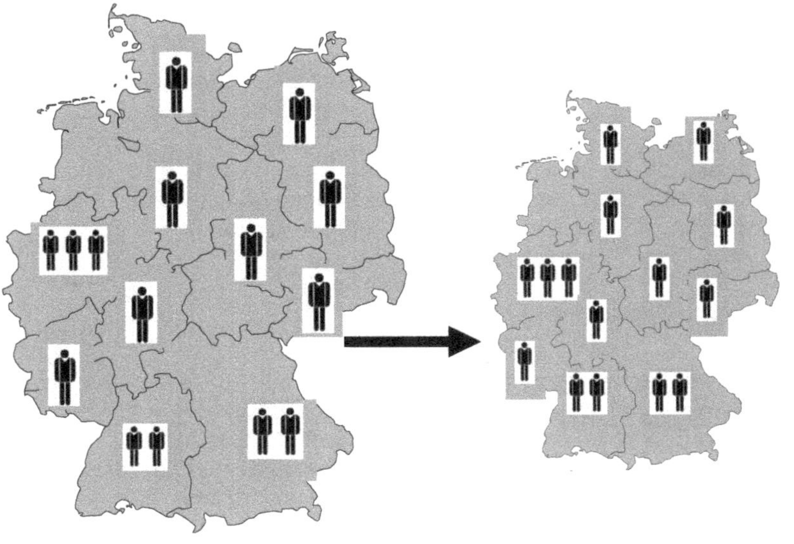

**Abb. 12-3:** Die Stichprobe als verkleinertes Abbild der Grundgesamtheit

Gerade in der Online-Forschung ist die mangelnde Repräsentativität der Stichproben eines der größten methodischen Probleme. Hauptmann (1999, S. 159 ff.) nennt vier Gründe dafür:

1. Die Grundgesamtheit der Internetnutzer ist nicht definiert.
2. Die Stichprobenziehung ist meist passiv, d.h. die Untersuchungsteilnehmer für eine Umfrage wählen sich selbst aus (Selbstselektion).
3. Es liegen keine Angaben über Stichprobenausfälle vor.
4. Die Ziehung einer Zufallsstichprobe (siehe Abschnitt 12.4) ist meist nicht möglich.

Wie wir später sehen werden, ist es jedoch nicht immer notwendig – und auch nicht möglich –, auf repräsentative Stichproben zurückzugreifen. Vor allem bei Experimenten und qualitativen Untersuchungen (siehe Abschnitt 13.8) ist die Repräsentativität der Probanden nicht zwingend notwendig.

2 Mit der Größe der Stichprobe steigt nur deren Genauigkeit, nicht jedoch die Repräsentativität.

## 12.4 Zufallsauswahlen

Um eine Stichprobe nach dem Zufallsprinzip ziehen zu können, müssen mehrere Kriterien erfüllt sein. Es sind dies:

- Die Grundgesamtheit muss bekannt und exakt definiert sein.
- Die Grundgesamtheit muss über eine Auswahlbasis zugänglich sein.
- Jedes Element darf nur einmal in der Grundgesamtheit vertreten sein.
- Das Grundprinzip der Zufallsauswahlen basiert auf wahrscheinlichkeitstheoretischen Annahmen. Die Auswahl muss so erfolgen, dass jedes Element eine berechenbare Auswahlchance (größer als 0) hat, in die Stichprobe zu gelangen.

Die in Zusammenhang mit Zufallsauswahlen wichtigste theoretische Wahrscheinlichkeitsverteilung ist die Gaußsche Normalverteilung. Diese wird bei vielen Merkmalen der Wirtschafts- und Sozialwissenschaften vorausgesetzt. Man geht davon aus, dass sich die Verteilung der Merkmale bei einer genügend großen Stichprobe an eine Normalverteilung annähert.

Betrachten wir die Gaußsche Glockenkurve genauer (Abb. 12-4): Die Fläche unter jeder Normalverteilung beträgt 100%. Ihre charakteristische Form erhält die Kurve durch die Wendepunkte, die bei einer Standardabweichung $\pm 1\sigma$ liegen. Dadurch wird ein Bereich abgegrenzt, der 68,3% der Gesamtfläche beträgt. Dies bedeutet, dass etwa zwei Drittel aller Stichproben, die sich aus der Grundgesamtheit bilden lassen, einen Merkmalsanteil ausmachen, der innerhalb der durch die doppelte Standardabweichung bestimmten Schwankungsbreite liegt, also nicht weiter als $\pm 1\sigma$ vom „wahren" Wert der Grundgesamtheit entfernt ist.

Erweitert man diesen Bereich auf $\pm 2\ \sigma$, wird ein Konfidenzniveau von 95,5% erzielt. Das heißt, dass bei unendlich vielen Stichproben 95,5% aller Werte in einem akzeptablen Abstand zum „wahren" Wert liegen. In den empirischen Wirtschafts- und Sozialwissenschaften verwendet man üblicherweise ein Konfidenzniveau von 95%. Man spricht in diesem Zusammenhang auch von einer Irrtumswahrscheinlichkeit von 5%.

Die Möglichkeit, die Genauigkeit von Stichprobenergebnissen zu berechnen, ist ein wesentlicher Vorteil der Zufallsstichprobe gegenüber anderen Auswahlverfahren. Dazu benötigen Sie folgende Informationen:

- Anteil der Merkmalsausprägung in der Stichprobe
- Anteil der Restgruppe in der Stichprobe
- Stichprobengröße (erreichte Fallanzahl)
- Angestrebtes Sicherheitsniveau

Diese Werte können Sie entweder in eine Formel zur Berechnung der Schwankungsbreiten einsetzen, oder Sie können auf bereits berechnete Konfidenztabellen (siehe Tab. 12-1) zurückgreifen. Anhand dieser kann man bei einer vorgegebenen Irrtumswahrscheinlichkeit von 5% – also einem Sicherheitsniveau von 95% – ablesen, wie groß bei einer bestimmten Stichprobengröße (n) und Variabilität des Merkmals in der Grundgesamtheit (p in Prozent) die Schwankungsbreite des „wahren" Werts ist.

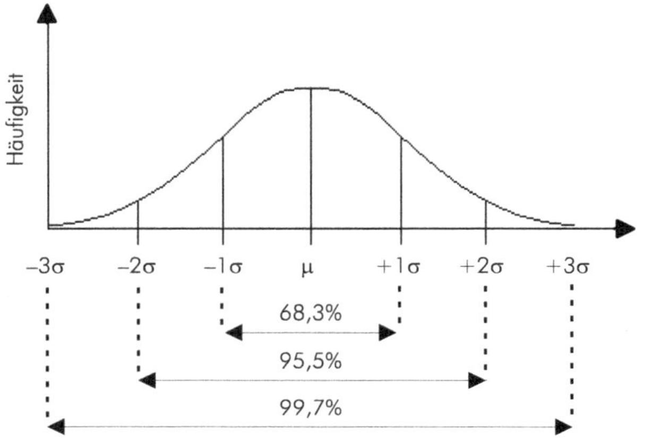


**Abb. 12-4**: Die Gaußsche Normalverteilung

Kommen wir zu einem Beispiel: 34% der Auskunftspersonen geben in einer Lifestyle-Studie, bei der 500 Konsumenten befragt wurden, an, dass sie ein zusätzliches Einkommen für den Kauf von Kleidung verwenden würden. Mit welcher Schwankungsbreite ist dieses Ergebnis zu interpretieren, d.h. innerhalb welcher Grenzen liegt der „wahre" Wert in der Grundgesamtheit?

Verwenden wir nun die bereits angesprochene Konfidenztabelle. In Tabelle 12-1 findet man keinen exakten Richtwert für die durch die Stichprobe erhobene Merkmalsausprägung von 34%. Wir ziehen stattdessen die dem beobachteten Wert am nächsten kommende Verteilung von 30% zur Schätzung der Schwankungsbreite heran. In der Spalte Fallzahl finden wir die Zahl 500, also die Anzahl der erhobenen Interviews in der genannten Studie. Sucht man den Kreuzungspunkt dieser beiden Informationen, erhält man die Schwankungsbreite, in diesem Fall 4,0. Addiert bzw. subtrahiert man diese 4,0 vom erhobenen Stichprobenwert, erhält man die Grenzen, innerhalb derer der „wahre" Wert in der Grundgesamtheit liegt. Das heißt, dass mindestens 30% und höchstens 38% der Konsumenten ein zusätzliches Einkommen für den Kauf von Bekleidung aufwenden würden.

| Fallzahl (n) | p in Prozent | | | | | | | | |
|---|---|---|---|---|---|---|---|---|---|
| | 3<br>97 | 5<br>95 | 10<br>90 | 15<br>85 | 20<br>80 | 25<br>75 | 30<br>70 | 40<br>60 | 50<br>50 |
| 100 | 3,3 | 4,3 | 5,9 | 7,0 | 7,8 | 8,5 | 9,0 | 9,6 | 9,8 |
| 200 | 2,4 | 3,0 | 4,2 | 4,9 | 5,5 | 6,0 | 6,4 | 6,8 | 6,9 |
| 300 | 1,9 | 2,5 | 3,4 | 4,0 | 4,5 | 4,9 | 5,2 | 5,5 | 5,7 |
| 400 | 1,7 | 2,1 | 2,9 | 3,5 | 3,9 | 4,2 | 4,5 | 4,8 | 4,9 |
| 500 | 1,5 | 1,9 | 2,6 | 3,1 | 3,5 | 3,8 | 4,0 | 4,3 | 4,4 |
| 750 | 1,2 | 1,6 | 2,1 | 2,6 | 2,9 | 3,1 | 3,3 | 3,5 | 3,6 |
| 1.000 | 1,1 | 1,4 | 1,9 | 2,2 | 2,5 | 2,7 | 2,8 | 3,0 | 3,1 |
| 1.250 | 0,9 | 1,2 | 1,7 | 2,0 | 2,2 | 2,4 | 2,5 | 2,7 | 2,8 |
| 1.500 | 0,9 | 1,1 | 1,5 | 1,8 | 2,0 | 2,2 | 2,3 | 2,5 | 2,5 |
| 2.000 | 0,7 | 1,0 | 1,3 | 1,6 | 1,8 | 1,9 | 2,0 | 2,1 | 2,2 |
| 2.500 | 0,7 | 0,9 | 1,2 | 1,4 | 1,6 | 1,7 | 1,8 | 1,9 | 2,0 |
| 3.000 | 0,6 | 0,8 | 1,1 | 1,3 | 1,4 | 1,5 | 1,6 | 1,8 | 1,8 |
| 3.500 | 0,6 | 0,7 | 1,0 | 1,2 | 1,3 | 1,4 | 1,5 | 1,6 | 1,7 |
| 4.000 | 0,5 | 0,7 | 0,9 | 1,1 | 1,2 | 1,3 | 1,4 | 1,5 | 1,5 |
| 5.000 | 0,5 | 0,6 | 0,8 | 1,0 | 1,1 | 1,2 | 1,3 | 1,4 | 1,4 |
| 7.500 | 0,4 | 0,5 | 0,7 | 0,8 | 0,9 | 1,0 | 1,0 | 1,1 | 1,1 |
| 10.000 | 0,3 | 0,4 | 0,6 | 0,7 | 0,8 | 0,8 | 0,9 | 1,0 | 1,0 |

**Tab. 12-1:** Konfidenztabelle (Tabelle der Schwankungsbreiten) bei einer Irrtumswahrscheinlichkeit von 5%

Wie man an diesem Beispiel sieht, stellt die Konfidenztabelle eine praktikable Möglichkeit zur Ermittlung der Schwankungsbreiten dar.

## 12.4.1 Einfache und systematische Zufallsauswahlen

Das mathematisch korrekteste Auswahlverfahren ist die einfache, uneingeschränkte Zufallsauswahl. Zu dieser Auswahl gehört z.B. das Lotterieverfahren, d.h. das zufällige Ziehen von Elementen aus einer begrenzten Grundgesamtheit. Sind die Elemente nur symbolisch repräsentiert, z.B. in einer Adressdatei oder durch Kundennummern eines Unternehmens, verwendet man zur Auswahl sogenannte Zufallstabellen (siehe Tab. 12-2). Diese bestehen aus einer langen Reihe von Ziffern, die in zufälliger Reihenfolge aufgelistet sind. Der Einsatz eines Zufallsgenerators am PC ersetzt zunehmend diese Tabellen. Eine sehr leicht zu handhabende kostenlose Möglichkeit, Zufallsstichproben zu generieren, bietet beispielsweise der *Research Randomizer* (http://www.randomizer.org) an.

Ein Beispiel: In der Kundendatei eines Unternehmens sind Namen und Adressen von 8.000 Personen erfasst. Das Unternehmen möchte wissen, wie zufrieden seine Kunden mit der Lieferzeit sind. Da man nicht alle Kunden befragen kann, wird ein Stichprobenumfang von 400 festgelegt. Würde man nach dem Lotterieverfahren vorgehen, müsste man für die 8.000 Kunden jeweils eine Karte schreiben, diese in eine Trommel stecken, gut durchmischen und dann 400 herausziehen. Dieses Vorgehen ist natürlich sehr aufwendig. Einfacher geht es, wenn man die Kunden anhand ihrer Kundennummer per Zufall auswählen kann.

Wie geht man dabei vor? Zunächst legt man irgendeine Stelle in der Zufallstabelle als Anfangspunkt fest und bestimmt die Reihenfolge des Ablesens, die waagrecht oder senkrecht gewählt werden kann. Für unser Beispiel benötigen wir also 400 Kunden aus einer Grundgesamtheit von 8.000. Gemäß der Forderung, dass bei einer Zufallsauswahl jedes Mitglied der Grundgesamtheit die gleiche Chance haben muss, in die Stichprobe zu gelangen, wären hier 4-stellige Zahlen abzulesen, die den Kundennummern entsprechen. Fixieren wir den Anfangspunkt in der dritten Spalte der zweiten Zeile und einigen wir uns auf eine Reihenfolge von oben nach unten, gehen also senkrecht vor. Jetzt können wir mit der eigentlichen Stichprobenbildung beginnen.

Die erste auf diese Weise ermittelte Zahl lautet 4.046, d.h. der Kunde mit der Kundennummer 4.046 kommt als erster in die Stichprobe. Die nächste Zahl ist 8.372 und muss übergangen werden, da sie die Größe der Grundgesamtheit (N = 8.000) überschreitet und es keine Person mit dieser Kundennummer gibt. Auch die folgende Zahl lassen wir aus. Erst der Kunde 4.351 kommt wieder in die Stichprobe. Entsprechend dieser Methode sind es weiters die Kunden 4.104, 191, 3.619 usw. Ist man am Tabellenende angelangt, ohne die erforderliche Stichprobengröße erreicht zu haben, beginnt man an einer anderen Stelle der Tabelle, ggf. unter Variierung der Reihenfolge, von neuem.

Bei systematischen Zufallsauswahlen ist das Vorgehen deutlich einfacher. Stellen wir uns wieder vor, wir wollen aus der Kundendatei von 8.000 Personen 400 auswählen. Wir müssen also jeden 20. Kunden befragen. Wir beginnen „zufällig" mit dem vierten Kunden und wählen dann weiter jeden 20sten aus, also den 24., 44., 64. usw.

Noelle Neumann/Petersen (2005, S. 240) beschreiben weiters das „Geburtstagsverfahren", bei dem alle Personen ausgewählt werden, die an bestimmten, zufällig ausgewählten Tagen Geburtstag haben. Dabei geht man von der Annahme aus, dass kein Zusammenhang zwischen dem Geburtstag einerseits und den zu erhebenden Merkmalen andererseits besteht.

| | | | | | | | | | |
|---|---|---|---|---|---|---|---|---|---|
| 39534 | 62349 | 74088 | 65564 | 16379 | 19713 | 39153 | 69459 | 17986 | 24537 |
| 14595 | 35050 | 40469 | 27478 | 44526 | 67331 | 93365 | 54526 | 22356 | 93208 |
| 30734 | 71571 | 83722 | 79712 | 25775 | 65178 | 07763 | 82928 | 31131 | 30196 |
| 64628 | 89126 | 91254 | 24090 | 25752 | 03091 | 39411 | 73146 | 06089 | 15630 |
| 42331 | 95113 | 43511 | 42082 | 15140 | 34733 | 68076 | 18292 | 69486 | 80468 |
| 80583 | 70361 | 41047 | 26792 | 78466 | 03395 | 17635 | 09697 | 82447 | 31405 |
| 00209 | 90404 | 99457 | 72570 | 42194 | 49043 | 24330 | 14939 | 09865 | 45906 |
| 05409 | 20830 | 01911 | 60767 | 55248 | 79253 | 12317 | 84120 | 77772 | 50103 |
| 95836 | 22530 | 91785 | 80210 | 34361 | 52228 | 33869 | 94332 | 83868 | 61672 |
| 65358 | 70469 | 87149 | 89509 | 72176 | 18103 | 55169 | 79954 | 72002 | 20582 |
| 72249 | 04037 | 36192 | 40221 | 14918 | 53437 | 60571 | 40995 | 55006 | 10694 |

**Tab. 12-2:** Tabelle von Zufallsziffern

## 12.4.2 Komplexe Zufallsauswahlen

Die komplexen Auswahlverfahren unterscheiden sich von den einfachen Auswahlprozeduren dadurch, dass die Untersuchungseinheiten der Grundgesamtheit systematisiert werden müssen und erst danach eine Auswahl getroffen wird. Diese erfolgt auf zweierlei Arten, und zwar in:

- horizontaler Richtung – man bezeichnet diese als „Schichtung" – oder in
- vertikaler Richtung – man spricht dabei von „Mehrstufigkeit".

Aus dieser Einteilung ergibt sich, dass die Untersuchungseinheiten der Grundgesamtheit nicht die gleiche, sondern eine berechenbare Chance haben, in die Stichprobe zu gelangen.

Bei **geschichteten Auswahlen** wird die Grundgesamtheit zunächst in verschiedene Teilgesamtheiten, sogenannte Schichten, unterteilt, die hinsichtlich eines Merkmals homogen sind (z.B. in Personen jungen, mittleren und höheren Alters oder deutsche, griechische, italienische, spanische und türkische Staatsangehörige). Dabei ist darauf zu achten, dass jedes Element der Grundgesamtheit zu genau einer Schicht gehört. Danach werden per einfacher Zufallsauswahl Elemente aus jeder Schicht gezogen.

Wenn diese Teilgesamtheiten einer Stichprobe in ihrer Größe den jeweiligen Anteilen der Schichten in der Grundgesamtheit entsprechen, bezeichnet man die Auswahl als **„proportional geschichtet"**. Die Anteile der Teilgesamtheiten in der Stichprobe sind also exakt so groß wie in der Grundgesamtheit. Die Schichtenumfänge stehen somit im jeweils gleichen Verhältnis zueinander.

Bisweilen ist es jedoch notwendig, Personengruppen, deren Anteil in der Grundgesamtheit eher gering ist, stärker in der Stichprobe zu repräsentieren, um eine bessere und genauere Vergleichbarkeit dieser Teilgesamtheiten zu gewährleisten. Bei proportionalen Stichproben würde die Forderung nach einer besseren Vergleichbarkeit eine Vergrößerung des Stichprobenumfangs bedeuten. Dies wiederum ist mit steigendem Zeit- und Kostenaufwand verbunden. Deshalb ist in solchen Fällen eine **„disproportional geschichtete"** Auswahl geeigneter, bei der die Teilgesamtheiten nicht im Verhältnis zu ihrem Anteil in der Grundgesamtheit ausgewählt werden. Weichen also die Fallzahlen der jeweiligen Teilstichproben von deren Anteilen in der Grundgesamtheit ab, spricht man von „disproportional geschichteten" Auswahlen. Disproportionale Auswahlen sind jedoch in ihrer Auswertung komplizierter, da bei der Auswahl der Untersuchungseinheiten die Chancengleichheit bewusst verletzt wurde. Diese ungleichen Chancen in eine Teilstichprobe miteinzubeziehen, bedingt eine Verzerrung des Datenmaterials, die bei der Analyse „herausgerechnet" werden muss. Dies geschieht unter Verwendung sogenannter Gewichtungsvariablen. Dabei werden die Antworten jeder Person mit einem Faktor multipliziert, der den ursprünglichen Anteil einer Person in der Grundgesamtheit wiederherstellt. Gewichtungsverfahren werden in der kommerziellen Markt- und Meinungsforschung sehr häufig eingesetzt, in der wissenschaftlichen Forschung sind sie jedoch nicht allgemein akzeptiert.

Ein Beispiel soll das Gesagte veranschaulichen: Im Rahmen einer Umfrage sollen 1.600 Interviews durchgeführt werden. Befragungsgebiet ist Deutschland. In Tabelle 12-3 sehen Sie die Bevölkerungsanteile der 16 Bundesländer. Die weiteren Spalten geben die Anzahl der Interviews wieder, die bei einer proportionalen bzw. disproportionalen Stichprobe durchgeführt werden müssen. Wie man sieht, wäre die Anzahl in einigen Bundesländern bei einem proportionalen Stichprobenansatz sehr klein; so z.B. in Bremen mit nur 13 oder im Saarland mit 21 Interviews. Bei einem disproportionalen Ansatz kämen auf alle Bundesländer 100 Interviews. Somit ist eine bessere und genauere Vergleichbarkeit der Bundesländer-Ergebnisse gegeben.

Der Vorteil der Schichtung liegt zum einen in einem Präzisionsgewinn: Hinsichtlich des Schichtungsmerkmals besteht in der Stichprobe keine zufällige (durch das Auswahlverfahren bedingte) Streuung mehr. Zum anderen ist die Schichtung – die disproportionale – häufig erforderlich, um von bestimmten Gruppen überhaupt ausreichend große Fallzahlen in der Analyse zur Verfügung zu haben. So wichtig die Schichtung in der Stichprobenziehung ist, hat sie dennoch einen Nachteil: Bei einfachen Zufallsauswahlen sind keine Kenntnisse über die Grundgesamtheit erforderlich. Dies ist bei der geschichteten Auswahl nicht mehr der Fall. Wie wir gesehen haben, werden diese Informationen dazu benötigt, die Grundgesamtheit in Teilgesamtheiten zu gliedern.

Viele Grundgesamtheiten sind sehr umfangreich und räumlich weit gestreut. Deshalb sind die bisher besprochenen Auswahlverfahren aus zeitlichen und finanziellen, aber auch aus organisatorischen Gründen kaum durchzuführen. In solchen Fällen werden mehrstufige Auswahlverfahren

| | Bevölkerung gesamt in 1.000 | Bevölkerung in Prozent | Interviews proportional | Interviews disproportional |
|---|---|---|---|---|
| Baden-Württemberg | 10.601 | 12,86 | 206 | 100 |
| Bayern | 12.330 | 14,96 | 239 | 100 |
| Berlin | 3.388 | 4,11 | 66 | 100 |
| Brandenburg | 2.593 | 3,15 | 50 | 100 |
| Bremen | 660 | 0,80 | 13 | 100 |
| Hamburg | 1.726 | 2,09 | 33 | 100 |
| Hessen | 6.078 | 7,37 | 118 | 100 |
| Mecklenburg-Vorpommern | 1.760 | 2,13 | 34 | 100 |
| Niedersachsen | 7.956 | 9,65 | 154 | 100 |
| Nordrhein-Westfalen | 18.052 | 21,90 | 350 | 100 |
| Rheinland-Pfalz | 4.049 | 4,91 | 79 | 100 |
| Saarland | 1.066 | 1,29 | 21 | 100 |
| Sachsen | 4.384 | 5,32 | 85 | 100 |
| Sachsen-Anhalt | 2.581 | 3,13 | 50 | 100 |
| Schleswig-Holstein | 2.804 | 3,40 | 54 | 100 |
| Thüringen | 2.411 | 2,92 | 47 | 100 |
| Deutschland | 82.440 | 100,00 | 1.600 | 1.600 |

**Tab. 12-3:** Proportionaler und disproportionaler Stichprobenplan (Quelle: Statistisches Bundesamt 2002 und eigene Berechnungen)

eingesetzt. Bei diesen werden mehrere Zufallsauswahlen hintereinander durchgeführt, um dann die Zielpersonen auf der letzten Stufe zu ermitteln. Die jeweils entstandene Zufallsstichprobe ist dabei Grundlage für die nächste Auswahlstufe. Mehrstufige Zufallsauswahlen werden auch dann angewendet, wenn die Grundgesamtheit nicht genau bekannt oder nicht in Listen erfassbar ist. Abbildung 12-5 soll Ihnen den mehrstufigen Auswahlprozess veranschaulichen.

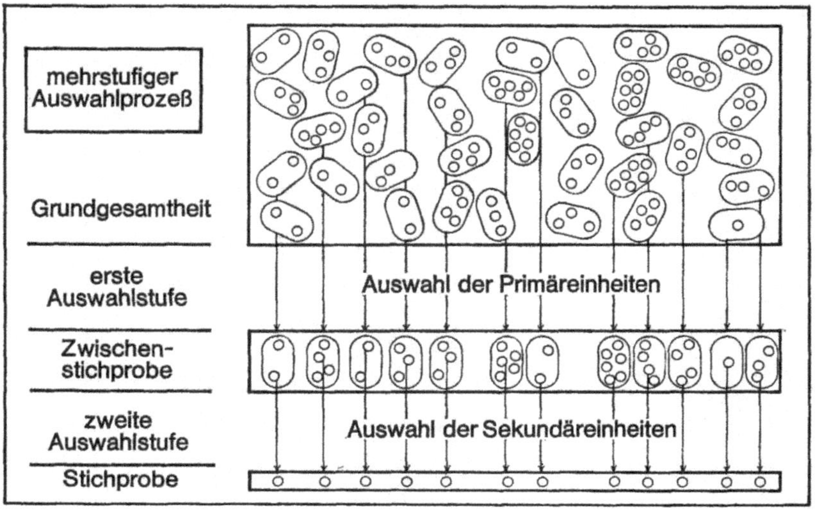


**Abb. 12-5:** Mehrstufiges Auswahlverfahren (Quelle: Wettschurek 1974, S. 195)

Der Begriff **Klumpenauswahl** bezeichnet einfache Zufallsauswahlen, die nicht auf einzelne Elemente einer Grundgesamtheit zugreifen, sondern auf bereits zusammengefasste Elemente, auf sogenannte Klumpen. Dabei kann es sich z.B. um Wahlkreise (oder andere räumliche Einheiten wie Stadtbezirke etc.), aber auch um andere Gruppen wie etwa Unternehmen handeln. Im einfachen Fall werden die Daten aller Elemente der ausgewählten Klumpen erhoben, bei einer mehrstufigen Auswahl werden aus den Klumpen einzelne Elemente ausgewählt. Man wendet dieses Verfahren insbesondere dann an, wenn eine Liste der Elemente der Grundgesamtheit nicht existiert oder nicht zur Verfügung steht, man aber über eine Liste von Klumpen verfügt. So ist es z.B. vorstellbar, dass man über keine vollständige Liste aller in Vereinen eingeschriebenen Tennisspieler verfügt, sehr wohl aber über eine Liste aller Vereine. Außerdem wird das Verfahren zur Minimierung von Erhebungskosten eingesetzt, und zwar dann, wenn die Elemente der Grundgesamtheit räumlich weit gestreut sind. In diesem Fall ist es deutlich kostengünstiger, aber auch zeitsparender, einzelne, räumlich konzentrierte Klumpen von Personen zu befragen, als weit verstreute Einzelpersonen aufzusuchen.

Wie bereits erwähnt, hat die Schichtung einen positiven Effekt auf die statistische Genauigkeit eines Ergebnisses. Bei mehrstufigen Auswahlen gilt jedoch das Gegenteil. Durch das stufenweise Vorgehen bei der Auswahl der Zielpersonen wird der Zufallsfehler stets erhöht. Es ist daher unbedingt darauf zu achten, dass die Stichprobe auf jeder der einzelnen Auswahlstufen ausreichend groß ist, sodass mit einem kleinen Zufallsfehler je Stufe gerechnet werden kann. Eine Verzerrung der Stichprobe ist auch umso größer, je mehr Elemente die Auswahleinheiten enthalten und je homogener sie zusammengesetzt sind. Man bezeichnet dies auch als Klumpeneffekt. Bei mehrstufigen Auswahlverfahren ist also die Genauigkeit eines Ergebnisses umso höher, d.h. der Zufallsfehler umso kleiner,

- je geringer die Anzahl der Auswahlstufen und je größer der Auswahlumfang pro Stufe ist,
- je kleiner die Klumpen und
- je heterogener diese zusammengesetzt sind (Wettschurek 1974, S. 199 ff.).

## 12.5 Nicht-zufallsgesteuerte Auswahlverfahren

Wie bereits den Abbildungen 12-1 und 12-2 zu entnehmen war, unterscheidet man bei den nicht-zufallsgesteuerten Auswahlverfahren zwischen der willkürlichen Auswahl und der Gruppe der bewussten Auswahlen. Die **willkürliche Auswahl** wird auch als Auswahl aufs Geratewohl oder Convenience Sample bezeichnet. Bei den **bewussten Auswahlverfahren** wird aufgrund vorheriger Überlegungen gezielt vorgegangen. Ob ein Element der Grundgesamtheit ausgewählt wird, hängt nicht mehr vom Zufall ab, sondern vom Vorhandensein bestimmter festgelegter Merkmale, die als zentral für die Untersuchung angesehen werden. Die Elemente einer Stichprobe werden wegen bestimmter Eigenschaften bevorzugt. Bewusste Auswahlen erfolgen also aufgrund inhaltlicher Erwägungen. Man unterscheidet folgende nicht-zufallsgesteuerte Auswahlverfahren:

- willkürliche Auswahl
- Auswahl typischer Fälle
- Auswahl von Extremgruppen
- Auswahl nach dem Konzentrationsprinzip
- Quotenauswahl

Bei der **willkürlichen Auswahl** erfolgt die Selektion der Zielpersonen weder durch Zufall, noch werden die Untersuchungseinheiten nach festen Regeln ausgewählt. Durch das Fehlen eines vorher festgelegten Auswahlplans liegt die Auswahl der Untersuchungseinheiten ausschließlich im Ermessen des Interviewers. Sind Sie schon einmal als Passant in einer Fußgängerzone angesprochen und um ein Interview gebeten worden? Passantenbefragungen sind ein typisches Beispiel für willkürliche Auswahlen. Der Auswahlplan liegt im Ermessen des Auswählenden und erfolgt nach subjektiven Kriterien.

Die **Auswahl typischer Fälle** ist die einfachste, aber auch die problematischste Form der bewussten Auswahl. Hier wird die Analyse auf einige wenige typische, für die entsprechende Grundgesamtheit charakteristische

Elemente beschränkt. Die zugrunde liegende Annahme lautet: Wenn die Untersuchungseinheiten hinsichtlich bestimmter Merkmale „typisch" für eine größere Gesamtheit sind, dann müssten auch ihre Reaktionen, z.B. die Antworten in einem Fragebogen, typisch für diese Grundgesamtheit sein.

Ein Sonderfall der Auswahlen typischer Fälle stellt das Verfahren der Extremfälle dar. **Extremfälle** sind jene Untersuchungseinheiten, von denen sich der Forscher besonders genaue und detaillierte Informationen zu einem wenig erforschten Thema erwartet, weil die untersuchten Merkmale stark ausgeprägt sind.

Bei der Ziehung einer Stichprobe nach dem **Konzentrationsprinzip** wird jenem Teil der Grundgesamtheit, in dem man den überwiegenden Teil der Elemente vermutet, besondere Aufmerksamkeit gewidmet. Besonders dann, wenn ein kleiner Teil der Grundgesamtheit einen großen Einfluss hinsichtlich des zu untersuchenden Merkmals ausübt, kommt dieses Verfahren zum Einsatz. Aber: Auch bei diesem Verfahren sind Vorkenntnisse über die Verteilung der relevanten Merkmale in der Grundgesamtheit notwendig.

Das am häufigsten eingesetzte bewusste Auswahlverfahren ist die **Quotenauswahl**. Ebenso wie bei der Zufallsstichprobe ist das Ziel, ein verkleinertes Abbild der Grundgesamtheit zu erhalten. Dieses Ziel wird aber auf eine andere Art erreicht. Den Interviewern werden Anteile, sogenannte Quoten, von Merkmalen vorgegeben, die sie bei einer bestimmten Anzahl an Interviews erfüllen müssen. Dies sind Merkmale wie Alter, Geschlecht, Wohnbezirk etc. Im Rahmen dieser Vorgaben haben die Interviewer allerdings freie Wahl, wen sie befragen.

Bei Quotenauswahlen werden Stichproben so gebildet, dass die Verteilung bestimmter Merkmale in der Stichprobe der Verteilung dieser Merkmale in der Grundgesamtheit möglichst genau entspricht. Voraussetzung für die Anwendung einer Quotenauswahl sind Kenntnisse über die Verteilung bestimmter Merkmale in der Grundgesamtheit. Bei Bevölkerungsumfragen wird dies durch die Ergebnisse aus der Volkszählung bzw. des Mikrozensus ermöglicht. Bei anderen Umfragen, wie z.B. Mitarbeiterumfragen, wird die Struktur der relevanten Mitarbeiterdaten zugrunde gelegt.

Folgendes Beispiel für die Erstellung eines Quotenplans soll Ihnen die Vorgehensweise veranschaulichen. Die Ausgangsdaten stammen vom Statistischen Bundesamt. Um das Beispiel überschaubarer zu machen, wird nur ein Merkmal zur Quotierung herangezogen, nämlich das Alter.

Nehmen wir an, Sie wollen eine Umfrage bei Bundesbürgern zwischen 15 und 24 Jahren durchführen. Fünf Interviewer stehen Ihnen zur Verfügung. Jeder Interviewer soll 20 Interviews durchführen.

Die Berechnungen aus Tabelle 12-4 stellen die Basis für den Quotenplan dar. Sie wissen nun, wie Sie die 300 Interviews prozentuell auf die einzelnen Altersgruppen aufteilen müssen. Demnach werden 78 Interviews in der Altersgruppe von 15 bis 17 Jahren geführt, 90 bei Personen zwischen 18 und 20 Jahren und 132 bei der Altersgruppe der 21- bis 24-Jährigen.

| | Personen lt. Statistischem Bundesamt | Anteil an der Gesamtpersonen-zahl | Anteil der Interviews bei einer Stichproben-größe n = 300 |
|---|---|---|---|
| 15 bis 17 Jahre | 2.399.688 | 26 % | 78 |
| 18 bis 20 Jahre | 2.727.805 | 30 % | 90 |
| 21 bis 24 Jahre | 4.008.892 | 44 % | 132 |
| Gesamt | 9.136.385 | 100 % | 300 |

**Tab. 12-4:** Prozentuelle Aufteilung der Altersgruppen (Quelle: Statistisches Bundesamt 2012, S. 31)

Wie geben Sie diese Gliederung jedoch an Ihre fünf Interviewer weiter? In Tabelle 12-5 sehen Sie die Interviewanweisung für unser Beispiel. Jeder Interviewer bekommt eine Liste, auf der angegeben ist, wie viele Personen welchen Alters er befragen soll.

| | Interviewer Nr. | | | | | Summe der Interviews |
|---|---|---|---|---|---|---|
| | 1 | 2 | 3 | 4 | 5 | |
| 15 bis 17 Jahre | 16 | 16 | 16 | 15 | 15 | 78 |
| 18 bis 20 Jahre | 18 | 18 | 18 | 18 | 18 | 90 |
| 21 bis 24 Jahre | 26 | 26 | 26 | 27 | 27 | 132 |
| Gesamt | 60 | 60 | 60 | 60 | 60 | 300 |

**Tab. 12-5:** Anzahl der Interviews pro Altersstufe für fünf Interviewer

Die Vorteile einer Quotenstichprobe liegen auf der Hand. Da es keine systematischen Stichprobenausfälle gibt, ist die Stichprobe hinsichtlich der quotierten Merkmale mit Sicherheit ein strukturgleiches Abbild der Grundgesamtheit. Es ist nicht notwendig, dass die Elemente der Grundgesamtheit physisch oder symbolisch vorliegen. Weitere Vorzüge werden in der – im Vergleich zu den Zufallsauswahlen – schnelleren Durchführung und den niedrigeren Kosten gesehen.

Allerdings dürfen auch einige Nachteile der Quotenstichprobe nicht übersehen werden. Als zentraler Kritikpunkt der Quotenauswahl ist das Fehlen einer statistischen Kontrolle des Auswahlfehlers zu nennen. Da im

Gegensatz zu den Zufallsauswahlen bei den bewussten Auswahlen kein wissenschaftlich fundiertes Modell existiert, ist die Generalisierbarkeit der Ergebnisse unsicher.

Ein weiterer Haupteinwand betrifft die Quotenmerkmale an sich. Es stellt sich die Frage, welche Quotenmerkmale für die Stichprobenziehung herangezogen werden sollen. Es kann zwar davon ausgegangen werden, dass die Quotenmerkmale entsprechend der Grundgesamtheit verteilt sind, das bedeutet aber nicht, dass dies auch die Merkmale sind, die im Mittelpunkt des Forschungsinteresses stehen. Bei diesen nicht-quotierten und meist nicht-quotierbaren Merkmalen kann man nicht sicher sein, dass sie in der Stichprobe genauso verteilt sind wie in der Grundgesamtheit. Ein weiterer Nachteil der Quotenstichprobe ist in der Tatsache zu sehen, dass die Quotenmerkmale meist unabhängig voneinander vorgegeben werden, in der Grundgesamtheit jedoch kombiniert vorkommen können.

Als letzter Schwachpunkt muss Folgendes angemerkt werden: Um bei großen Stichproben den Auswahlplan nicht unnötigerweise zu komplizieren, muss man auf eine begrenzte Anzahl von Quotenmerkmalen (meist drei oder vier) zurückgreifen. Diese müssen für den Interviewer leicht erkennbar sein. In den meisten Fällen sind es demografische Merkmale wie z.B. Alter und Geschlecht. Am Anfang der Interviewphase ist es leicht, Personen ausfindig zu machen, die irgendeinem Quotenmerkmal entsprechen. Die Bandbreite der Merkmalskombinationen ist noch sehr groß. Gegen Ende der Interviewphase wird die Möglichkeit, Personen mit bestimmten kombinierten Merkmalsausprägungen zu finden, immer schwieriger.

Eine Zusammenfassung der Vor- und Nachteile der dargestellten Auswahlverfahren finden Sie bei Kromrey (2009, S. 311 ff.).

## 12.6 Teilnehmerrekrutierung in der Online-Forschung

Wie bereits angesprochen, ist der Nutzerkreis für webbasierte Umfragen meist nicht eindeutig anzugeben. Die Erstellung von Stichprobendesigns, wie sie in der traditionellen empirischen Forschung angewendet werden, erweist sich zusätzlich als schwierig. Aufgrund dieser Probleme werden für webbasierte Erhebungen bestimmte Rekrutierungsverfahren eingesetzt, um Respondenten für die Teilnahme an einer Befragung zu gewinnen. Diese Verfahren der Teilnehmerrekrutierung können in probabilistische, also zufallsgesteuerte, und nicht-probabilistische (nicht zufallsgesteuerte) Methoden unterteilt werden.

Die **zufallgesteuerten Verfahren** der Teilnehmerrekrutierung sind dadurch gekennzeichnet, dass die Mitglieder der jeweiligen Grundgesamtheit eine bekannte Chance haben, für die Untersuchung ausgewählt zu werden. Dies ist in Grundgesamtheiten, bei denen alle Mitglieder symbolisch verfügbar sind und per E-Mail erreicht werden können – wie z.B. die Mitarbeiter eines Unternehmens –, kein Problem. Die Stichprobe wird dann aus der kompletten Liste der E-Mail-Adressen gezogen (Couper 2000, S. 485).

Für die Grundgesamtheit der Internet-User liegen jedoch keine derartigen vollständigen Verzeichnisse vor. Eine Ziehung der Stichprobe nach den Kriterien der Zufallsauswahl scheint also nicht möglich zu sein. Wie kann sich der Forscher helfen? Grundsätzlich sind zwei Möglichkeiten denkbar:

1. **Einsatz von Intercept-Verfahren**
   Die Auswahl von Befragungsteilnehmern mittels Intercept erfolgt während der Nutzung des Internets. Wird vom Respondenten eine bestimmte Website aufgerufen, öffnet sich ein Pop-up-Fenster, in dem zur Teilnahme an der Erhebung aufgerufen wird. Der Nutzer hat nun die Möglichkeit, an der Befragung gleich bzw. zu einem späteren Zeitpunkt teilzunehmen oder das Pop-up-Fenster zu schließen und nicht teilzunehmen. Pfleiderer (2003) bezeichnet diese Methode als Verfahren des n-ten Besuchers. Das „n" symbolisiert die Anzahl der Seitenaufrufe, die zwischen den Teilnahmeaufforderungen liegen. So bedeutet z.B. 10-ter Besucher, dass sich bei jedem 10. Zugriff auf die Website das Pop-up-Fenster öffnet und den User zur Teilnahme an der Umfrage einlädt. Wie man aus dieser Vorgehensweise erkennen kann, wird dabei die Grundgesamtheit umdefiniert. Nicht mehr die Besucher der Website sind die Grundgesamtheit, sondern die Ereignisse, d.h. die Zugriffe auf die Website. Kritisch ist anzumerken, dass diese Vorgehensweise nur zu einem Teil gewährleisten kann, dass alle Nutzer der jeweiligen Website eine bekannte Chance haben, an der Umfrage teilzunehmen. Weitere Details zu diesem Auswahlverfahren sind bei Bosnjak (2002, S. 14 f.) und Welker (2005, S. 43 f.) nachzulesen.

2. **Vorrekrutierung von potenziellen Teilnehmern**
   Im Gegensatz zur Intercept-Auswahl wird bei der Vorrekrutierung der Teilnehmer der Respondent nicht während der Nutzung des Internets zur Befragung eingeladen, sondern bereits im Vorfeld der eigentlichen Untersuchung erhoben, ob er die Kriterien erfüllt, an einer Online-Umfrage teilzunehmen. Beispielsweise wird bei Studien, die auf einer telefonischen Zufallsstichprobe beruhen, erhoben, ob die befragte Person über eine E-Mail-Adresse verfügt, Zugang zum Internet hat und prinzipiell bereit ist, an Web-Umfragen teilzunehmen. Durch die Vorrekrutierung von Internetnutzern können jedoch nur über internetaffine Bevölkerungsgruppen Aussagen gemacht werden. Weiterführende Literatur findet sich bei Couper (2000) sowie Dillman (2007).

Bei den **nicht-zufallsgesteuerten** Auswahlverfahren kann über die Wahrscheinlichkeit, mit der ein potenzieller Teilnehmer in die Stichprobe gelangt, keine Aussage gemacht werden. Es liegt kein Verfahren der aktiven Auswahl zugrunde. Bandilla (2006) spricht in diesem Zusammenhang von einem „convienence sample“, meint also die ungezielte Ansprache von möglichen Teilnehmern, die sich für die Befragung selbst rekrutieren. Zu den gängigsten Formen der nicht-zufallsgesteuerten Teilnehmerrekrutierung zählen Teilnehmeraufrufe auf stark frequentierten Internetseiten. Mit einem Mausklick auf einen entsprechenden Link kommt der interessierte Respondent auf den Fragebogen, der auf einem Server abgelegt ist, und kann sofort an der Umfrage teilnehmen. Die Nachteile dieser Rekrutierungsmethode liegen auf der Hand. Es wird nur ein bestimmter User-Kreis damit angesprochen, und zwar Personen, die die entsprechende Website oftmals besuchen, gerne an Gewinnspielen teilnehmen oder sich für die Incentives interessieren und den Fragebogen wahrscheinlich mehrmals ausfüllen. Personen, auf die diese Merkmale nicht zutreffen, erreicht man auf diese Art und Weise kaum. Dadurch wird die Steuerung der Stichprobe unmöglich und es kann nicht von einer repräsentativen Auswahl ausgegangen werden.

Weitere Möglichkeiten der ungezielten Ansprache von potenziellen Befragungsteilnehmern sind bei Bosnjak (2002, S. 13) nachzulesen.

## 12.7 Stichprobengröße

Die Schätzung der für eine geplante Untersuchung benötigten Stichprobengröße ist deswegen von Bedeutung, weil zu große Stichproben eine unnötige Verschwendung von Zeit und Mitteln bedeuten, während bei einer zu kleinen Stichprobe die Ergebnisse eine zu große Schwankungsbreite aufweisen würden (siehe Abschnitt 12.4). Es gibt keine festen Regeln, wie umfangreich eine Stichprobe sein sollte. Ihre Größe hängt in erster Linie von sachlichen (z.B. Erreichbarkeit der Untersuchungseinheiten), personellen, zeitlichen und finanziellen Gesichtspunkten sowie von der gewünschten Genauigkeit der Ergebnisse ab.

In der kommerziellen Umfrageforschung entscheiden die eben aufgezählten Bedingungen, wie groß eine Stichprobe gewählt wird. Aus wissenschaftlicher Sicht sollten jedoch auch folgende Überlegungen bei der Planung des Stichprobenumfangs berücksichtigt werden:

- Ist die zu untersuchende Grundgesamtheit eher heterogen oder homogen? Ist die **Variabilität der Grundgesamtheit** sehr groß, d.h. ist die zu untersuchende Grundgesamtheit sehr heterogen, dann sollte die Stichprobe größer sein, um diese Unterschiedlichkeit erfassen zu können.
- Mit welcher Genauigkeit soll ein Ergebnis interpretiert werden? Will man aus Stichproben den „wahren“ Wert einer Grundgesamtheit schätzen, so kann dies – wie wir in Abschnitt 12.4 gesehen haben – nur mit

einer bestimmten Sicherheit geschehen. Die zweite Überlegung betrifft also die **Genauigkeit** bzw. die **Irrtumswahrscheinlichkeit** einer Aussage.
- Über wie viele Teilgruppen einer Stichprobe möchte man die Daten analysieren? Ist man z.B. nur an einer Auswertung der gesamten Stichprobe interessiert, wird man mit einer kleineren Anzahl an Auskunfts- bzw. Versuchspersonen auskommen. Will man jedoch die untersuchten Merkmale bei verschiedenen Gruppen analysieren, wird ein größerer Stichprobenumfang notwendig, um für jede Gruppe und deren Merkmalsausprägungen noch zuverlässige Aussagen zu bekommen. Diese Entscheidung betrifft also das **Ausmaß der angestrebten statistischen Analysen**.

Zusammenfassend kann man sagen, dass eine Stichprobe umso größer sein soll,
- je heterogener die Grundgesamtheit ist,
- je höher der geforderte Sicherheitsgrad ist und
- je kleiner die kleinste Teilgruppe ist, über die man noch verlässliche Daten wünscht.

Wie berechnet man die Größe einer Stichprobe für repräsentative Erhebungen? Wie Sie bereits wissen, kann man die Wahrscheinlichkeit, mit der ein ermittelter Stichprobenwert vom tatsächlichen Wert in der Grundgesamtheit abweicht, angeben. Das Intervall, in dem sich dieser Stichprobenwert mit einer bestimmten Wahrscheinlichkeit befindet, haben wir Schwankungsbreite genannt. Diese kann man in einer Tabelle ablesen. Für die Berechnung des Stichprobenumfangs bei einer einfachen Zufallsauswahl wollen wir diese Tabelle nochmals heranziehen.

Zur Berechnung benötigt man folgende Informationen:
- die Verteilung des zu untersuchenden Merkmals in der Grundgesamtheit,
- die Irrtumswahrscheinlichkeit bzw. die Sicherheit, mit der ein Ergebnis interpretiert werden soll,
- die Breite des Konfidenzintervalls (Schwankungsbreite).

Meist muss man jedoch Annahmen treffen, weil nicht alle Informationen zur Verfügung stehen. In vielen Fällen hat man beispielsweise keine Kenntnis über die Verteilung eines Merkmals. Man behilft sich in der Regel dadurch, dass man den theoretischen Maximalwert annimmt. Das heißt, man geht davon aus, dass die Merkmalsverteilung p den ungünstigsten Fall, nämlich 50%, aufweisen kann. Die statistische Sicherheit (Konfidenzniveau) wird üblicherweise mit 95% angegeben, man hat also eine Irrtumswahrscheinlichkeit von 5%. Die Breite des Vertrauensintervalls wird in Abhängigkeit von der gewünschten bzw. erforderlichen Genauigkeit eines Ergebnisses angenommen.

Bleiben wir bei dem eben dargestellten Beispiel und versuchen wir, die bereits in Abschnitt 12.4 verwendete Tabelle der Schwankungsbreiten (siehe Tab. 12-6) für die Berechnung des Stichprobenumfangs anzuwenden.

Die Annahmen und das Ablesen in Tabelle 12-6:

- Der Anteil des interessierenden Merkmals wird mit 50% angenommen, da keine Vorinformation vorhanden ist.
- Die Interpretation soll mit einer Irrtumswahrscheinlichkeit von 5% (also 95%iger Sicherheit) erfolgen.
- Die maximal zulässige Schwankungsbreite beträgt 2%, d.h. die errechnete Merkmalsverteilung p darf nicht mehr als 2 Prozentpunkte nach unten bzw. oben abweichen.

In der letzten Spalte wird der Anteil des interessierenden Merkmals mit 50% ausgewiesen. Verfolgen Sie in dieser Spalte die darin vermerkten Schwankungsbreiten nach unten, bis Sie zum Wert 2,0 kommen (gerahmte Zelle). Das ist jene Unsicherheit, die wir bei der Interpretation des „wahren" Werts in Kauf nehmen. Suchen Sie jetzt in der grau hinterlegten Spalte die Anzahl der Fälle, die beim Schnittpunkt 2,0 angegeben ist. Es sind 2.500 Personen, die Sie befragen müssen, um bei einer Merkmalsverteilung von 50% und einer Irrtumswahrscheinlichkeit von 5% eine maximale Schwankungsbreite von 2% zu erhalten.

Ergibt die Untersuchung eine eindeutigere Merkmalsverteilung, d.h. ist der Anteil des Merkmals z.B. 20% und nicht wie ursprünglich angenommen 50%, so verringert sich die Schwankungsbreite auf 1,6% (siehe grau hinterlegte Zelle).

Zur Berechnung der Stichprobengröße finden Sie nähere Informationen bei Hartmann (2012). Eine weitere Hilfe ist jenes Applet zur Berechnung des Stichprobenumfangs, das unter http://www.bauinfoconsult.de/Stichproben_Rechner.html aufzurufen ist. Auch das in den empirischen Wirtschafts- und Sozialwissenschaften häufig eingesetzte Datenanalyseprogramm *SPSS* bietet unter dem Namen „Sample Power" ein Tool zur Berechnung der Stichprobengröße an.

| Fallzahl (n) | p in Prozent 3 / 97 | 5 / 95 | 10 / 90 | 15 / 85 | 20 / 80 | 25 / 75 | 30 / 70 | 40 / 60 | 50 / 50 |
|---|---|---|---|---|---|---|---|---|---|
| 100 | 3,3 | 4,3 | 5,9 | 7,0 | 7,8 | 8,5 | 9,0 | 9,6 | 9,8 |
| 200 | 2,4 | 3,0 | 4,2 | 4,9 | 5,5 | 6,0 | 6,4 | 6,8 | 6,9 |
| 300 | 1,9 | 2,5 | 3,4 | 4,0 | 4,5 | 4,9 | 5,2 | 5,5 | 5,7 |
| 400 | 1,7 | 2,1 | 2,9 | 3,5 | 3,9 | 4,2 | 4,5 | 4,8 | 4,9 |
| 500 | 1,5 | 1,9 | 2,6 | 3,1 | 3,5 | 3,8 | 4,0 | 4,3 | 4,4 |
| 750 | 1,2 | 1,6 | 2,1 | 2,6 | 2,9 | 3,1 | 3,3 | 3,5 | 3,6 |
| 1.000 | 1,1 | 1,4 | 1,9 | 2,2 | 2,5 | 2,7 | 2,8 | 3,0 | 3,1 |
| 1.250 | 0,9 | 1,2 | 1,7 | 2,0 | 2,2 | 2,4 | 2,5 | 2,7 | 2,8 |
| 1.500 | 0,9 | 1,1 | 1,5 | 1,8 | 2,0 | 2,2 | 2,3 | 2,5 | 2,5 |
| 2.000 | 0,7 | 1,0 | 1,3 | 1,6 | 1,8 | 1,9 | 2,0 | 2,1 | 2,2 |
| 2.500 | 0,7 | 0,9 | 1,2 | 1,4 | 1,6 | 1,7 | 1,8 | 1,9 | **2,0** |
| 3.000 | 0,6 | 0,8 | 1,1 | 1,3 | 1,4 | 1,5 | 1,6 | 1,8 | 1,8 |
| 3.500 | 0,6 | 0,7 | 1,0 | 1,2 | 1,3 | 1,4 | 1,5 | 1,6 | 1,7 |
| 4.000 | 0,5 | 0,7 | 0,9 | 1,1 | 1,2 | 1,3 | 1,4 | 1,5 | 1,5 |
| 5.000 | 0,5 | 0,6 | 0,8 | 1,0 | 1,1 | 1,2 | 1,3 | 1,4 | 1,4 |
| 7.500 | 0,4 | 0,5 | 0,7 | 0,8 | 0,9 | 1,0 | 1,0 | 1,1 | 1,1 |
| 10.000 | 0,3 | 0,4 | 0,6 | 0,7 | 0,8 | 0,8 | 0,9 | 1,0 | 1,0 |

**Tab. 12-6:** Beispiel zum Stichprobenumfang

## 12.8 Stichprobenausfälle

In den vergangenen Jahren hat die Bereitschaft der Bevölkerung zur Teilnahme an empirischen Untersuchungen abgenommen. Die Nicht-Erreichbarkeit einzelner Bevölkerungsgruppen aufgrund gestiegener Mobilität, die Abnahme der Festnetztelefonie und die damit verbundene Zunahme der häufig mit Wertkarten betriebenen Mobiltelefone stellen ein weiteres schwerwiegendes Problem für die Umfrageforschung dar. Was tun, wenn Mitglieder einer Grundgesamtheit die Mitarbeit verweigern? In diesem Zusammenhang muss man sich also die Frage stellen, ob und wie stark die Repräsentativität der Umfrageergebnisse durch die Tatsache, dass bestimmte Personengruppen nicht geantwortet haben, beeinflusst wird.

Der Anteil der nicht-antwortenden Personen einer Auswahlmenge wird als **Ausfallsrate** bezeichnet. Komplementär dazu nennt man den Anteil der Antwortenden **Ausschöpfungsrate** einer Stichprobe. Da man in den meisten Fällen keine Kenntnis davon hat, ob bzw. auf welche Art und Weise sich die befragten Personen von den nicht befragten in ihrem Antwortverhalten unterscheiden, sollte die Ausschöpfungsrate einer Stichprobe möglichst hoch sein. Möglicherweise gibt es systematische Antworttendenzen, welche die Qualität der Erhebung und der daraus gewonnenen Erkenntnisse erheblich beeinflussen können. Eine Auswirkung des sogenannten Non-Response-Problems auf die Repräsentativität einer Stichprobe ergibt sich daher immer dann, wenn sich die Nicht-Antwortenden von den Antwortenden systematisch unterscheiden. Diese Verminderung der Repräsentativität ist umso größer, je höher die Ausfallsrate bzw. je niedriger die Ausschöpfungsrate ist. Mit anderen Worten: Wenn Ausfälle einen bestimmten Prozentsatz überschreiten, kann auch eine hohe Rücklaufquote einer Befragung zu verzerrten Ergebnissen führen, wenn bestimmte Personengruppen nicht antworten. Andererseits muss eine niedrige Rücklaufquote nicht zwangsläufig zu einer Verzerrung führen.

In der Literatur finden sich zahlreiche Studien, die sich mit Stichprobenausfällen beschäftigen. Interessierte Leser finden dazu nähere Informationen bei Aaker u.a. (2010), Reuband/Blasius (1996) sowie Schnell/Hill/Esser (2011).

Selbst bei sorgfältiger Planung und Durchführung einer Untersuchung lassen sich Ausfälle kaum vermeiden. Dazu einige Überlegungen:

- Wie groß soll die Ausgangsstichprobe sein, um die erforderliche Anzahl an Interviews zu erreichen?
- Nach welchen Kriterien soll man die Ausfälle protokollieren?
- Wie stellt man fest, ob mit systematischen Antworttendenzen zu rechnen ist?

Wie wir bereits festgestellt haben, gibt es bei jeder Umfrage Personen, die auf die Fragen des Forschers keine Antwort geben (möchten). Um trotz dieser Ausfälle und Verweigerungen die nötige Anzahl an Interviews zustande zu bringen, ist es ratsam, eine größere Stichprobe zu ziehen, als tatsächlich Interviews gemacht werden sollen. Wie groß sollte diese sein? In den meisten Fällen ist es ausreichend, wenn die per Zufall ermittelte Ausgangsstichprobe die Anzahl der benötigten Interviews um das Dreifache übersteigt. Der Ausgangsstichprobe wird eine Primärstichprobe entnommen. Man versucht, eine möglichst hohe Antwortquote zu erreichen. Kann die erforderliche Anzahl an Interviews nicht erzielt werden, zieht man weitere Stichproben aus der Ausgangsstichprobe. Wird trotz Ziehung von zwei Ersatzstichproben die Interviewanzahl nicht erreicht – was selten vorkommt –, muss eine neue Ausgangsstichprobe aus der Grundgesamtheit gezogen werden.

Die Ausschöpfungsraten von Ausgangsstichproben sind je nach Erhebungsart sehr unterschiedlich. In Abhängigkeit vom Untersuchungsthema sowie den gesetzten Maßnahmen zur Erhöhung der Ausschöpfungsraten können Ausgangsstichproben bei persönlichen und telefonischen Umfragen meist zu 60–80% ausgeschöpft werden. Bei schriftlichen Befragungen liegt dieser Wert deutlich darunter (Porst/Ranft/Ruoff 1998).

Wie Sie diese Ausfälle protokollieren und dokumentieren können, wird anhand der Media-Analyse (Tab. 12-7) gezeigt.

| | | |
|---|---|---|
| Ausgangsstichprobe | 22.655 | 100% |
| Qualitätsneutrale Ausfälle/Adressfehler | 611 | 2,7% |
| Bereinigte Stichprobe | 22.054 | 100% |
| Verweigerung des Kontakts | 1.294 | 5,9% |
| Verweigerung des Interviews | 847 | 3,8% |
| Zielperson ermittelt, nicht angetroffen | 327 | 1,5% |
| Im Haushalt niemanden angetroffen | 1.664 | 7,5% |
| Andere Gründe | 35 | 0,7% |
| Netto-Interviews (Ausschöpfung) | 17.776 | 80,6% |

**Tab. 12-7:** Dokumentation der Ausschöpfungsquote (Quelle: In Anlehnung an Verein Arbeitsgemeinschaft Media-Analysen 2000, S. 9)

Ob aufgrund der Stichprobenausfälle mit systematischen Antworttendenzen zu rechnen ist, lässt sich durch einen Vergleich der erreichten Stichprobe mit der entsprechenden Grundgesamtheit feststellen.

Nehmen wir an, die Merkmale Geschlecht und Alter einer Grundgesamtheit sind bekannt. In einer Umfrage unter 10.000 Auskunftspersonen werden diese Merkmale auch erhoben. In Tabelle 12-8 wird der Vergleich zwischen der Merkmalsverteilung in der Grundgesamtheit und zwei Stichprobenergebnissen dargestellt. Dabei stellt die Stichprobe 1 ein (unter Be-

| | Grundgesamtheit | Stichprobe 1 | Stichprobe 2 |
|---|---|---|---|
| Männlich | 48 | 49 | 54 |
| Weiblich | 52 | 51 | 46 |
| 15 bis 19 Jahre | 7 | 7 | 2 |
| 20 bis 24 Jahre | 8 | 7 | 4 |
| 15 bis 29 Jahre | 10 | 10 | 15 |
| 30 bis 30 Jahre | 21 | 22 | 33 |
| 40 bis 49 Jahre | 16 | 16 | 21 |
| 50 bis 59 Jahre | 14 | 15 | 17 |
| 60 bis 69 Jahre | 11 | 12 | 6 |
| 70 Jahre und älter | 13 | 11 | 2 |

**Tab. 12-8:** Verzerrte Stichprobenstruktur, aufgrund derer mit systematischen Antworttendenzen zu rechnen ist

rücksichtigung der Schwankungsbreiten) verkleinertes Abbild der Grundgesamtheit dar, Stichprobe 2 weicht davon erheblich ab. Bei Stichprobe 2 sind daher systematische Antworttendenzen nicht auszuschließen.

Welche Formen von Stichprobenausfällen gibt es bei Web-Befragungen? Hat man das Problem der Teilnehmerrekrutierung gelöst, die Auswahl nach einem zufallsgesteuerten Verfahren getroffen, so ist – ebenso wie bei Umfragen mit herkömmlichen Methoden – davon auszugehen, dass nicht alle angeschriebenen Personen den Fragebogen beantworten werden.

Um die Stichprobenausfälle von online durchgeführten Befragungen beschreiben zu können, betrachten wir zunächst die einzelnen Phasen, in denen eine derartige Erhebung abläuft. Die Teilnahme an Online-Umfragen ist durch einen mehrstufigen Bearbeitungsprozess gekennzeichnet: Die Zielperson muss von der Umfrage in Kenntnis gesetzt werden, d.h. z.B. ein E-Mail erhalten. Darüber hinaus muss sie gewillt sein, die Startseite abzurufen und im Anschluss daran an der Befragung (vollständig) teilnehmen.

Bosnjak, Tuten & Bandilla (2001) stellen den Ablauf einer Online-Befragung auf zwei Achsen dar: Horizontal ist die Zahl der eingeblendeten Fragen dargestellt, vertikal die jener Fragen, die auch tatsächlich beantwortet wurden. Daraus ergeben sich sieben Bearbeitungstypen, die durch bestimmte Formen von Ausfällen zu charakterisieren sind:

1. Complete Responders (alle präsentierten Fragen werden beantwortet)
2. Unit-Nonresponders (Personen, die nicht an der Befragung teilnehmen)
3. Answering Drop-Outs (Personen, die mit der Befragung beginnen und alle Fragen, die eingeblendet werden, ausfüllen, jedoch vor dem Ende der Befragung aussteigen)
4. Lurker (Personen, die sich durch den gesamten Fragebogen klicken, aber keine Frage ausfüllen)
5. Lurking Drop-Outs (Personen, die sich nur einen Teil des Fragebogens anschauen und vor Beendigung des Fragebogens aussteigen)
6. Item-Nonresponder (Personen, die den gesamten Fragebogen sehen, einzelne Fragen jedoch nicht beantworten)
7. Item-Nonresponding Drop-Outs (Mischform aus den Typen 3 und 6).

Zahlreiche Forschungsbeiträge beschäftigen sich mit den Determinanten des Teilnahmeverhaltens und sind u.a. bei Bosnjak (2002) nachzulesen. Der Arbeitskreis deutscher Markt- und Sozialforschungsinstitute (2001) widmet sich in den Qualitätsstandards der Ausschöpfung von Online-Umfragen. Weiterführende Hinweise zur Vermeidung und zum Umgang mit Stichprobenausfällen finden sich bei Költringer (1997).

**In Kürze**

- Unter einer Grundgesamtheit versteht man die Menge von Objekten (Menschen, Medien, Texten usw.), über die Aussagen bezüglich bestimmter Merkmale getroffen werden sollen.
- Im Zusammenhang mit Stichprobenuntersuchungen unterscheidet man zwischen Auswahlverfahren nach dem Zufallsprinzip und bewussten Auswahlverfahren.
- Eines der wichtigsten Gütekriterien einer Stichprobe ist die Repräsentativität.
- Stichprobenausfälle zählen zu den größten Problemen von Zufallsauswahlen, da sie die Güte der Stichprobe entscheidend beeinflussen können.
- Auswahlverfahren nach dem Zufallsprinzip basieren auf wahrscheinlichkeitstheoretischen Annahmen. Dadurch ist es möglich, ein Vertrauensintervall (Schwankungsbreite) anzugeben, innerhalb dessen die durch eine Stichprobe ermittelten Ergebnisse in der jeweiligen Grundgesamtheit liegen.
- Mithilfe einer Konfidenztabelle können Schwankungsbreiten bei gegebenen Stichprobenumfang und gegebener Merkmalsverteilung sehr schnell abgelesen werden. Diese Tabelle ermöglicht auch, die ideale Stichprobengröße zu ermitteln.
- Die Quotenauswahl zählt zu den bekanntesten bewussten Stichprobenverfahren.
- Auf die wissenschaftliche Vorgehensweise bei der Stichprobenziehung und auf die freiwillige Teilnahme sowie die Wahrung der Anonymität der Untersuchungsteilnehmer ist auch dann zu achten, wenn die Erhebung der Daten online erfolgt.

# 13 Methoden der Datenerhebung

Rufen Sie sich nochmals den Ablauf des Forschungsprozesses in Erinnerung. Nach der Konzeptualisierung der Untersuchung wird in der Regel ein Erhebungsinstrument erstellt. In diesem Kapitel werden wir uns mit den Methoden und Instrumenten beschäftigen, mit denen Beobachtungen erfasst und Daten erhoben werden können. Die Wahl für ein bestimmtes Erhebungsinstrument wird durch das Forschungsproblem, also durch das spezifische Untersuchungsziel, bestimmt.

Zu den Methoden der Datenerhebung zählen:
- Befragung
- Beobachtung
- Inhaltsanalyse

Die Datenerhebungsmethoden lassen sich weiters durch die Form der Versuchsanordnung unterscheiden, und zwar in eine experimentelle und eine nicht-experimentelle Datenerhebungsmethode.

## 13.1 Befragung

In der empirischen Sozialforschung zählt die Befragung zu den am häufigsten verwendeten Datenerhebungsmethoden. Allerdings gibt es zahlreiche Möglichkeiten, diese Erhebungsmethode anzuwenden. Welche Formen der Befragung kann man unterscheiden? Nach welchen Kriterien kann man die Formen der Befragung systematisieren? Drei Merkmale bieten sich dafür an:
- die Befragungssituation
- der Grad der Standardisierung
- die Häufigkeit der Befragung

Hinsichtlich der **Befragungssituation** trennt man zwischen der mündlichen und der schriftlichen Befragung. Die mündliche Befragung kann face-to-face, also persönlich durch Interviewer, oder telefonisch durchgeführt werden. Bei der mündlichen Befragung unterscheidet man weiters das Einzelinterview, bei dem nur eine Person vom Interviewer befragt wird, und das Gruppeninterview, bei dem mehrere Personen gleichzeitig anwesend sind und einem Moderator Auskunft geben bzw. über ein Thema diskutieren. Bei der schriftlichen Befragung erhält der zu Befragende per Post einen Fragebogen, den er selbst ausfüllt und anschließend an die Forschungsinstitution zurückschickt.

Seit einigen Jahren kommt die computerunterstützte Datenerhebung immer häufiger zum Einsatz, dies sowohl bei persönlichen als auch bei telefonischen Befragungen. Außerdem hat sich eine weitere – der schriftlichen Befragung ähnliche – Erhebungsart etabliert, die Online-Befragung. Die Zielperson bekommt per E-Mail einen Fragebogen oder einen Link zu einer Seite im Internet zugeschickt, füllt den Fragebogen aus und retourniert ihn via E-Mail oder durch das direkte Absenden von der Website an die Forschungsinstitution.

Der **Grad der Standardisierung** eines Interviews betrifft den Wortlaut und die Abfolge der Fragen. Man unterscheidet zwischen voll-, teil- und nicht-standardisiertem Interview.

Bei einem vollstandardisierten Interview ist der Wortlaut aller Fragen vorformuliert und festgelegt, in welcher Reihenfolge die Fragen zu stellen sind und ob sie „offen" oder „geschlossen" gestellt werden. Der Interviewer bekommt genaue Vorgaben, an welcher Stelle er gegebenenfalls Listen oder Karten vorlegen muss. Er hat keinerlei Gestaltungsspielraum für das Gespräch.

Im Gegensatz zu den vollstrukturierten Interviews ist bei einem nicht-standardisierten (unstrukturierten) Interview lediglich ein thematischer Rahmen vorgegeben. Die Gesprächsführung ist den Fähigkeiten des Interviewers überlassen. Der Befragte kann ganz ohne Vorgaben antworten, seine Äußerungen werden vom Interviewer protokolliert. Diese Art der Interviews eignet sich besonders für eine erste Orientierung über ein Thema oder zur Erhebung von komplexen Einstellungsmustern und Motiven.

Zwischen diesen beiden Extremen liegt das teilstandardisierte Interview. Dabei wird ein Gesprächsleitfaden eingesetzt, der Interviewer hat die Möglichkeit, die Befragungssituation mitzustrukturieren. Diese Form der Befragung erlaubt es, bei bestimmten Themen genauer nachzufragen.

Je nach der **Häufigkeit der Befragung** unterscheidet man zwischen der einmaligen Befragung und dem Panel. Bei einem Panel werden dieselben Personen zu mehreren Zeitpunkten mit demselben Messinstrument, also zu denselben Themen, befragt. Paneluntersuchungen kommen vor allem in den Wirtschaftswissenschaften zum Einsatz, da man durch sie laufend auf aktuelle Unterlagen für die Planung, z.B. von Werbeaktivitäten etc., zurückgreifen kann.

### 13.1.1 Standardisierte Befragung

Die gebräuchlichste Form der Befragung ist das persönliche Interview. Dabei antworten die Auskunftspersonen mittels eines meist sehr stark strukturierten Fragebogens und geben auf diese Weise ihre Meinungen, Einstellungen, Verhaltensweisen etc. an. Bei dieser Form der Erhebung liegt immer eine klare, oft theoretisch fundierte Problemstellung vor. Im Fragebogen werden Inhalt, Anordnung und Anzahl der Fragen in Hinsicht auf das Untersuchungsziel festgelegt. Die eigentliche Befragung, das sogenannte Interview, findet in der Regel zwischen zwei Personen statt: dem Interviewer und der Auskunftsperson. Die erhobenen Daten werden anschließend „quantifiziert". Dazu steht dem Forscher die elektronische Datenverarbeitung zur Verfügung.

Diese Form der Befragung bietet sich immer dann an, wenn bereits viel Hintergrundwissen über das zu Erfragende vorhanden ist. Sie ist zeitintensiv, zumal möglichst viele Personen befragt werden sollen. Das bedeutet auch, dass eine standardisierte Befragung mit vergleichsweise hohen Kosten verbunden ist.

Haben Sie sich entschlossen, einen Fragebogen zu entwickeln? Auf den folgenden Seiten finden Sie Wissenswertes über die verschiedenen Frageformen, Tipps und Tricks zur Formulierung von Fragen sowie deren Abfolge im Fragebogen.

Bei der Entwicklung von Fragebögen ist es zunächst sinnvoll, eine Systematik über verschiedene Frageformen zu skizzieren. Fragen können

- nach der Zielrichtung,
- der Art der Vorgabe und Formulierung sowie
- in Abhängigkeit vom Anlass

unterschieden werden.

Die Gliederung nach der **Zielrichtung**, d.h. nach ihrem Inhalt, ergibt sich z.B. aus Fragen nach Einstellungen und Meinungen, Fragen nach Wissen, Verhalten oder Eigenschaften der befragten Person. Eine Reihe anderer Einteilungen finden sich bei Dillman (2007) und Porst (2000).

Ein wesentliches Unterscheidungskriterium von Fragen ist die **Art ihrer Vorgabe**. Je nach Grad der Strukturierung kann man zwischen offenen, halboffenen und geschlossenen Fragen differenzieren.

Bei einer **offenen Frage** wird eine Frage vorgelesen, es gibt keine vorgegebenen Antwortkategorien. Die befragte Person antwortet mit eigenen Worten, und der Interviewer notiert die Antworten. Hingegen geben **geschlossene Fragen** eine Anzahl von Antwortmöglichkeiten vor, innerhalb deren sich die befragte Person äußern muss. Dabei ist zu unterscheiden, ob es sich um eine Frage handelt, bei der sich die befragte Person für eine Antwortalternative entscheiden muss, also eine sogenannte Einfachnennung, oder ob sie aus mehr als einer Antwortalternative auswählen kann (Mehrfachnennung).

In der Praxis kommen **halboffene Fragen** häufig vor. Bei diesem Fragetyp wird an eine geschlossene Frage eine zusätzliche, nämlich eine offene Kategorie angehängt. Eine halboffene Frage bietet sich immer dann an, wenn mögliche Antworten bekannt sind (geschlossene Frage), aber noch mit weiteren Antwortmöglichkeiten gerechnet wird (offene Frage).

Wird eine befragte Person persönlich angesprochen, spricht man von einer **direkten Frage**. Im Gegensatz dazu wird bei einer **indirekten Frage** diese z.B. in eine kleine Geschichte oder in die Meinung einer dritten Person eingebettet. Der Befragte soll antworten, was er von dieser Aussage hält. Indirekte Fragen werden unter der Annahme gestellt, dass der Befragte darauf eher antwortet als auf eine direkte Frage. Indirekte Fragen stellen keine feststehende Technik dar (Noelle-Neumann/Petersen 2005, S. 515).

Als letztes Gliederungskriterium ist der **Anlass**, zu dem eine Frage gestellt wird, anzuführen. Je nachdem, an welcher Stelle eine Frage im Fragebogen angeordnet ist, kann man von Einleitungsfragen, die zu Beginn einer Umfrage stehen, und von Übergangsfragen, die von einem Thema zu einem anderen hinführen, sprechen. Sollen oder können aufgrund bestimmter Vorgaben nicht alle Personen eine Frage beantworten, setzt man eine Filterfrage ein, um herauszufinden, ob eine Person die vorgegebene Eigenschaft besitzt oder nicht. Entspricht sie diesen Vorgaben, dann wird in Folgefragen das angesprochene Thema näher beleuchtet.

Nachdem Sie nun die verschiedenen Frageformen kennengelernt haben, werden Sie sicher deren **Anwendungsmöglichkeiten** sowie deren Vor- und Nachteile wissen wollen.

**Offene Fragen** dienen zur Erfassung von Motiven, Werthaltungen und Zielsetzungen sowie neuer Aspekte zu einem Thema, die dem Forscher vielleicht noch nicht bekannt sind. Sie haben den Vorteil, dass die befragten Personen so sprechen können, wie sie es gewohnt sind. Fragen dieser Art entsprechen also der täglichen Konversation und lockern das Interview auf. Allerdings ist mit der offenen Verbalisierung der Antworten auch ein entscheidender Nachteil verbunden. Die Ergebnisse hängen sehr stark von der Ausdrucksfähigkeit der Befragten ab. Ein weiterer wesentlicher Nachteil offener Fragen liegt in der sehr aufwendigen nachträglichen Codierung der Antworten für die statistische Analyse, mit der auch eine geringere Objektivität der Ergebnisse gegenüber den geschlossenen Fragen verbunden ist. Planen Sie eine standardisierte, quantitative Befragung, sollten Sie den Einsatz offener Fragen sehr sorgsam überlegen und diese nur dort einsetzen, wo sie unbedingt notwendig sind. Offene Fragen sind kein Ersatz für geschlossene Fragen, deren Formulierung Ihnen schwerfällt.

**Geschlossene Fragen** sollten nur dort gestellt werden, wo bereits umfangreiche Kenntnisse über einen Sachverhalt vorliegen und es dem Forscher nur mehr um eine Gewichtung der möglichen Antworten geht. Auch geschlossene Fragen haben eine Reihe von Vor- und Nachteilen. So sind sie z.B. sowohl bei der Durchführung als auch bei der Interpretation objektiver, da die Antworten in einem vom Forscher intendierten Bezugsrahmen erfolgen. Weitere Vorteile sind darin zu sehen, dass sie weitgehend unabhängig vom sprachlichen Niveau des Befragten sind. Durch den Überblick über mehrere Antwortmöglichkeiten können die befragten Personen entscheiden, welche Antwort sie geben. Dadurch wird verhindert, dass Punkte nur deshalb nicht genannt werden, weil sie den befragten Personen nicht einfallen oder sie diese nicht formulieren können. Bei geschlossenen Fragen sind aber auch einige Nachteile zu nennen. Da die Antworten in einem festgelegten Kategorienschema erfolgen, kann es auch vorkommen, dass sich die befragten Personen in diesen Kategorien nicht wiederfinden, dass sie sich bevormundet fühlen oder eine Antwort „geraten" wird.

Zu den geschlossenen Fragen zählen **dichotome Fragen** mit nur zwei Antwortvorgaben, **Multiple-Choice-Fragen** (bei denen die Auskunftsperson eine oder mehrere Antwortmöglichkeiten auswählen kann) und **Skalierungen** (siehe auch Abschnitt 11.5). Dabei gibt es zahlreiche Varianten. Einige Beispiele dazu finden Sie in Tab. 13-1.

Kommen wir zu den **Fragen- und Antwortformulierungen**. In der Literatur (Iacobucci/Churchill 2010; Atteslander 2010, S. 155 f.) findet man zahlreiche Hinweise auf Regeln für die Frageformulierung, die folgendermaßen zusammengefasst werden können:

- Formulieren Sie kurze Sätze und vermeiden Sie lange Nebensätze.
- Verwenden Sie einfache und vor allem eindeutige Begriffe, die von allen Befragten in gleicher Weise verstanden werden. Beispiel: "Wie häufig gehen Sie ins Kino? Antwortvorgaben: Nie – Selten – Manchmal – Gelegentlich – Häufig. Wie oft ist „selten“? Bedeutet „gelegentlich“ für alle Befragten häufiger als „manchmal“?

Fremdwörter und abstrakte Begriffe sollten vermieden werden, wenn Sie nicht sicher sind, dass deren Bedeutung in der zu befragenden Grundgesamtheit bekannt ist. Gegebenenfalls sind unklare Begriffe zu definieren, bevor Sie dazu Fragen stellen.

- Vermeiden Sie Fragen, die auf Informationen abzielen, über die viele Befragte mutmaßlich nicht verfügen.
- Eine Frage darf sich jeweils nur auf ein Thema beziehen, sonst bleibt unklar, auf welche Teilaspekte sich die Antwort bezieht. Beispiel für eine missverständliche Doppelfrage: „Wie zufrieden sind Sie mit der Freundlichkeit und Kompetenz der Mitarbeiter?"
- Vermeiden Sie Verneinungen, da diese zu Verständnisschwierigkeiten führen können.
- Vermeiden Sie suggestive Fragen, also Fragen, welche die Antworten bereits in eine gewisse Richtung lenken. Dies ist bespielweise eine Frage, die mit den Worten „Sind Sie nicht auch der Meinung, dass …" eingeleitet wird.
- Verwenden Sie Fragen mit eindeutigem zeitlichen Bezug, z.B. „Welche Tageszeitungen haben Sie gestern gelesen?“
- Wählen Sie bei Erinnerungsfragen, die Fakten messen sollen, einen aktuellen Zeitraum und nicht Zeiträume, die bereits lange zurückliegen. Beispiel: „Wie viele Telefongespräche haben Sie gestern geführt" statt „Wie viele Telefongespräche haben Sie in den letzten vier Wochen geführt?"

| Art der geschlossenen Frage | Beispiel |
|---|---|
| Dichotome Frage | Besitzen Sie ein Fahrrad?<br>Ja<br>Nein |
| Multiple-Choice-Frage mit einer Antwortmöglichkeit | In welche der folgenden Altersklassen fallen Sie?<br>16–20 Jahre<br>21–30 Jahre<br>31–40 Jahre<br>41–50 Jahre<br>51–60 Jahre<br>61–70 Jahre<br>Über 70 Jahre |
| Multiple-Choice-Frage mit der Möglichkeit von Mehrfachnennungen | Welche der folgenden Kaffeemarken kennen Sie? (Mehrfachantworten möglich)<br>Lavazza<br>Illy<br>Segafredo<br>Eduscho<br>Tschibo |
| Likert-Skala | Ich lese Ihnen jetzt eine Reihe von Aussagen über Wein vor. Bitte geben Sie an, inwieweit Sie diesen Aussagen zustimmen.<br>1 = stimme voll und ganz zu<br>2 = stimme zu<br>3 = bin unentschieden<br>4 = stimme nicht zu<br>5 = stimme überhaupt nicht zu<br><br>Wein ist ein modernes Getränk 1 2 3 4 5<br>Wein ist bekömmlicher als Bier 1 2 3 4 5 |
| Semantisches Differenzial | Bewerten Sie das Unternehmen bitte anhand der folgenden Eigenschaftspaare<br>groß 1 2 3 4 5 6 7 klein<br>sympathisch 1 2 3 4 5 6 7 unsympathisch<br>schwach 1 2 3 4 5 6 7 stark<br>modern 1 2 3 4 5 6 7 altmodisch |
| Rating-Skala | Das Feedback durch den Vorgesetzten im Mitarbeitergespräch war…<br>1 sehr gut<br>2 gut<br>3 mittel<br>4 schlecht<br>5 sehr schlecht |

**Tab. 13-1:** Beispiele für geschlossene Fragen

- Achten Sie auf überschneidungsfreie Antwortkategorien. Statt „Einkommensklassen € 1.000–2.000; € 2.000–3.000" besser „Einkommensklassen € 1.000–2.000; € 2.001–3.000".
- In mehrere Items umfassenden Skalen sollten Sie sowohl positiv als auch negativ formulierte Aussagen formulieren, um Messfehler durch automatisiertes Antworten zu minimieren. Beispiel eines positiv formulierten Items: Die Mitarbeiter meiner Bank sind Experten. Ein negativ formuliertes Item: Die Mitarbeiter meiner Bank kennen ihre Stammkunden nicht.

Neben den bereits besprochenen Fragearten und -formen spielt die **Abfolge der einzelnen Fragen** im Erhebungsinstrument eine wichtige Rolle. Auch für die Fragereihenfolge gibt es eine Vielzahl an Regeln, die meist basierend auf Erfahrungen aus der Umfragepraxis formuliert sind (Karmasin/Karmasin 1977, S. 197 ff.). Noelle-Neumann/Petersen (2005, S. 104 ff.) haben für die Abfolge der Fragen in einem Fragebogen den Begriff „Dramaturgie" geprägt.

Zu diesen eher intuitiven Regeln der „Fragebogen-Dramaturgie" zählt, dass eine Befragung mit einem möglichst spannenden Thema beginnen sollte, um die Motivation des Befragten zu erhöhen und ihn zur weiteren Teilnahme zu veranlassen. Einstiegsfragen (sog. „Eisbrecher-Fragen") sollten so konstruiert sein, dass sie von allen Befragten beantwortbar sind. Dadurch soll vermittelt werden, dass die persönliche Meinung des jeweiligen Befragten wichtig ist.

Die Logik des Befragungsablaufs sollte für die interviewten Personen leicht nachvollziehbar sein. Das bedeutet z.B., dass Fragen zum gleichen Thema in einem Frageblock zusammengefasst werden sollen. Der Wechsel zwischen verschiedenen Themenblöcken wirkt auf die Befragten nicht unlogisch oder unnatürlich, er entspricht eher einer natürlichen Gesprächssituation. Den Übergang von einem Thema zum anderen kann man etwa durch die Formulierungen „Jetzt eine ganz andere Frage …" oder „Kommen wir jetzt zu einem anderen Thema …" signalisieren. Heikle Themen und schwierige oder die Intimsphäre der Auskunftsperson betreffende Fragen (z.B. Personenstandsdaten) sollten eher an das Ende eines Fragebogens gestellt werden, damit im Falle eines Abbruchs des Interviews ein Großteil des Fragebogens bereits beantwortet ist.

Besonderes Interesse gilt auch der Stellung einer Frage im Fragebogen und deren Einfluss auf das Antwortverhalten. Diese unter dem Sammelbegriff „Kontexteffekte" zusammengefassten Antwortverzerrungen werden unter anderem bei Schwarz/Sudman (1992) dargestellt.

Wie lange darf ein Fragebogen sein, wie lange darf ein Interview dauern? Das ist vermutlich eine der am häufigsten gestellten methodischen Fragen. Doch leider lässt sich die ideale **Dauer eines Interviews** nicht in Form von Zeitangaben festlegen. Die reine Zeitdauer, die für die Beantwortung der gestellten Fragen benötigt wird, ist nicht die Hauptsache. Ein Tipp: Wenn Sie eine Person als Befragten gewinnen möchten, täuschen Sie nie vor, das Interview dauere kürzer, als dies tatsächlich der Fall ist. Dies erhöht die Abbruchwahrscheinlichkeit beim Interview und kann zu unwilliger und oberflächlicher Beantwortung der Fragen führen. Ist Ihr Fragebogen sehr lange, können Sie folgende Interviewtechnik anwenden: Leiten Sie den letzten Themenblock mit den Worten ein: „Wir sind jetzt gleich fertig." Handelt es sich nur noch um eine einzige Frage, können Sie diese z.B. mit den Worten „Noch eine letzte Frage" einleiten. Das tatsächliche Ende des Fragebogens steht bevor, wenn Sie Folgendes sagen: „Wir sind fertig. Darf ich noch um einige statistische Angaben bitten?"

Abbildung 13-1 zeigt, in welcher Reihenfolge Fragen in einem standardisierten Fragebogen gestellt werden können. Folgen Sie den Fragen, beginnend bei der Begrüßung (1), im Uhrzeigersinn bis zur letzten Frage nach den Angaben zur Person (6) und zum Dank für das Interview (7). Beachten Sie, dass in diesem Fragebogen zwei Themenkreise behandelt werden. Bei jedem wird von einer allgemeinen Frage ausgegangen. Danach folgen speziellere Fragen, die das Thema vertiefen. Die statistischen Angaben zur Person werden am Ende der Befragung erhoben.

Wie Sie bereits an den vorangegangenen Punkten gesehen haben, ist das Thema Fragebogenkonstruktion sehr umfassend. Abschließend finden Sie hier noch einige Anregungen für Ihren ersten Fragebogen:

- Schreiben Sie eine Einleitung zu Ihrem Fragebogen, in der Sie auf den (allgemein gehaltenen) Zweck der Erhebung eingehen, warum gerade Sie diese Fragen stellen und wie lange das Interview vermutlich dauern wird.
- Sichern Sie dem Befragten Anonymität zu.
- Stellen Sie sicher, dass jede Frage und vor allem jede Skalierung eine genaue Anweisung enthält, wie zu antworten ist.
- Wenn eine befragte Person nicht alle Fragen beantworten soll, geben Sie klare Hinweise, mit welcher Frage sie fortfahren soll.
- Lassen Sie „Weiß nicht"-Antworten zu.
- Führen Sie einen Pre-Test mit einigen Auskunftspersonen durch, in dem Sie die durchschnittliche Befragungszeit ermitteln und die Verständlichkeit der Fragen testen. Fordern Sie beim Pre-Test die Befragten auf, unklare Fragestellungen zu kritisieren.

> Falls Sie sich dafür interessieren, wie Sie einen (einfachen) Fragenbogen mit der weit verbreiteten Statistik-Software SPSS analysieren können, finden Sie Informationen in dem Video „Wie werte ich einen Fragebogen mit SPSS aus?"
> http://www.marketmentor.at/projects/wa.html

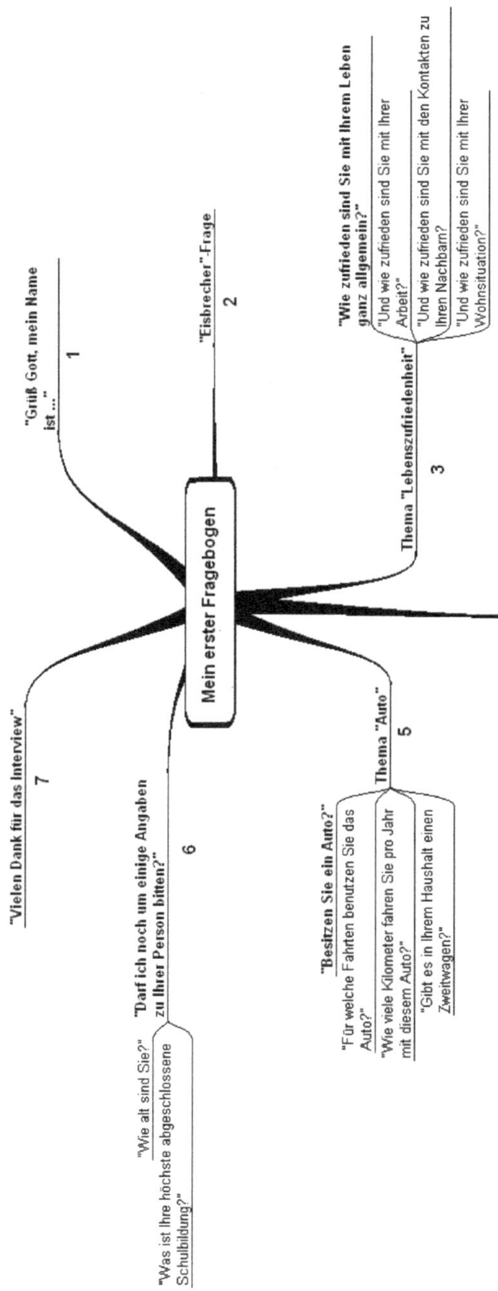


**Abb. 13-1:** Beispiel für eine Abfolge von Fragen in einem standardisierten Fragebogen

### 13.1.2 Qualitative Befragungsmethoden

Qualitative Interviews unterscheiden sich in einigen Punkten erheblich von standardisierten Befragungen. Die wesentlichen Unterscheidungsmerkmale sind:

- Grad der Standardisierung und Strukturierung
- Frageform
- Reihenfolge der Fragen

Die **Formulierung der Frage** im qualitativen Interview ist nicht von vornherein festgelegt. Da in dieser Form der Befragung die Einzelperson im Vordergrund steht, muss der Interviewer die Frage der jeweiligen Befragungssituation anpassen und dementsprechend formulieren. Er muss sich also dem Sprachcode des Befragten anpassen. Die **Fragen** werden **offen**, also ohne vorgegebene Antwortmöglichkeiten, gestellt. Erst im Nachhinein wird auf Basis der gewonnenen Information versucht, Antwortkategorien oder theoretische Konstrukte zu entwickeln.

Auch die **Reihenfolge** der zu stellenden Fragen ist im qualitativen Interview nicht standardisiert, also nicht festgelegt. Eine der Möglichkeiten, ein Interview zu führen, besteht darin, dem Befragten eine Ausgangsfrage zu stellen, auf die er mit einer möglichst ausführlichen Erzählung reagieren soll (narratives Interview), oder der Interviewer verfügt über einen Leitfaden, in dem die wichtigsten anzusprechenden Fragen festgehalten sind. Wann er diese Fragen stellt, ergibt sich aus dem Verlauf des Gesprächs.

Aufgrund des eben dargestellten Rahmens, in dem qualitative Interviews geführt werden, gestaltet sich deren Aufzeichnung schwieriger als in standardisierten Umfragen. So wird man bei qualitativen Befragungen nicht nur auf das mitgeschriebene Protokoll zurückgreifen müssen, sondern idealerweise auch ein Tonband, besser noch eine Videoaufzeichnung zur Verfügung haben.

Die im Folgenden dargestellten Interviewtechniken basieren auf qualitativer Methodologie, der Anspruch auf Vollständigkeit kann jedoch aufgrund gewisser begrifflicher Unschärfen für die in der Literatur gebrauchten Bezeichnungen nicht gewährleistet werden. Des Weiteren werden nur die gebräuchlichsten Formen präsentiert. Weiterführende Literatur finden Sie am Ende dieses Abschnitts.

Das **Tiefen- oder auch Intensivinterview** ist ein wichtiges Instrument der psychologischen Forschung mit dem Ziel, genauere Informationen vom Befragten aus dessen Perspektive und in seiner Sprache zu bekommen. Durch den nur grob strukturierten Gesprächsleitfaden ist es besonders geeignet, auf den Befragten einzugehen und vertiefte Informationen über Motive und Einstellungen bzw. Ursachen für ein Verhalten zu erlangen.

Diese Art des Interviews setzt ein sehr hohes Maß an kommunikativer Kompetenz des Interviewers voraus. Er muss in kurzer Zeit ein gutes Gesprächsklima aufbauen, das ihn in die Lage versetzt, Dinge zu erfahren, die man sonst wahrscheinlich nur Freunden erzählt. Durch das laufende Fragen und vor allem Nachfragen dauern solche Interviews meist sehr lange, sodass man mit dieser Untersuchungsmethode in der Regel nur wenige Interviews durchführen wird.

Das freie Gespräch, das weder den Interviewer noch die befragte Person an ein starres Frage-Antwort-Schema bindet, erlaubt den befragten Personen, ihren Gedanken freien Lauf zu lassen. Durch das intensive Nachfragen des Interviewers mit Warum-Fragen wird der Untersuchungsgegenstand sehr detailliert erfasst. Am Ende des Interviews werden Meinungen, Einstellungen und Motive sichtbar, die der Forscher bisher nicht kannte.

Zudem hat die „weiche" Gesprächsführung einen Vorteil: Sie verringert die Gefahr, dass der Befragte bei als unangenehm erlebten oder sehr persönlichen Fragen die Antwort verweigert, in eine neutrale Antwortkategorie ausweicht oder eine unehrliche Antwort gibt. Direkte Fragestellungen werden bei diesen Themenkreisen nämlich meist als „hart" oder provokativ empfunden. Die auf den ersten Blick großen Vorteile von Tiefeninterviews bergen aber auch einige Nachteile in sich. Diese sind vor allem in der komplizierteren Durchführung und Auswertung zu sehen. Ein weiterer Nachteil ist die – gemessen an standardisierten Interviews – geringere Vergleichbarkeit und damit Generalisierbarkeit der Ergebnisse. Die Vorgehensweise qualitativer Forschung ermöglicht sehr genaue Einblicke in Motive, Einstellungen und Werthaltungen von Personen, nicht aber die Übertragung der Ergebnisse auf eine größere Grundgesamtheit, da die Fragen nicht standardisiert vorgegeben werden und die Protokollierung der Antworten nicht in einem vorgegebenen Antwortspielraum erfolgt.

Eine weitere Methode der qualitativen Befragung ist die **Gruppendiskussion bzw. -exploration** (auch focus group genannt). Dabei handelt es sich um eine Diskussion von etwa zehn Personen unter der Leitung eines Moderators zu einem vorher festgelegten Thema.

Die Gruppendiskussion soll Situationen simulieren, die dem normalen Kommunikations- und Meinungsbildungsprozess weitgehend ähnlich sind. Neben dem individuellen Verhalten einer Person erfasst diese Art der Erhebung gruppendynamische Aspekte. Die dynamische Gesprächssituation drängt die „Interviewsituation" weitgehend in den Hintergrund, sodass auch Hemmungen, Ängste und Widerstände häufig abgebaut werden und die Teilnehmer Meinungen und Ansichten äußern, die sie im einzelnen Gespräch vermutlich nicht kundgetan hätten. Ein weiterer Vorteil von Gruppendiskussionen ist auch in der Tatsache zu sehen, dass sich die Teilnehmer durch die Diskussion gegenseitig anregen, weitere Gesichtspunkte einer Fragestellung zu erörtern.

Weitere qualitative Befragungstechniken sind das Leitfaden- sowie das narrative Interview, die im Rahmen dieses Buches nicht näher erläutert werden können. Eine ausführliche Darstellung qualitativer Befragungstechniken bieten Glinka (2009), Schütze (1983), Hopf (1985) und Berg/Lune (2012). Eine Übersicht der verschiedenen Methoden qualitativer Einzelbefragungen, die neben dem Typ des Interviews auch Angaben zu Ziel und Methodik enthält, findet sich bei Bortz/Döring (2006, S. 308 f.).

### 13.1.3 Besonderheiten von Online-Befragungen

Alle in den vorangegangenen Abschnitten dieses Kapitels dargestellten (methodischen) Anforderungen bei der Erstellung eines Fragebogens sowie der Formulierung der Fragen sind auch bei Web-Befragungen zu beachten. Hinzu kommen noch einige Besonderheiten, die aus der Art der Erhebung entstehen.

Der Arbeitskreis deutscher Markt- und Sozialforschungsinstitute (2001) hat diesbezüglich Standards zur Qualitätssicherung herausgegeben, in denen folgende Punkte zur Durchführung von Online-Untersuchungen angeführt sind:

- Der Fragebogen muss auch für weniger erfahrene Internetnutzer leicht zu handhaben sein.
- Die Teilnahme an einer Online-Befragung soll unabhängig von technischen Voraussetzungen (Internetzugang, Browser etc.) möglich sein.
- Incentives sollen nur eine Aufwandsentschädigung für den zeitlichen Aufwand der Teilnahme sein.
- Die Respondenten müssen über den Zweck der Erhebung informiert werden, soweit es das Untersuchungsziel zulässt.
- Die Befragten müssen jederzeit die Möglichkeit haben, aus der Befragung aussteigen zu können.
- Die Mehrfachteilnahme von Befragten muss ausgeschlossen sein.
- Werden personenbezogene Daten erhoben, so ist durch technische Maßnahmen sicherzustellen, dass diese Daten nicht durch Dritte eingesehen oder nachvollzogen werden können.

Ergänzt und erweitert werden diese Kriterien durch ein Dokument der Arbeitsgruppe NEON (2003, S. 4 f.) der deutschen Online-Forscher, die v.a. weiterführende Hinweise auf die Gestaltung und Steuerung des Fragebogens enthalten.

Wenn Ihre Befragung online durchgeführt werden soll, beachten Sie die folgenden Hinweise, um häufige Fehler zu vermeiden (Gräf 2002):

1. Die Fragen müssen medienadäquat formuliert bzw. präsentiert werden. Da die Lesegeschwindigkeit bei Bildschirmtexten im Vergleich zu herkömmlichen Texten um rund ein Viertel geringer ist, sollten die Fragen

kurz (und präzise) formuliert werden. Das Layout sollte die Lesbarkeit des Textes unterstützen.
2. Matrix-Darstellungen von Fragen sind ungeeignet. Diese gleichförmigen Antwortskalen (z.B. 5er-Schulnotenskala, anhand der z.B. verschiedene Aspekte einer Marke repetitiv abgefragt werden) können gerade bei Online-Umfragen zur verstärkten Auswahl einer Antwortkategorie führen.

Online-Fragebögen sind in den letzten Jahren ein beliebtes Erhebungsinstrument von Studierenden geworden. Zahlreiche Anbieter von Software zur Erstellung von Online-Fragebögen sind auf den Markt gekommen und bieten, meist über Testzugänge, ihre Produkte an, mit denen man nicht nur schnell und kostengünstig, sondern auch nach dem neuesten Forschungsstand evaluiert Online-Umfragen erstellen kann.[1]

## 13.2 Beobachtung

Unter Beobachtung versteht man das systematische Erfassen von wahrnehmbaren Verhaltensweisen, Handlungen oder Interaktionen einer Person oder Personengruppe zum Zeitpunkt ihres Auftretens. Man kann das wissenschaftliche Beobachten auch als das Systematisieren von „alltäglichem Vorgehen" beschreiben. Eine Beobachtung kann nie eine vollkommen realitätstreue Abbildung sein, da wir aufgrund der Informationsvielfalt, die bei jeder Beobachtung auf uns einströmt, immer entscheiden müssen, welchen Teilen der Realität wir unsere Aufmerksamkeit schenken, also welche Teile wir registrieren und interpretieren wollen.

Wissenschaftliche Beobachtung unterscheidet sich von unseren alltäglich gemachten Beobachtungen dadurch, dass sie systematisch und intersubjektiv überprüfbar abläuft.

Welches sind nun die Kriterien systematischer Beobachtung? Im Unterschied zur Alltagsbeobachtung, die mehr oder weniger beliebig und interessengesteuert vonstatten geht, spricht man von systematischer Beobachtung, wenn man weiß:

- was beobachtet werden soll bzw. was für die Beobachtung unwesentlich ist,
- ob und in welcher Weise das Beobachtete interpretiert werden darf,
- wann und wo die Beobachtung stattfindet und
- wie das Beobachtete protokolliert wird.

1 Beispiele für solche Online-Dienste sind Globalpark (http://www.globalpark.de), QuestionPro (http://www.questionpro.com) und SurveyMonkey (http://de.surveymonkey.com).

Abhängig vom Ziel der Beobachtung, vom Beobachtungsumfeld sowie der Beobachtungssituation und Ähnlichem muss eine geeignete Strategie gewählt werden. Das heißt, es wird festgelegt, in welcher Art und Weise die Beobachtung praktisch durchgeführt wird. Es lassen sich folgende Typisierungen treffen:

- nach dem Grad der Teilnahme des Beobachters im sozialen Feld: teilnehmend/nicht-teilnehmend
- danach, wie transparent die Beobachtung für die Beobachteten ist: offen/verdeckt
- nach dem Grad der Strukturiertheit: strukturiert/unstrukturiert
- nach der Art des Beobachtungsfeldes: Labor-/Feldbeobachtung

Bleiben wir zunächst beim Partizipationsgrad des Forschers in der jeweiligen sozialen Situation sowie dem Umstand, wie transparent die Beobachtungssituation für die Beobachteten ist. Je nach Grad der Teilnahme unterscheidet man die nicht-teilnehmende und die teilnehmende bzw. die offene oder verdeckte Beobachtung. Man spricht von **nicht-teilnehmender Beobachtung**, wenn der Forscher selbst nicht aktiver Bestandteil des Beobachtungsfeldes ist. Um **teilnehmende Beobachtung** handelt es sich, wenn der Forscher selbst Teil des aktiven Geschehens ist, wenn er also seine Beobachtungen nicht als Außenstehender macht. Wird **offen beobachtet**, bemüht sich der Forscher nicht, seine Rolle als Beobachter zu verbergen. Hier wissen die Beobachteten, dass ihr Verhalten, ihre Handlungen oder Interaktionen aufgezeichnet werden. In der Praxis hat sich gezeigt, dass die Beobachteten nach einer gewissen Zeit vom Beobachter relativ unbeeinflusst agieren und somit das Forschungsergebnis nicht wesentlich beeinflusst wird. Offene Beobachtungen erweitern den Verhaltensspielraum des Wissenschafters und ermöglichen einen besseren und detaillierteren Informationsaustausch. Bei der **verdeckten Beobachtung** wissen die Beobachteten nicht, dass sie beobachtet werden. Dadurch soll sichergestellt werden, dass sie sich natürlich und unbeeinflusst verhalten. Die Tarnung der Beobachter kann durch räumliche Bedingungen (z.B. einseitig durchsichtige Spiegel) oder durch das Annehmen einer sozialen Rolle innerhalb der zu beobachtenden Gruppe geschaffen werden. Letzteres stellt sehr hohe Anforderungen an den Beobachter. Zudem wirft es die Frage auf, inwieweit die im Zuge der gespielten Rolle notwendige soziale Interaktion des Beobachters das Beobachtungsergebnis beeinflusst.

Zu unterscheiden ist auch zwischen der **Beobachtung künstlich hergestellter Situationen** und jener, die in realen, also **natürlichen Situationen** stattfindet. Beispiele für den ersten Fall sind sozialpsychologische Experimente, etwa eigens arrangierte Gruppendiskussionen, deren Verlauf analysiert wird. Als Beispiel für die Beobachtung einer natürlichen, nicht-experimentellen Situation kann die Analyse von Gruppenstrukturen bei

Jugendgangs gelten, wie sie von Whyte (1996) in der „Street Corner Society" vorgenommen wurde.

Beobachtungsverfahren lassen sich weiters nach dem **Grad der Standardisierung** unterscheiden, dem die Protokollierung der Beobachtungen unterworfen ist. In den oben erwähnten experimentellen Settings, aber durchaus auch in natürlichen Situationen wie etwa Klassenzimmern, Gerichtssälen usw. kommen häufig standardisierte, detaillierte und spezialisierte Codierschemata zum Einsatz, in welche die beobachtende Person Einträge macht (bspw. über die Art, Häufigkeit und Länge der Beteiligung einzelner Personen am Gruppengeschehen). Es wird also vor der Untersuchung festgelegt, was beobachtet werden soll, d.h. was im Hinblick auf die Forschungsfragestellung wichtig erscheint.

In welchen Forschungsbereichen wird die Beobachtung eingesetzt? Welche Vor- bzw. Nachteile hat diese Datenerhebungsmethode?

Zu den **Anwendungsgebieten der Beobachtung** zählen alle Bereiche, bei denen sinnlich wahrnehmbares Verhalten erfasst werden soll. Beobachtungsstudien ermöglichen dem Wissenschafter, nicht nur verbalisiertes Verhalten – wie es etwa durch die Befragung von Personen gewonnen wird – zu erforschen, sondern auch sicht- und hörbaren Phänomenen nachzugehen.

Typische Einsatzfelder der Beobachtung sind:

- komplexe Kulturen und neue Lebenswelten
- soziale Situationen, in die der Beobachtungsgegenstand eingebunden ist
- durch Verbalisierung nicht fassbare Phänomene
- Fragestellungen mit eher explorativem Charakter

Zu den wichtigsten Vorteilen von Beobachtungsstudien zählt die Beschreibung des Verhaltens in seiner natürlichen Umwelt, d.h. in der realen Situation, und die daraus resultierende hohe Authentizität der gewonnenen Daten. Als großer Nachteil bei der offenen Beobachtung ist die mögliche Reaktivität der Probanden zu nennen. Allein durch die Tatsache, dass Menschen wissen, dass sie beobachtet werden, kann ihr Verhalten verändert werden. Das Problem der Reaktivität lässt sich durch verdeckte Beobachtung vermeiden. Allerdings stellen sich dem Forscher bei der getarnten Beobachtung verstärkt ethische und rechtliche Fragen, und die Beobachtung von Personen ohne deren Wissen ist in der Regel wohl nur im öffentlichen Raum (z.B. Geschäftslokalen, Einkaufsstraßen u.Ä.) statthaft und zulässig.

Eine Möglichkeit, die Sie in Erwägung ziehen können ist, Beobachtung und Befragung zu kombinieren. Dazu ein Beispiel: Das Ziel einer Untersuchung war es, herauszufinden, inwieweit Kinder ihre Eltern beim Einkauf im Supermarkt beeinflussen. Das Forschungsdesign sah vor, Eltern-Kind-Paare einerseits während des Einkaufs verdeckt zu beobachten. Damit wurden Variablen erfasst, die durch Befragung nicht oder nur sehr ungenau erhoben werden können, zum Beispiel der Kommunikationsstil der

Kinder bei Kaufanfragen. Zum anderen wurden die Eltern nach der Kassa befragt, etwa über das Alter des Kindes oder wie oft sie mit dem Kind einkaufen gehen. Diese Information war wiederum nur durch Befragung zu erheben. Erst durch die Kombination der beiden Methoden war es möglich, das Forschungsziel vollständig zu erreichen (Ebster/Wagner/Neumüller 2006).

Zu den Standardwerken, in denen relevante Untersuchungsergebnisse mittels Beobachtung dargestellt werden, zählen die „Arbeitslosen von Marienthal" von Lazarsfeld/Jahoda/Zeisel (1975), die „Street Corner Society" von Whyte (1996) sowie die Feldstudien von Girtler (2001). Methodische Hinweise, wie Sie eine Beobachtungsstudie durchführen, finden Sie bei Greve/Wentura (1997), Aster (1989) sowie Lamnek (2010).

## 13.3 Inhaltsanalyse

Unter dem Begriff der Inhaltsanalyse versteht man eine Reihe unterschiedlicher Verfahren, welche der Beschreibung von Kommunikationsinhalten dienen. Mit diesen Verfahren werden Texte, Bilder, aber auch TV- und Radiosendungen untersucht. Zu den bekanntesten Methoden zählen die Aussagen-, die Text- und die Bedeutungsanalyse.

Im Gegensatz zu anderen empirischen Verfahren der Datenerhebung umfasst die Inhaltsanalyse meist sowohl quantitative als auch qualitative Aspekte. Da Inhaltsanalysen stets voraussetzen, dass Kommunikationsinhalte vom jeweiligen Empfänger verstanden werden, kommt eine quantitative Inhaltsanalyse meist nicht ohne qualitative Elemente aus. Ziel der qualitativen Inhaltsanalyse ist es, die mittels quantitativer Methoden ermittelten manifesten Inhalte des Materials – z.B. Wörter – in ihrem (sozialen) Kontext und Bedeutungsfeld zu interpretieren.

Im Folgenden werden beide Methoden kurz skizziert und anhand eines Beispiels veranschaulicht.

### 13.3.1 Quantitative Inhaltsanalyse

Die **quantitative Inhaltsanalyse** verfolgt das Ziel, das Auftreten bestimmter Text- oder Bildmerkmale zu erfassen und zu zählen. Die quantitative Inhaltsanalyse strebt also eine Zuordnung der Text-/Bildteile zu übergreifenden Kategorien an. Diese Kategorien stellen die Operationalisierungen der interessierenden Merkmale dar. Eine Bewertung des Inhalts findet dabei nicht statt.

Eine quantitative Inhaltsanalyse besteht aus folgenden Schritten:

- Festlegung des relevanten Datenmaterials (z.B. Zeitungen, Bücher, TV-Mitschnitte usw.) und des Beobachtungszeitraums

- Auswahl einer Stichprobe aus dem festgelegten Datenmaterial
- Definition der Zähleinheit (z.B. Zählung von Wörtern, Schlagzeilen, Minuten von Sendungen usw.)
- Entwicklung eines Codierschemas, in welchem die zu beobachtenden Merkmale operationalisiert werden
- Überprüfung (und eventuell Modifikation) des Codierschemas in einem Pre-Test
- Codierung der Zähleinheiten nach dem Kategorienschema
- Auszählung der einzelnen Kategorien
- Prüfung auf Zuverlässigkeit und Gültigkeit. Bei der Inhaltsanalyse unterscheidet man zwei Arten von Reliabilität. Intercoderreliabilität meint, dass ein und dasselbe zu codierende Element von verschiedenen Personen unterschiedlich beurteilt wird. Unter Intracoderreliabilität versteht man Unterschiede in der Codierung eines Elements von ein und derselben Person zu verschiedenen Zeitpunkten. Auf die Überprüfung der Inter- sowie Intracoderreliabilität gehen Früh (2011, S. 188 ff.) sowie Merten (1995, S. 304 ff.) und Krippendorf (1980, S. 138 ff.) näher ein.

Zu den wichtigsten Verfahren der quantitativen Inhaltsanalyse zählen die Häufigkeitsanalyse, die Valenzanalyse, die Intensitätsanalyse sowie die Kontingenzanalyse.

Bei einer **Häufigkeitsanalyse** wird jedes (Text-)Element klassifiziert, einer bestimmten Kategorie zugeordnet und anschließend nach den entsprechenden Kategorien ausgezählt, also quantifiziert. Auf die Häufigkeitsanalyse bauen weitere inhaltsanalytische Verfahren auf, wie z.B. die im Folgenden beschriebene Valenzanalyse.

Im Gegensatz zu einer Häufigkeitsanalyse, bei der ausschließlich das Vorkommen von Begriffen, Themen oder anderen interessierenden Merkmalen gezählt wird, soll bei der **Valenzanalyse** auch erfasst werden, welche Bewertungen mit den betreffenden Untersuchungsgegenständen verbunden werden, ob also z.B. im untersuchten Material bestimmte Personen, Themen usw. eher positiv, neutral oder negativ beurteilt werden.

Bei der **Intensitätsanalyse** wird nicht nur das Vorkommen von Begriffen, Themen oder anderen interessierenden Merkmalen gezählt, sondern es wird auch erfasst, wie stark im Analysematerial Wertungen zum Ausdruck kommen. Im Unterschied zu einer Valenzanalyse werden diese Wertungen nicht nur nach ihrer Richtung (z.B. positiv oder negativ), sondern ebenso nach ihrer Intensität beurteilt. So enthält die Aussage „Ab und zu mag ich Opern ganz gerne“ eine schwächere Wertung als die Aussage „Oper ist für mich das einfach das Größte“ (Ilmes 2001).

Die **Kontingenzanalyse** zählt nicht nur das Vorkommen von Begriffen und Themen, sondern es wird erfasst, welche Merkmale zusammen vorkommen. Dabei interessiert man sich dafür, ob bestimmte Merkmale häufiger gemeinsam auftreten, als rein zufällig zu erwarten wäre.

Abschließend soll noch die **Bedeutungsfeldanalyse** erwähnt werden. Diese baut auf der Kontingenzanalyse auf. Hier werden jedoch zusätzlich die Reihenfolge und die Häufigkeit, mit der Begriffe im Text auftreten, festgehalten, da man davon ausgeht, dass für den Verfasser Zusammenhänge zwischen Elementen, die aufeinanderfolgend verwendet werden, bestehen (Kromrey 2009, S. 344 f.).

Zum Schluss ein Beispiel für eine Häufigkeitsanalyse. In einer Diplomarbeit (Schantel 1997) wurde die Medienresonanz universitärer Öffentlichkeitsarbeit in der Berichterstattung von Tageszeitungen untersucht. Eine der wissenschaftlichen Fragen lautete: Über welche die Universität betreffenden Themen wird berichtet? Es wurde die Hypothese aufgestellt, dass sich die Artikel in den Tageszeitungen eher mit universitätspolitischen als inneruniversitären Themen beschäftigen. Wie wurde die Kategorie „Themen" operationalisiert? Wie Sie schon der Hypothese entnehmen können, wurde zwischen inneruniversitären Themen mit den Subkategorien Forschung und Lehre, Personalia und Studienbedingungen sowie universitätspolitischen Themen – Universitätsorganisation, Universitätszugang und Studentenpolitik – unterschieden. Nach der Codierung der Kategorien wurde eine Frequenzanalyse durchgeführt. In Tabelle 13-1 sind die Ergebnisse der Häufigkeitsanalyse (in Prozent) dargestellt. Es lässt sich u.a. erkennen, dass inneruniversitäre Themen in der Tageszeitung 1 einen Anteil von 45% der die Universität betreffenden Themen ausmachen, während dieser Anteil in der Tageszeitung 2 nur 36% beträgt. Betrachtet man den Anteil über beide analysierten Tageszeitungen, beträgt dieser 41%. Tageszeitung 1 berichtet also etwas häufiger über diesen Themenbereich als Tageszeitung 2.

Standardwerke sowie weiterführende Literatur zum Thema Inhaltsanalyse finden Sie bei Früh (2011), Keller/Hafner (1995) sowie Merten (1995) und Langridge (1994). Über die computerunterstützte Inhaltsanalyse können Sie bei Bos/Tarnai (1996) sowie Melina/Züll (1999) nachlesen.

In den vergangenen Jahren wurden zahlreiche Softwarepakete entwickelt, welche die Analyse von Kommunikationsinhalten unterstützen. Eine umfangreiche Aufstellung dieser Analyseprogramme findet sich im Internet unter http://www.inhaltsanalyse.de.

| | Tageszeitung 1 | Tageszeitung 2 | Gesamt |
|---|---|---|---|
| Inneruniversitäre Themen | 45 | 36 | 41 |
| Forschung und Lehre | 22 | 16 | 20 |
| Personalia | 12 | 6 | 10 |
| Studienbedingungen | 1 | 3 | 2 |
| Universitätspolitische Themen | 39 | 51 | 43 |
| Universitätsorganisation | 8 | 5 | 7 |
| Universitätszugang | 6 | 3 | 5 |
| Studentenpolitik | 19 | 29 | 23 |
| Allgemeine universitäre Themen | 7 | 11 | 9 |

**Tab. 13-2:** Codierbogen (Quelle: In Anlehnung an Schantel 1997, S. 59; ausgewählte Ergebnisse in Prozent)

### 13.3.2 Qualitative Inhaltsanalyse

Während bei einer quantitativen Inhaltsanalyse nur die Häufigkeit bestimmter Text-, Bild- oder Tonelemente gezählt wird, konzentriert sich die qualitative Inhaltsanalyse auf eine mehr oder weniger subjektive Bewertung des zu analysierenden Inhalts.

In der qualitativen Inhaltsanalyse kann man nach Mayring (2000, S. 472 f.) vier Formen unterscheiden:

- Die **zusammenfassende Inhaltsanalyse**, die das Textmaterial zu einem Kurztext unter Beibehaltung der wesentlichen Inhalte reduziert.
- Die **induktive Kategorienbildung**, die Entwicklung von Kategorien (oder Codes) anhand des Textmaterials, unter die die Inhalte oder sonstigen Textmerkmale subsumiert werden können.
- Die **explizierende Inhaltsanalyse**, die versucht, die untersuchten Inhalte so gut wie möglich – auch unter Hinzuziehung sonstigen Materials, Hintergrundwissens usw. – verständlich zu machen.
- Die **strukturierende Inhaltsanalyse**, die das Textmaterial unter bestimmten Kriterien analysiert, um spezifische Aspekte besonders zu betonen.

Eine Aufstellung von Softwarepaketen für die qualitative Inhaltsanalyse finden Sie im Internet ebenfalls unter http://www.inhaltsanalyse.de. Hervorzuheben ist unter anderem der Media Analyzer, der auch die Analyse von Audio- und Video-Dateien ermöglicht.

Standardwerke sowie weiterführende Literatur zum Thema Inhaltsanalyse finden Sie bei Mayring (2010) und Lamnek (2010).

## 13.4 Experiment

Wie Sie bereits zu Beginn dieses Kapitels erfahren haben, zählt das wissenschaftliche Experiment nicht zu den Methoden der Datenerhebung, sondern ist in der Forschungslogik als ein spezifisches Forschungsdesign, als eine bestimmte Form der Untersuchungsanlage, einzuordnen. Im Rahmen eines Experiments kann man als Erhebungsmethode sowohl die Beobachtung (**Beobachtungsexperiment**) als auch die Befragung (**Befragungsexperiment**) einsetzen.

Das Experiment ist die einzige Untersuchungsanlage, die es dem Forscher erlaubt, Aussagen über Ursache-Wirkung-Beziehungen (Kausalität) zu formulieren. Es wird also untersucht, ob eine bestimmte Variable (X) eine Veränderung einer anderen Variable (Y) bewirkt. Beispielsweise könnte in einem Experiment geprüft werden, ob sich durch eine bestimmte organisatorische Maßnahme (X) die Produktivität von Mitarbeitern (Y) steigern lässt. Um von Kausalität sprechen zu können, müssen folgende Bedingungen erfüllt sein:

- Die beide Variablen X und Y müssen miteinander in Beziehung stehen, d.h. miteinander korrelieren.
- Zwischen X und Y muss eine zeitliche Reihenfolge bestehen, d.h. die Ursache muss der Wirkung vorangehen.
- Der Zusammenhang von X und Y darf nicht durch Störvariablen beeinflusst sein.
- Bei der Messung von X und Y dürfen keine systematischen Fehler auftreten.

Stellen Sie sich folgendes Beispiel vor: Im Rahmen einer empirischen Untersuchung (Ebster/Jandrisits 2003) über die Wirkung von Duftstoffen am Point of Sale (POS) wurde folgenden Fragen nachgegangen: Bewirkt der Einsatz von Duftstoffen am POS bei Kunden eine bessere Stimmung? Welche Rolle spielt die emotionale Qualität eines Duftes in Bezug auf die Stimmung des Kunden?

Zur Analyse der Wirkung olfaktorischer Reize am Point of Sale wurde ein Laborexperiment mit 300 Versuchspersonen durchgeführt. Die Versuchspersonen kannten das eigentliche Untersuchungsziel nicht. Den Probanden wurden vier Bilder eines Dessousgeschäfts präsentiert, die sie anhand eines standardisierten Fragebogens beurteilen mussten. Die Probanden wurden per Zufall den Versuchsgruppen zugeordnet. Das Experiment fand in drei Versuchsräumen statt, wobei in einem Versuchsraum ein der emotionalen Qualität eines Dessousgeschäfts entsprechender erotischer

Duft eingesetzt wurde. In einem weiteren Versuchsraum wurde ein frischer Duft eingesetzt. Im dritten Versuchsraum, dem Kontrollraum, wurde kein Duft eingesetzt.

Tabelle 13-3 zeigt das experimentelle Design dieser Studie.

| | | |
|---|---|---|
| $EG_1$: R | $X_1$ | $M_1$ |
| $EG_2$: R | $X_2$ | $M_2$ |
| KG: R | | $M_3$ |

**Tab. 13-3:** Experimentelles Design (Quelle: Ebster/Jandrisits 2003)
EG Experimentalgruppe M: Messung
R Randomisierung $X_1$: Erotischer Duft
KG Kontrollgruppe $X_2$: Frischer Duft

Zu welchem Ergebnisse kommt dieses Experiment? Die Studie ergab, dass der Einsatz von Düften im Verkaufslokal generell das Wohlbefinden der Konsumenten steigert. Der emotionalen Qualität des POS entsprechende Düfte haben (tendenziell) eine positivere Wirkung auf die Stimmung des Konsumenten als Düfte, die der emotionalen Qualität des Verkaufsraumes nicht entsprechen.

Wie Sie an diesem Beispiel sehen, werden bei einem Experiment Handlungen und Verhaltensweisen von Personen unter kontrollierten Bedingungen beobachtet. Durch die systematische Manipulation dieser Bedingungen hat sich für den Wissenschafter die Möglichkeit eröffnet, Ursache und Wirkung zu unterscheiden.

Im einfachsten Fall will der Forscher den Einfluss einer bestimmten Variable X (Duft) auf eine andere Variable Y (Stimmung des Konsumenten) überprüfen. Die Variable Y bezeichnet man in diesem Zusammenhang auch als **abhängige Variable**. Das heißt, dass die Merkmalsausprägungen dieser Variable in Abhängigkeit von der Bedingung X – mit dem (Nicht-)Vorhandensein von Düften – variieren. Die Variable X wird **unabhängige Variable** genannt.

Um feststellen zu können, ob die vermutete kausale Beziehung tatsächlich vorhanden ist, müssen wir eine Gruppe von Personen der Bedingung X (dem Stimulus) aussetzen, eine andere Gruppe nicht. Man spricht in diesem Zusammenhang auch von **Experimentalgruppe** und **Kontrollgruppe**. Auch diese Voraussetzung für eine experimentelle Untersuchung konnte mit dem oben genannten Beispiel dargestellt werden. Will man die Wirkung unterschiedlicher Stimuli erproben, muss man entsprechend mehr Experimentalgruppen einsetzen. Bis auf die Variation der unabhängigen Variablen sollten sich Experimental- und Kontrollgruppe in ihren sonstigen Merkmalen gleichen.

Welche Arten von Experimenten gibt es?

Man unterscheidet zwischen Labor- und Feldexperimenten. Unter einem **Laborexperiment** verstehen wir eine Form des wissenschaftlichen Experiments, das in einer vom Forscher geschaffenen und nach den Erfordernissen seiner Untersuchungsziele gestalteten künstlichen Umgebung stattfindet, die es ihm gestattet, die experimentellen Variablen zu kontrollieren und nach seinen Vorstellungen zu manipulieren. Laborexperimente werden also unter „unverfälschten" Bedingungen durchgeführt. In der Realität sind derart kontrollierbare Situationen jedoch selten anzutreffen. Laborexperimente haben immer den Nachteil, dass Probleme bei der Generalisierbarkeit auftreten können. Laborexperimente weisen somit eine geringe externe Validität auf. Zu den Vorteilen von Laborexperimenten zählt unter anderem die hohe Reliabilität der Ergebnisse, die durch die Kontrolle von Dritt- bzw. Störvariablen erzielt wird. Somit kann man auch von einer hohen internen Validität ausgehen, d.h. die Veränderung der abhängigen Variable – die „Wirkung" – kann eindeutig auf die Manipulation der unabhängigen – die „Ursache" – zurückgeführt werden.

Im Gegensatz zu Laborexperimenten finden **Feldexperimente** in der natürlichen Umgebung der Versuchspersonen, also z.B. in einem Verkaufslokal oder in einem Unternehmen, statt. Die Untersuchungssituation ist damit schlechter kontrollierbar. Als Nachteil ergibt sich folglich eine niedrige interne Validität. Der Vorteil von Feldexperimenten ist hingegen in der hohen externen Validität zu sehen, d.h. in der Verallgemeinerbarkeit der Ergebnisse.

Durch welche Bedingungen ist ein Experiment gekennzeichnet? In Anlehnung an Friedrichs (1990, S. 333 ff.) ist ein Experiment charakterisiert durch:

- **Zufällige Aufteilung der Untersuchungspersonen in mindestens zwei Gruppen**, eine Experimental- und eine Kontrollgruppe **(Randomisierung).** Diese soll bewirken, dass alle Merkmale zwischen Experimental- und Kontrollgruppe nur zufällig schwanken und damit im Weiteren ausgeschlossen werden kann, dass beobachtete Unterschiede in der abhängigen Variable auf etwaige Merkmalsunterschiede zwischen den Gruppen zurückzuführen sind. Ob also eine Person in die Experimental- oder die Kontrollgruppe kommt, wird dem Zufall überlassen. Die Gruppen müssen einander jedoch weitgehend ähnlich sein. Die sogenannte **Parallelisierung** der Gruppen (als Alternative bzw. Ergänzung zur Randomisierung) erfolgt meist über „statistische Zwillinge", die einander in für das Experiment relevanten Merkmalen ähneln, sich aber in einer Vielzahl anderer Merkmale und Eigenschaften voneinander unterscheiden. Der Forscher hat keine Möglichkeit zu kontrollieren, ob und inwiefern diese Eigenschaften Einfluss auf den Ausgang des Experiments nehmen. Nach Möglichkeit ist der Randomisierung gegenüber der Parallelisierung der Vorzug zu geben. Durch die Parallelisierung lassen sich nämlich immer nur einige wenige Merkmale der Versuchsper-

sonen kontrollieren (z.B. das Alter oder das Geschlecht). Durch Randomisierung wird hingegen sichergestellt, dass individuelle Unterschiede ausgeglichen werden, sich die Personen in der Versuchs- und in der Kontrollgruppe also in sämtlichen Merkmalen gleichen. Gehen wir davon aus, dass die Versuchspersonen insgesamt eine Zufallsstichprobe aus der Zielpopulation sind, so sind die randomisierten Gruppen als unabhängige Stichproben zu betrachten.
- **Kontrolliertes Setzen eines Stimulus in den Experimentalgruppen.** Der Experimentator variiert systematisch mindestens eine unabhängige Variable und registriert, welchen Effekt diese aktive Veränderung auf die abhängige Variable hat.
- **Konstanthalten der Experimentalbedingungen.** Da man nicht alle Bedingungen (Zeit, Raum etc.) für alle Versuchspersonen konstant halten kann, ist es unbedingt notwendig, dass man sorgfältig überlegt, welche Bedingungen unbedingt kontrolliert werden müssen.
- **Kontrolle von Dritt- bzw. Störvariablen.** Vermuten wir eine verzerrende Wirkung eines Merkmals auf das zu beobachtende Verhalten, ist es sinnvoll, diese Variable mitzuerheben, um sie zumindest statistisch kontrollieren zu können.
- **Messung der abhängigen Variable** in den Gruppen – je nach dem gewählten experimentellen Design – vor und nach der Manipulation der unabhängigen Variable oder aber auch nur danach.
- Ein Experiment muss so geplant sein, dass es andere Forscher bei Einhaltung der gleichen Versuchsbedingungen **wiederholen und überprüfen können**.

Gerade bei Experimenten stellt sich immer die Frage nach der **Forschungsethik**. Die Einschätzung dessen, was Versuchspersonen zugemutet werden kann, variiert. Kritisch werden Experimente immer dann, wenn Personen durch die Teilnahme an einem Experiment in irgendeiner Weise verletzt werden, sei es physisch oder auch psychisch. Zu fragen ist auch, wieweit man die Versuchspersonen über den Zweck der Untersuchung im Unklaren lassen darf. In jedem Fall sollten die Versuchspersonen über alle möglichen negativen Aspekte informiert werden, die im Rahmen des Experiments auftreten können. Sie sollten auch jederzeit die Möglichkeit haben, die Untersuchung abzubrechen. Nachdem ein Experiment abgeschlossen ist, sollten die Teilnehmer über den wahren Untersuchungszweck aufgeklärt werden. Man nennt dies „Debriefing". Eine allgemeinverständliche Einführung in experimentelles Arbeiten finden Sie bei Huber (2009). Ein Klassiker ist das Buch von Cook/Campbell (1979). Weiterführende Literatur, in der auf experimentelle Versuchspläne detaillierter eingegangen wird, finden Sie bei Brown & Melamed (1990), Campbell/ Russo (1999), Czienskowski (1996) sowie Myers/Hansen (2011).

**In Kürze**

- In den empirischen Wirtschafts- und Sozialwissenschaften werden Daten durch folgende Instrumente erhoben: Befragung, Beobachtung und Inhaltsanalyse.
- Befragungen können persönlich, telefonisch und schriftlich durchgeführt werden. Die Online-Befragung ist eine der schriftlichen Befragung ähnliche Erhebungsart.
- Je nach Grad der Standardisierung kann zwischen voll-, teil- und nicht-standardisiertem Interview unterschieden werden.
- Durch den Grad der Standardisierung wird festgelegt, ob es sich um eine sogenannte quantitative Befragung (voll- und teilstandardisiertes Interview) oder um qualitative Befragungsformen (nicht-standardisiertes Interview) handelt.
- Unter Beobachtung versteht man das systematische Erfassen von wahrnehmbaren Verhaltensweisen einer Person oder Personengruppe zum Zeitpunkt ihres Auftretens.
- Unter dem Begriff Inhaltsanalyse versteht man eine Reihe von Verfahren, die der Beschreibung von Kommunikationsinhalten dienen.
- Man unterscheidet zwischen quantitativer und qualitativer Inhaltsanalyse.
- Ziel der quantitativen Inhaltsanalyse ist es, das Auftreten bestimmter Text- oder Bildmerkmale zu erfassen und zu zählen.
- Im Gegensatz dazu konzentriert sich die qualitative Inhaltsanalyse auf eine mehr oder weniger subjektive Bewertung des zu analysierenden Inhalts.
- Das Experiment ist eine bestimmte Form der Untersuchungsanlage. Man kann zwischen experimenteller und nicht-experimenteller Versuchsanordnung unterscheiden.
- Das Experiment ist die einzige Untersuchungsform, mit deren Hilfe Kausalzusammenhänge überprüft werden können.
- Ein Experiment ist durch die zufällige Zuordnung der Versuchspersonen in eine Kontroll- und eine/mehrere Experimentalgruppe(n) gekennzeichnet.
- Durch systematische Variation der unabhängigen Variablen wird überprüft, welchen Effekt diese Veränderungen auf die abhängige Variable haben.
- Der Einfluss von Störvariablen muss kontrolliert werden.
- Man unterscheidet zwischen Labor- und Feldexperiment.
- Beachten Sie auch die Fragen der Forschungsethik. Am Ende eines Experiments sollten die Probanden mit einem Debriefing über den Zweck der Untersuchung aufgeklärt werden.

# 14 Niederschrift einer empirischen Arbeit

Mehr noch als der Forschungsprozess selbst (siehe Abschnitt 10.3) folgt die schriftliche Abfassung einer empirischen Arbeit einer bestimmten standardisierten Form. Hier gibt es – vor allem im Methodenteil – einige Kriterien, die Sie beim Aufbau der Arbeit beachten sollten.

Die folgenden Ausführungen sollen Ihnen helfen, Ihre (bereits durchgeführte) Studie gegliedert niederzuschreiben, sodass sie für den außenstehenden interessierten Leser und natürlich für den Betreuer der Arbeit leicht nachvollziehbar ist.

## 14.1 Von der Theorie zur Empirie: Hypothesen und Forschungsfragen

Nachdem Sie im Literaturteil Ihrer Arbeit den theoretischen Bezug sowie den aktuellen Forschungsstand des Themas dargestellt haben, müssen Sie eine Überleitung zum empirischen Teil der Arbeit schaffen. Der Leser hat sich im Theorieteil Hintergrundwissen zu Ihrer wissenschaftlichen Frage aneignen können und ist jetzt bereit, mit den Hypothesen bzw. Forschungsfragen vertraut gemacht zu werden.

In Abschnitt 10.4 haben Sie Tipps zur Formulierung von Hypothesen und Forschungsfragen erhalten. Achten Sie an dieser Stelle nochmals besonders darauf, dass diese präzise formuliert sind und dass ein klarer Zusammenhang zwischen der Theorie und Ihrem Forschungsvorhaben sichtbar ist.

Achtung: An dieser Stelle liest man in vielen Arbeiten die ziemlich allgemein formulierte wissenschaftliche Fragestellung und nicht die vom Leser erwarteten präzisen Hypothesen bzw. Forschungsfragen. Die wissenschaftliche Frage sollte bereits in der Einleitung der Arbeit erläutert werden. Die Hypothesen oder Forschungsfragen finden sich hingegen meist am Ende der Literaturübersicht.

## 14.2 Methodenteil

Dieses Kapitel ist für viele Leser einer empirischen Arbeit besonders interessant, weil es neue Forschungsansätze aufzeigt und nicht nur „trockene Theorie" ist. In diesem Teil der Arbeit beschreiben Sie Ihre Forschungsstrategien und stellen einen Ablaufplan der Untersuchung dar. Im Mittelpunkt des Kapitels steht das Forschungsdesign. Dieses sollte klar darlegen, wie bzw. durch welche Vorgangsweise die wissenschaftliche Frage beantwortet werden soll. Also: Mit welchen Methoden wurde das Forschungsproblem untersucht? Warum waren gerade diese Methoden dem Forschungsproblem angemessen?

Hier die wesentlichen Punkte im Überblick, bei deren Abhandlung es sich empfiehlt, die folgende Reihenfolge einzuhalten. Diese gilt weitgehend unabhängig davon, welche Forschungsmethode Sie eingesetzt haben.

- Definition der Grundgesamtheit
- Auswahlbasis, Art der Stichprobenziehung, Stichprobenumfang
- Operationalisierung der Variablen und Entwicklung des Erhebungsinstruments
- Durchführung der Erhebung
- Validität und Reliabilität des Erhebungsinstruments
- Geplante Schritte bei der Datenanalyse

Um dem Leser die Studie näherzubringen, sind einige Informationen über die zu untersuchende Gruppe von Personen o.a. Untersuchungseinheiten von Interesse. Zunächst geht es um die **Grundgesamtheit**, das heißt, auf welche Population lassen sich die gefundenen Ergebnisse übertragen? Dies könnten z.B. alle Deutschen ab 14 Jahren oder alle Kunden eines bestimmten Unternehmens sein, die in einer Datenbank registriert sind. Die Grundgesamtheit einer inhaltsanalytischen Untersuchung ließe sich z.B. als alle Exemplare der Süddeutschen Zeitung, die im Zeitraum zwischen 1. Jänner 2012 und 1. Jänner 2013 erschienen sind, definieren. Bei einer Beobachtung könnten etwa die Mitarbeiter eines Unternehmens als Grundgesamtheit definiert sein. Weitere Beispiele finden Sie in Abschnitt 12-2.

Durch Ziehung einer **Stichprobe** werden die Untersuchungseinheiten ausgewählt. In vielen empirischen Erhebungen werden Personen befragt oder beobachtet. Beschreiben Sie diese so genau wie möglich, sodass sich der Leser ein Bild davon machen kann. Nennen Sie Fakten über die Anzahl der Personen, erhobene demografische Merkmale sowie die Anzahl der Personen gegliedert nach diesen Merkmalen. Manche Untersuchungen werden mit kleinen Stichproben durchgeführt, so z.B. in der qualitativen Forschung. Aber auch in der quantitativen Umfrageforschung kann es zu kleineren Stichproben kommen, wenn z.B. Aussagen über Teilgruppen einer Untersuchung gemacht werden. Zeichnen Sie in diesem Fall ein sehr detailliertes Bild der Stichprobe und stellen Sie – vor allem bei qualitativen Erhebungen – „typische" Repräsentanten dieser Gruppe vor. Auch die Art der Stichprobenziehung, also ob die Untersuchungseinheiten per Zufall oder durch ein bewusstes Verfahren ausgewählt worden sind, zählt zu den wichtigsten Informationen über eine Untersuchung.

Wie werden die für die wissenschaftliche Frage relevanten Variablen **operationalisiert**, d.h. messbar gemacht? In Abschnitt 11-2 finden Sie einige Beispiele dazu.

Forscher interessieren sich besonders für das verwendete Untersuchungsmaterial. In diesem Abschnitt geht es um die Darstellung des für die Beantwortung der Forschungsfrage geeigneten **Erhebungsinstruments**. Messinstrumente sind nicht immer veröffentlicht und jedermann zugänglich. Ist dies in Ihrer Untersuchung der Fall, sollte das Erhebungsinstrument sehr genau beschrieben werden. Haben Sie ein veröffentlichtes, standardisiertes Erhebungsinstrument verwendet, geben Sie an, in welchem Zusammenhang es entwickelt wurde. Um später die Ergebnisse Ihrer Untersuchung besser einordnen zu können, sollten Sie die standardisierten Werte der Originaluntersuchung nennen. Haben Sie das Instrument adaptiert, müssen Sie die durchgeführten Schritte exakt darstellen und auf mögliche Veränderungen in den Skalen und den Ergebnissen hinweisen. In einem inhaltsanalytischen Design wird ein Codebogen entwickelt, in dem Merkmale der untersuchten Medien eingetragen werden können. Wird im Rahmen Ihrer Erhebung eine Beobachtung durchgeführt, so müssen Sie – ähnlich einem inhaltsanalytischen Codebogen – einen Beobachtungsbogen entwerfen, in dem die Elemente der Beobachtung niedergeschrieben sind.

Ein weiterer Punkt behandelt die konkrete **Durchführung der Erhebung**. Unter diesen Abschnitt fallen z.B. das Einholen der Zustimmung zum Interview und dessen Aufzeichnung auf Tonband und Instruktionen an die Untersuchungseinheiten, was sie tun sollen. Wer hat Kontakt mit den Auskunftspersonen? Führen Sie selbst die Befragung, die Beobachtung bzw. das Experiment durch, oder sind es geschulte Personen? Die Zusage der Vertraulichkeit und Anonymität muss ebenfalls angegeben werden. Haben Sie vor, ein Experiment durchzuführen, so wird die experimentelle Versuchsanordnung dargestellt. Ebenso sollten technische Hilfsmittel genau beschrieben werden, um die Studie nachvollziehbar zu machen. Auch das sogenannte „Debriefing" einer Versuchsperson, die an einem Experiment teilgenommen hat, sollte an dieser Stelle erwähnt werden. Bei einer Inhaltsanalyse beschreiben Sie, in welche Kategorien das Untersuchungsmaterial codiert wird, und geben Beispiele dafür an. Führen Sie diese Zählung alleine durch oder sind mehrere Coder im Einsatz? Bei Befragung, Beobachtung und Experiment sollte in diesem Abschnitt auch angegeben werden, wann und wo die Erhebung stattgefunden hat.

Die Qualität eines Erhebungsinstruments lässt sich anhand von **Validität** und **Reliabilität** beschreiben. Zur Erinnerung: Die Validität gibt an, ob das Erhebungsinstrument das Merkmal oder die Eigenschaft, das/die gemessen werden soll, auch tatsächlich misst, also ob das Messinstrument tatsächlich für die Überprüfung der Hypothesen geeignet ist. Sie drückt den Grad der Übereinstimmung zwischen der operationalen Definition und der Definition eines Begriffes im theoretischen Zusammenhang aus. Die Validität eines Erhebungsinstruments hängt also von der „Übersetzung" des theoretischen Begriffs in einen beobachtbaren Sachverhalt ab.

Der Begriff Reliabilität bezeichnet – vereinfacht ausgedrückt – die Wiederholbarkeit oder Stabilität einer Messung. Egal wie oft und von wem eine Messung unter den gleichen Bedingungen und in geringem zeitlichen Abstand durchgeführt wird, sie sollte immer das gleiche Ergebnis bringen.

Erste Hinweise darüber, ob ein Erhebungsinstrument geeignet ist, reliabel zu messen, erhält man bereits bei der Darstellung des Forschungsdesigns. Darin werden die Bedingungen, unter welchen die Daten erhoben werden, dargestellt und Wert darauf gelegt, dass diese für alle Untersuchungseinheiten gleich sind. Eine rechnerische Überprüfung der Reliabilität kann im Anschluss an eine Messung – so z.B. mit dem Cronbach-Alpha – durchgeführt werden.

Weitere Informationen über die Gütekriterien einer Messung finden Sie in Abschnitt 11.5.

Welche (statistischen) Auswertungen wurden durchgeführt? In diesem Teil geht es um den Ablauf der **Datenanalyse**. In Abhängigkeit von den gewählten Forschungsparadigmas – quantitativ oder qualitativ – und des eingesetzten Erhebungsinstruments sind Daten entstanden, die mit unterschiedlichen Analyseverfahren bearbeitet werden müssen. Die Analyse quantitativer Daten beschäftigt sich unter anderem mit der folgenden Frage: Wie und nach welchen Merkmalen werden Untersuchungsgruppen gebildet, welche Signifikanztests werden durchgeführt, und auf welchem Signifikanzniveau sollen die Ergebnisse interpretiert werden? Die Datenauswertungstechniken qualitativer Daten setzen einen Schwerpunkt auf explorative Verfahren.

Auf die einzelnen Methoden der Datenanalyse wird in diesem Buch nicht näher eingegangen. Einführende Literatur finden Sie bei Bortz/Schuster (2010) und Hirsig (2006).

Noch ein Hinweis: Das Methodenkapitel sollte – auch wenn es noch vor der Datenergebung geschrieben wird – in der Vergangenheitsform formuliert sein, nicht in der Gegenwarts- oder der Zukunftsform.

## 14.3 Darstellung von Ergebnissen

Sie haben es geschafft! Nach detaillierter Planung und korrekter Erhebung der Daten liegen nun die Rohdaten vor Ihnen. Stand die Darstellung des Forschungsdesigns im Mittelpunkt des Methodenteils, so haben Sie jetzt die Aufgabe, die Ergebnisse darzustellen. Mit anderen Worten: Beschreiben Sie die Resultate selbst und nicht, wie Sie zu den Ergebnissen gekommen sind. Diese sind die Basis für die Beantwortung der eingangs gestellten Fragen.

Was müssen Sie bei der Beschreibung der Ergebnisse beachten? Im Folgenden lesen Sie, wie und in welcher Reihenfolge Forschungsresultate wiedergegeben werden.

### 14.3.1 Datenanalyse und Ergebnisse

Jede Datenanalyse beginnt mit einer einfachen Beschreibung der Ergebnisse. Egal welche Forschungsfragen Sie gestellt haben, ob Sie eine Befragung, Beobachtung oder eine andere Methode eingesetzt haben: Geben Sie einen Überblick über die Resultate. Je nach Untersuchungsgegenstand können diese numerisch (bei quantitativen Fragestellungen) oder verbal (bei qualitativen Fragestellungen) dargestellt werden. Erst danach ist es sinnvoll, Zusammenhänge zwischen Merkmalen und Unterschiede zwischen verschiedenen Gruppen zu berechnen und vorzustellen.

Einige Tipps für den Aufbau dieses Kapitel und natürlich auch für das Vorgehen bei der Datenanalyse:

- Nochmals: Beginnen Sie mit einer Beschreibung der Daten. Die Hypothesenprüfung schließt an die deskriptive Analyse an und sollte in einem eigenen Abschnitt behandelt werden.
- Richten Sie die Analyse sowie die Darstellung der Ergebnisse an den Hypothesen bzw. Forschungsfragen aus, nicht an der Reihenfolge, in der sie erhoben wurden.
- Nennen Sie die verwendeten Analyseverfahren. Sind diese bekannt, müssen sie nicht näher erläutert werden. Vermeiden Sie Formeln.
- Stellen Sie in quantitativen Studien nur aggregierte Ergebnisse und Kennwerte dar. Dazu zählen Prozente, Mittelwerte, Streuungen usw. Die Darstellung von Daten einzelner Untersuchungseinheiten ist nur in qualitativen Untersuchungen aussagekräftig.
- Streichen Sie Hauptergebnisse heraus, weisen Sie im Text darauf hin.
- Fügen Sie bei qualitativen Untersuchungen typische Aussagen der untersuchten Personengruppen ein. Die Studie wird dadurch authentischer, der Leser kann sich das analysierte Forschungsfeld besser vorstellen.
- Achtung bei quantitativen Untersuchungen: Weisen Sie auf kleine Fallzahlen hin. Ab welcher Anzahl von Untersuchungseinheiten man von kleinen Fallzahlen spricht, ist je nach Forschungsmethode unterschiedlich. In der quantitativen Forschung lässt sich dies am besten anhand des in Abschnitt 12.6 dargestellten Zusammenhangs zwischen Stichprobengröße und Schwankungsbreite beantworten. In der quantitativen Forschung spricht man dann von kleinen Fallzahlen, wenn die Stichprobengröße unter 100 Beobachtungen liegt. Bei dieser Stichprobengröße beträgt die maximale Schwankungsbreite bereits mehr als 10%, die Ergebnisse sind somit im statistischen Sinn nicht mehr besonders aussagekräftig. In der qualitativen Forschung hingegen sind Stichproben von wenigen Untersuchungseinheiten (etwa 10 bis 20) durchaus gängig. Die in diesem Forschungszweig angewendeten Auswertungsmethoden tragen diesem Umstand Rechnung.

- Veranschaulichen Sie die Ergebnisse in Tabellen und Grafiken, die Sie nummerieren und mit einer treffenden Überschrift versehen (siehe Kapitel 7). Vergessen Sie nicht, Ihre Abbildungen und Tabellen im Text anzuführen und zu erklären.

### 14.3.2 Diskussion von Ergebnissen

Sind Sie nach der Darstellung der Resultate bei deren Diskussion angelangt, liegt ein Großteil des Forschungsprozesses bereits hinter Ihnen. Ein zentrales Kapitel Ihrer Arbeit ist jedoch noch zu schreiben, nämlich jenes, in dem Sie Erklärungen und Argumente für und wider die vorliegenden Ergebnisse anbieten und diskutieren.

Vergegenwärtigen Sie sich nochmals den Forschungsprozess, den wir in Abschnitt 10.3 dargestellt haben. Darin wurden drei Forschungsphasen postuliert, bei deren letzter wir jetzt stehen. Friedrichs (1990, S. 54) und Atteslander (2010, S. 18) etwa haben diese letzte Phase des Forschungsablaufs als Verwertungs- und Wirkungszusammenhang bezeichnet, in dessen Mittelpunkt Problemlösungen stehen. Diese Phase wird als ebenso wichtig angesehen wie die ersten beiden (Entdeckungs- und Begründungszusammenhang), deshalb sollten Sie dieses Kapitel mit ebenso viel Sorgfalt und Aufmerksamkeit schreiben wie die vorangegangenen. Auch sollte diesen Ausführungen ausreichend Platz eingeräumt werden. Beachten Sie, dass eine vielseitige Argumentation, das Beleuchten der Ergebnisse unter mehreren Aspekten, auf nur wenigen Seiten nicht möglich ist. Dieses Kapitel sollte also mehr sein als nur eine Zusammenfassung der Haupterkenntnisse Ihrer Forschungsbemühungen. Eine klare Trennung von Ergebnisdarstellung und Diskussion ist unbedingt einzuhalten.

Was erwarten die Leser in diesem Kapitel? Welche Fragen sollten hier beantwortet werden?

- Konnten Sie mit dieser Untersuchung das Forschungsproblem restlos aufklären? Auch wenn die Resultate ermutigend sind, heißt das noch nicht, dass alle Aspekte einer Forschungsfrage beleuchtet und beantwortet werden konnten. Vielleicht sind auch neue Überlegungen hinzugekommen?
- Gibt es mehrere Argumente, die ein und dasselbe Argument stützen? Hier bewährt es sich, wenn man einen Untersuchungsgegenstand von mehreren Seiten beleuchtet hat, z.B. in einer Umfrage mehrere Fragen zum selben Thema gestellt hat.
- Stimmen Ihre Ergebnisse mit der Theorie bzw. anderen Forschern überein?
- Welchen Vorteil hat Ihre Interpretation im Gegensatz zu bisherigen Erklärungsmöglichkeiten? Welchen Nachteil hat Ihre Erklärung gegenüber anderen?

- Welche Annahmen über den Geltungsbereich der Untersuchung sowie Einschränkungen und Grenzen dieses Forschungsvorhabens haben Sie formuliert?

Es hat sich bewährt, mit der **Zusammenfassung** der wesentlichsten Ergebnisse zu beginnen. Selbst für den aufmerksamsten Leser ist es an dieser Stelle hilfreich, die zentralen Fragen nochmals nachlesen zu können. Setzen Sie fort mit der **Interpretation** von Ergebnissen, die Ihnen besonders wichtig erscheinen. Versuchen Sie dabei zunächst herauszuarbeiten, inwieweit die Ergebnisse Ihrer Studie mit jenen aus der Literatur bekannten übereinstimmen. Verbinden Sie die Ergebnisse Ihrer Studie mit der im Theorieteil zitierten Fachliteratur, aber stellen Sie keine Daten und Literatur im Diskussionskapitel vor, die Sie nicht schon eingangs erwähnt haben. Durch den Bezug zu bereits vorhandener Fachliteratur können Ihre Forschungsergebnisse in den aktuellen Stand der Forschung eingeordnet werden. Welche Bedeutung haben die Ergebnisse für die Ihrer Forschung zugrundeliegenden Theorien? In einem nächsten Schritt sollten Sie den Leser auf unerwartete Ergebnisse hinweisen und auch hier mehrere Erklärungsmöglichkeiten anbieten.

Als Nächstes stellt sich die Frage nach den **Limitationen**, also den Einschränkungen der Validität der Studie sowie der Generalisierbarkeit der Ergebnisse. Bleiben wir zunächst bei der Validität. Im Laufe einer Untersuchung kann es vorkommen, dass Ereignisse oder Gegebenheiten eintreffen, die Sie trotz sorgfältiger Planung und Durchführung nicht vorhersehen konnten und somit auch nicht steuern oder beeinflussen können. In der Literatur (z.B. Pyrczak/Bruce 2005, S. 79) werden diese die interne Validität einer Studie gefährdenden Bedingungen als „limitations" – Einschränkungen – bezeichnet. Diese sind z.B. in einem während der Untersuchungsphase stark veränderten Umfeld zu finden. Weiters sind Fehler bei der Auswahl und Zuordnung von Untersuchungseinheiten bei experimentellen Versuchsbedingungen zu nennen sowie die Durchführung einer Erhebung mit ungeschulten Personen, die die gegebenen Anweisungen nicht einhalten. All diese Bedingungen können dazu führen, dass die Ergebnisse Ihrer Untersuchung verzerrt werden. Welche Möglichkeit haben Sie, mit den Einschränkungen Ihrer Forschungsergebnisse umzugehen? Stellen Sie Überlegungen an, wie stark und in welcher Weise die Ergebnisse der Studie beeinflusst worden sein könnten. Die Offenlegung der wichtigsten Limitationen stellt keine Schwäche Ihrer Arbeit dar, im Gegenteil: Sie gewinnt dadurch an wissenschaftlichem Niveau.

Im Gegensatz zu den soeben dargestellten, nicht beeinflussbaren Einschränkungen sind Grenzen – **Delimitationen** – durch die Fokussierung Ihres Forschungsziels auf einen bestimmten Ausschnitt der Realität definiert (Pyrczak/Bruce 2005, S. 79). Nahezu jede empirische Untersuchung, die im Rahmen von Bachelor- und Masterarbeiten durchgeführt wird, unterliegt bestimmten Grenzen. Diese resultieren in vielen Fällen aus den eingeschränkten finanziellen Mitteln, dem kurzen Zeitraum, in dem empirische Studien geplant und durchgeführt werden müssen, und anderen organisatorischen Gründen. So beziehen sich diese Arbeiten z.B. auf sehr gut überschaubare und abgrenzbare regionale Gebiete oder wählen für den Studenten leicht erreichbare Alters- und Berufsgruppen aus. Die Grenzen einer Untersuchung lassen sich aus der bereits im Methodenteil beschriebenen Grundgesamtheit ableiten. Sie bestimmen das Maß der Generalisierbarkeit von Ergebnissen, legen dar, was die Studie leisten bzw. nicht leisten kann. Es geht unter anderem darum, zu erklären, welche Fragestellungen offenbleiben und warum dies so ist.

Nun sind die letzten Seiten Ihrer Arbeit zu schreiben. Ihre Untersuchung ist abgeschlossen, und Sie haben mit Ihren Ergebnissen den aktuellen Forschungsstand erweitert. Viele wissenschaftliche Arbeiten schließen mit einem **Ausblick** und runden so den Forschungsbericht ab. Im Ausblick schauen Sie in die Zukunft. Versuchen Sie damit folgende Fragen zu beantworten:

- Lassen sich die Ergebnisse Ihrer Arbeit auf zukünftige Entwicklungen projizieren?
- Können Sie konkrete Lösungen für das untersuchte Problem anbieten?
- Welche Aspekte des Forschungsproblems sind unbeantwortet geblieben?
- Haben sich durch die neuen Erkenntnisse weitere Forschungsvorhaben eröffnet?

**In Kürze**

- Die Niederschrift einer empirischen Arbeit folgt den Schritten im Forschungsablauf.
- Das Wichtigste zuerst: Formulieren Sie Hypothesen oder Forschungsfragen.
- Der Methodenteil muss zumindest das Untersuchungsdesign und das Erhebungsinstrument enthalten sowie einen Überblick über die geplante Datenanalyse geben.
- Die Darstellung der Ergebnisse erfolgt zunächst deskriptiv, erst dann folgt die Hypothesenprüfung.
- Eine Zusammenfassung der Ergebnisse ersetzt nicht deren Diskussion.
- Legen Sie Limitationen und Delimitationen Ihrer Studie offen.

# Literaturverzeichnis


Aaker, David A. et al. (2010): Marketing Research, 10th ed., New York.

American Psychological Association (2009): Publication Manual of the American Psychological Association, 6th ed., Washington, DC.

Arbeitskreis Deutscher Markt- und Sozialforschungsinstitute (2001): Standards zur Qualitätssicherung für Onlinebefragungen, URL: http://www.adm-ev.de/index.php?id=qualsicherung_onlinebefragung.

ARD/ZDF (2011): ARD/ZDF Online-Studie 2011, URL: http://www.ard-zdf-onlinestudie.de/index.php?id=onlinenutzung00/, Stand: 15. September 2012.

Aster, Reiner (Hrsg.) (1989): Teilnehmende Beobachtung: Werkstattberichte und methodologische Reflexionen, Frankfurt/New York.

Atteslander, Peter (2010): Methoden der empirischen Sozialforschung, 13. Aufl., Berlin.

Backhaus, Klaus u.a. (2011): Multivariate Analysemethoden, 13. Aufl., Berlin.

Ballstaedt, Steffen-Peter (1997): Wissensvermittlung: Die Gestaltung von Lernmaterial, Weinheim.

Bandilla, Wolfgang/Bosnjak, Michael (2000): Online-Surveys als Herausforderung für die Umfrageforschung – Chancen und Probleme, in: Mohler, Peter Ph./Lüttinger Paul (Hrsg.): Querschnitt – Festschrift für Max Kaase, Mannheim, S. 9–28.

Bandilla, Wolfgang (2006): Unveröffentlichter Vortrag im Methodenforum der Universität Wien.

Bänsch, Axel (2003): Wissenschaftliches Arbeiten: Seminar- und Diplomarbeiten, 8. Aufl., München et al.

Bearden, William O./Netemeyer, Richard G. (2011): Handbook of marketing scales: Multi-item measures for marketing and consumer behavior research, 3rd ed., Thousand Oaks.

Becker, Fred G. (1994): Anleitung zum wissenschaftlichen Arbeiten: Wegweiser zur Anfertigung von Haus- und Diplomarbeiten, 2. Aufl., Bergisch Gladbach/Köln.

Berg, Bruce L./Lune, Howard (2012): Qualitative research methods for the social sciences, 8th ed., Boston.

Boehncke, Heiner (2000): Vom Referat bis zur Examensarbeit. Niedernhausen.

Bogardus, Emory (1933): A social distance scale, in: Sociology and Social Research, Vol. 17, S. 265–271.

Booth, Wayne C./Colomb, Gregory G./Williams, Joseph M. (2008): The craft of research, 3rd ed., Chicago/London.

Borg, Ingwer/Staufenbiel, Thomas (2007): Lehrbuch Theorien und Methoden der Skalierung, 4. Aufl., Bern.

Bortz, Jürgen/Schuster, Christof (2010): Statistik für Sozialwissenschaftler, 7. Aufl., Berlin.

Bortz, Jürgen/Döring, Nicola (2006): Forschungsmethoden und Evaluation, 4. Aufl., Berlin et al.

Bos, Wilfried/Tarnai, Christian (1996): Computerunterstütze Inhaltsanalyse in den empirischen Sozialwissenschaften, Münster.

Bosnjak, Michael/Tuten, Tracy L./Bandilla, Wolfgang (2001): Participation in Web-Surveys – A typology, in: ZUMA Nachrichten, Vol. 48, S. 7–17.

Bosnjak, Michael (2002): (Non-)Response bei Web-Befragungen. Aachen.

Brown, Steven R./Melamed, Lawrence (1990 ): Experimental Design and Analysis, Newbury Park/London/New Delhi.
Bruner Gordon/Hensel, Paul (1994): Marketing scales handbook: A compilation of multi-item measures (1), Chicago.
Bruner Gordon/Hensel, Paul (1996): Marketing scales handbook: A compilation of multi-item measures (2), Chicago.
Bruner Gordon/Hensel, Paul (2001): Marketing scales handbook: A compilation of multi-item measures (3), Chicago.
Bruner Gordon/Hensel, Paul (2005): Marketing scales handbook: A compilation of multi-item measures (4), Chicago.
Buss, Arnold (1986): Social behavior and personality. Hillsdale, NJ.
Cadet, Christiane/Charles, René/Galus, Jean-Luc (1990): La communication par l'image, Paris.
Campbell Donald T./Russo M. Jean (1999): Social experimentation, Thousand Oaks.
Cialdini, Robert B. (2009): Influence: science and practice, 5th ed., Boston, MA et al.
Cicero, Marcus Tullius (1997): De oratore/Über den Redner, hrsg. u. übers. von Merklin, Harald, 3. Aufl., Stuttgart.
Collis, Jill/Hussey, Roger (2009): Business research: A practical guide for undergraduate and postgraduate students, 3rd ed., Basingstoke et al.
Cook, Thomas D./Campbell, Donald T. (1979): Quasi-experimentation: Design and analysis issues for field settings, Chicago.
Couper, Mick. P. (2000): Web Surveys: A review of issues and approaches, in: Public Opinion Quarterly, Vol. 64, S. 464–494.
Czienskowski, Uwe (1996): Wissenschaftliche Experimente, Weinheim.
Deininger, Marcus et al. (1993): Studien-Arbeiten: Ein Leitfaden zur Vorbereitung, Durchführung und Betreuung von Studien-, Diplom- und Doktorarbeiten am Beispiel Informatik, 2. Aufl., Zürich/Stuttgart.
DeVellis, Robert F. (2012): Scale development: Theory and applications, Thousand Oaks, CA.
Dillman, Don A. (2007): Mail and Internet surveys: The tailored design method, 2nd ed., New York, NY.
Ebster, Claus (1999): Marktforschung leicht gemacht: Wettbewerbsvorsprung durch Information, Wien/Frankfurt.
Ebster, Claus/Jandrisits, Marlies (2003): Die Wirkung kongruenten Duftes auf die Stimmung des Konsumenten am Point of Sale, Marketing ZFP, H. 2., S. 99–106.
Ebster, Claus/Wagner, Udo/Neumüller, Deniese (2006): „Mommy, I Want That! – Spontaneous Purchases Triggered by Children", in: Andreani, Jean-Claude: Proceedings of the 5th International Congress „Marketing Trends", Venedig, S. 1–28.
Eco, Umberto (2010): Wie man eine wissenschaftliche Abschlußarbeit schreibt (Come si fa una tesi di laurea, deutsch), 13. Aufl., Wien.
Flick, Uwe/Kardoff, Ernst v./Steinke, Ines (2002): Was ist qualitative Forschung? in: Flick, Uwe/Kardoff, Ernst v./Steinke, Ines (Hrsg.): Qualitative Forschung: ein Handbuch, Reinbek bei Hamburg, S. 13–29.
Friedrichs, Jürgen (1990): Methoden empirischer Sozialforschung, 14. Aufl., Opladen.
Früh, Werner (2011): Inhaltsanalyse, 7. Aufl., Konstanz.

Gabler, Siegfried/Hoffmeyer-Zlotnik, Jürgen H. P. (Hrsg.) (1997): Stichproben in der Umfragepraxis, Opladen.
Garvey, W. D./Griffith, B. C. (1971): Scientific communication: Its role in the conduct of research and creation of knowledge, in: American Psychologist, Vol. 26, pp. 349–362.
Girtler, Roland (2001): Methoden der Feldforschung, Wien.
Glinka, Hans Jürgen (2009): Das narrative Interview, 3. Aufl., Weinheim.
Glöckner-Rist, Angelika/Schmidt, Peter (Hrsg.) (1999): ZUMA Informationssystem. Elektronisches Handbuch sozialwissenschaftlicher Erhebungsinstrumente, URL: http://www.social-science-gesis.de/Methodenberatung/ZIS/Download/zisdwld.htm, Stand: 20. Mai 2002.
Gräf, Lorenz (2002): Optimierung von WWW Umfragen: Das Online Pretest-Studio, in: Batinic, Bernad/Werner, Andreas/Gräf, Lorenz/Bandilla, Wolfgang (Hrsg.): Online Research. Methoden, Anwendungen und Ergebnisse, Göttingen, S. 113–126.
Grass, Brigitte/Drügg, Stefanie (1998): Der praktische Studienbegleiter: Das ABC des erfolgreichen Wirtschaftsstudiums, Köln et al.
Greve, Werner/Wentura, Dirk (1997): Wissenschaftliche Beobachtung, Weinheim.
Gruber, Helmut (2000): Arbeitsunterlage zum Seminar „Wissenschaftliches Schreiben", unveröffentl. Typoskript, Wien.
Häberle, Siegfried (Hrsg.) (2008): Das neue Lexikon der Betriebswirtschaftslehre, München.
Häcker, Hartmut/Stapf, Kurt-Hermann (Hrsg.) (2009) Dorsch Psychologisches Wörterbuch, 15. Aufl., Bern.
Hartmann, Peter (2012): Mathematik für Informatiker, 5. Aufl., Wiesbaden.
Hauptmann, Peter (1999): Grenzen und Chancen von quantitativen Befragungen mithilfe des Internet, in: Batinic, Bernad/Werner, Andreas/Gräf, Lorenz/Bandilla, Wolfgang (Hrsg.): Online Research: Methoden, Anwendungen und Ergebnisse, Göttingen, S. 159–178.
Heller, Eva (1999): Wie Farben wirken: Farbpsychologie, Farbsymbolik, kreative Farbgestaltung, 10. Aufl., Reinbek bei Hamburg.
Hierhold, Emil (2005): Sicher präsentieren – wirksamer vortragen, 7. Aufl., Wien.
Hillmann, Karl-Heinz (2007): Wörterbuch der Soziologie, 5. Aufl., Stuttgart.
Hirsig, René (2006): Statistische Methoden in den Sozialwissenschaften, 5. Aufl., Zürich.
Holzbaur, Martina M./Holzbaur, Ulrich D. (1998): Die wissenschaftliche Arbeit: Leitfaden für Ingenieure, Naturwissenschaftler, Informatiker und Betriebswirte, München/Wien.
Hopf, Christel (1985): Nicht-standardisierte Erhebungsverfahren in der Sozialforschung – Überlegungen zum Forschungsstand, in: Kaase, Max/Küchler, Manfred (Hrsg.): Herausforderungen der Empirischen Sozialforschung, Mannheim, S. 86–108.
Hopf, Christel (1996): Hypothesenprüfung und qualitative Sozialforschung, in: Strobel, Rainer/Böttger, Andreas (Hrsg.): Wahre Geschichten? – Zu Theorie und Praxis qualitativer Interviews, Baden-Baden, S. 11–21.
Huber, Oswald (2009): Das psychologische Experiment: Eine Einführung, 5. überarb. Aufl., Bern et al.

Iacobucci, Dawn/Churchill, Gilbert A. (2010): Marketing research: methodological foundations, 10th ed., Mason, OH.

Ilmes (2001): Internet-Lexikon der Methoden der empirischen Sozialforschung, Leipzig, URL: http://www.lrz.de/~wlm/ein_voll.htm, Stand: 15. September 2012.

Jele, Harald (2003): Wissenschaftliches Arbeiten in Bibliotheken: Einführung für Studentinnen, 2. Aufl., München/Wien/Oldenbourg.

Kalliwoda, Norbert (1997): Formalien in der Diplomarbeit, in: Engel, Stefan/Woitzik, Andreas (Hrsg.): Die Diplomarbeit, Stuttgart, S. 151–191.

Karmasin, Fritz/Karmasin Helene (1977): Einführung in Methoden und Probleme der Umfrageforschung, Wien/Köln/Graz.

Karmasin, Matthias/Ribing, Rainer (2012): Die Gestaltung wissenschaftlicher Arbeiten: ein Leitfaden für Haus-, Seminar- und Diplomarbeiten sowie Dissertationen, 7. Aufl., Wien.

Kelle, Udo/Kluge, Susann/Prein, Gerald (1993): Strategien zur Geltungssicherung in der qualitativen Sozialforschung: Zur Validitätsproblematik im interpretativen Paradigma, Arbeitspapier der Univ. Bremen, Bremen.

Keller, Otto/Hafner Heinz (1995): Arbeitsbuch zur Textanalyse: Semiotische Strukturen, Modelle, Interpretationen, Stuttgart.

Keseling, Gisbert (1997): Ein prozeßorientiertes Verfahren zur Analyse und Bearbeitung von Schreibstörungen, in: Kutter, Peter: Psychoanalyse interdisziplinär, Frankfurt am Main.

Klein, Veronika (2004): Kulturelle Einflussfaktoren auf das Korruptionsverhalten in europäischen Ländern (Dipl.Arb., FH Eisenstadt), Eisenstadt.

Költringer, Richard (1997): Richtig fragen heißt besser messen, Wien.

Krämer, Walter (1997): So lügt man mit Statistik, 7. Aufl., Frankfurt/Main, New York.

Krämer, Walter (1999): Wie schreibe ich eine Seminar- oder Examensarbeit?, Frankfurt/New York.

Krippendorf, Klaus (1980): Content analysis: An introduction to its methodology. Beverly Hills.

Kromrey, Helmut (2009): Empirische Sozialforschung, 12. Aufl., Konstanz/Stuttgart.

Kruse, Otto (2007): Keine Angst vor dem leeren Blatt, 12. Aufl., Frankfurt/New York.

Lamnek, Siegfried (2010): Qualitative Sozialforschung, 5. Aufl., Weinheim/Basel.

Langner-Geissler, Traute/Lipp, Ulrich (1997): Pinwand, Flip-Chart und Tafel, 3. Aufl., Weinheim/Basel.

Langridge, Derek W. (1994): Inhaltsanalyse, München.

Lasswell, Harold D. (1971): The structure and function of communication in society, in: Schramm, Wilbur/Roberts, Donald F. (eds.): The process and effects of mass communication, Urbana, S. 84–99.

Lazarsfeld, Paul/Jahoda, Marie/Zeisel, Hans (1975): Die Arbeitslosen von Marienthal, Frankfurt.

Leong, Frederick T. L./Pfaltzgraff, Rhonda E. (2005): Finding a research topic, in: Leong, Frederick T. L./Austin, James T. (eds): The psychology research handbook: A guide for graduate students and research assistants, 2nd ed., Thousand Oaks et al., S. 3–16.

Lienert, Gustav A./Raatz, Ulrich (1998): Testaufbau und Testanalyse, 6. Aufl., Weinheim.

Matosic, Tonka (1998): Wertanalyse bei Dienstleistungen: Eine Analyse des Einsatzes der Methode Wertanalyse bei Dienstleistungen und Entwicklung von Ansätzen für die Anwendung in der Praxis (Diss., Wirtschaftsuniv. Wien), Wien.

Mayntz, Renate/Holm, Kurt/Hübner, Peter (1972): Einführung in die Methoden der empirischen Soziologie, Opladen.

Mayring, Philipp (2000): Qualitative Inhaltsanalyse, in: Flick, Uwe/von Kardorff, Ernst/Steinke, Ines: Qualitative Forschung, 5. Aufl., Reinbek bei Hamburg, S. 468–475.

Mayring, Philipp (2002): Einführung in die qualitative Sozialforschung, 5. Aufl., Weinheim.

Mayring, Philipp (2010): Qualitative Inhaltsanalyse, 10. Aufl., Weinheim.

Meinefeld, Werner (2002): Hypothesen und Vorwissen in der qualitativen Sozialforschung, in: Flick, Uwe/von Kardorff, Ernst/Steinke, Ines: Qualitative Forschung, 5. Aufl., Reinbek bei Hamburg, S. 265–276.

Melina, Alexa/Züll, Cornelia (1999): A review of software for text analysis, Mannheim.

Merten, Klaus (1995): Inhaltsanalyse: Einführung in Theorie, Methode und Praxis, 2. Aufl., Opladen.

Metzger, Christoph (1996): Lern- und Arbeitsstrategien: Ein Fachbuch für Studierende an Universitäten und Fachhochschulen, Aarau.

Miller, Robert K. (1999): The informed argument, Fort Worth et al.

Mummendey, Hans-Dieter/Grau, Ina (2008): Die Fragebogen-Methode, 5. Aufl., Göttingen.

Myers, Anne/Hansen, Christine (2011): Experimental psychology, 7th ed., Belmont, CA.

Network Online Research (NEON) (2003): Anforderungen an Online-Umfrage-Software (2003) URL: http://www.bvm.org/user/dokumente/kodex-NEON-1.pdf, Stand 29. August 2007.

Noelle-Neumann, Elisabeth/Petersen, Thomas (2005): Alle nicht jeder: Einführung in die Methoden der Demoskopie, 4. Aufl., Berlin et al.

Nunnally, Jum C. (1978): Psychometric theory, 2nd ed., New York.

Opaschowski, Horst W. (2000): Kathedralen und Ikonen des 21. Jahrhunderts: Zur Faszination von Erlebniswelten, in: Steinecke, Albrecht (Hrsg.): Erlebnis- und Konsumwelten, München/Wien, S. 44–54.

Orasch, Eva (1999): Analyse der Kundenzufriedenheit im Hinblick auf das Kulturangebot der Stadt Bruck an der Mur (Dipl.Arb. FH Eisenstadt), Eisenstadt.

Parasuraman, A./Zeithaml, Valarie A./Berry, Leonard L. (1985): A conceptual model of service quality and its implications for future research, in: Journal of Marketing, Vol. 49, No. 4, pp. 41–50.

Parasuraman, A./Zeithaml, Valarie A./Berry, Leonard L. (1991): Refinement and reassessment of the Servqual scale, in: Journal of Retailing, Vol. 67, No. 4, pp. 420–450.

Pfleiderer, Rolf (2003): Zufallsauswahl im Internet, in: Theobald, Axel/Dreyer, Markus/Starsetzki, Thomas (Hrsg.): Handbuch zur Online-Marktforschung. Beiträge aus Wissenschaft und Praxis, 2. Aufl., Wiesbaden, S. 383–394.

Porst, Rolf (2000): Praxis der Umfrageforschung, 2. Auflage, Wiesbaden.

Porst, Rolf/Ranft, Sabine/Ruoff, Bernd (1998): Strategien und Maßnahmen zur Erhöhung der Ausschöpfungsquoten bei sozialwissenschaftlichen Umfragen: Ein Literaturbericht. ZUMA Arbeitsbericht, Mannheim.

Preißner, Andreas (1998): Wissenschaftliches Arbeiten, 2. Aufl., München/Wien.

Preißner, Karl-Heinz (1993): Die Gliederung – verkürztes Spiegelbild der wissenschaftlichen Arbeit, in: WiSt, 22. Jg., Nr. 11, S. 593–595.

Pyerin, Brigitte (2001): Kreatives wissenschaftliches Schreiben, Weinheim/München.

Pyrczak, Fred/Bruce, Randall R. (2005): Writing empirical research reports, 5th ed., Los Angeles, CA.

Reuband, Karl-Heinz/Blasius, Jörg (1996): Face-to-face-, telefonische und postalische Befragungen: Ausschöpfungsquoten und Antwortmuster in einer Großstadt-Studie. In: Kölner Zeitschrift für Soziologie und Sozialpsychologie, Vol. 48, S. 296–318.

Rico, Gabriele L. (2002): Garantiert schreiben lernen, Reinbek bei Hamburg.

Robinson, John P./Shaver, Philipp R./Wrightsman, Lawrence S. (1991): Measures of personality and social psychological attitudes, Waltham, MA.

Robinson, John P./Shaver, Philipp R./Wrightsman, Lawrence S. (1999): Measures of political attitudes, Waltham, MA.

Rost, Jürgen (2004): Lehrbuch Testtheorie, Testkonstruktion, 2. Aufl., Bern.

Schantel, Alexandra (1997): Medienöffentlichkeit universitärer Öffentlichkeitsarbeit (Dipl.Arb., Univ. Wien), Wien.

Scheuch, Erwin K./Zehnpfennig, Helmut (1974): Skalierungsverfahren in der Sozialforschung, in: König, René: Handbuch der empirischen Sozialforschung. Band 3a: Grundlegende Methoden und Techniken, München/Stuttgart, S. 97–203.

Schierenbeck, Henner (1987): Grundzüge der Betriebswirtschaftslehre, 9. Aufl., München/Wien.

Schlicksupp, Helmut (1999): Innovation, Kreativität und Ideenfindung, 5. Aufl., Würzburg.

Schneider, Wilfried (1995): Informieren und Motivieren: eine Einführung in die Präsentationstechnik, Wien.

Schnell, Rainer/Hill, Paul B./Esser, Elke (2011): Methoden der empirischen Sozialforschung, 9. Aufl., München.

Schüssler, Karl (1982): Measuring social life feelings. Improved methods for assessing how people feel about society and their place in society, San Francisco.

Schütze, Fritz (1983): Biographie und narratives Interview, in: Neue Praxis 13, Neuwied, S. 283–293.

Schwarz, Norbert/Sudman, Seymore (1992): Answering questions: Methodology for determining cognitive and communicative processes in survey research, New York.

Schweizer, Peter (1999): Systematisch Lösungen finden: ein Lehrbuch und Nachschlagewerk für Praktiker, Zürich.

Seale, Clive (1999): The quality of qualitative research: Qualitative Inquiry, London, pp. 465–478.

Sesink, Werner (1999): Einführung in das wissenschaftliche Arbeiten, 4. Aufl., München/Wien.

Stary, Joachim/Kretschmer, Horst (1994): Umgang mit wissenschaftlicher Literatur: Eine Arbeitshilfe für das sozial- und geisteswissenschaftliche Studium, Frankfurt.

Statistik Austria (2001): ISIS – Integriertes Statistisches Informationssystem: Hauptbank Wirtschaft nach Funktionen, URL: http://www.statistik-austria.at/isis/current/isis_gui.shtml, Stand: 15. November 2002.

Statistisches Bundesamt (2012): Statistisches Jahrbuch für die Bundesrepublik Deutschland 2012. Wiesbaden.

Steinke, Ines (2002): Gütekriterien qualitativer Forschung, in: Flick, Uwe/von Kardorff, Ernst/Steinke, Ines: Qualitative Forschung, Reinbek bei Hamburg, S. 319–331.

Sullivan, John S./Feldman, Stanley (1979): Multiple indicators. An introduction, Beverly Hills, CA.

Swales, John M. (1990): Genre Analysis: English in academic and research settings, Cambridge (UK).

Theisen, Manuel R. (2002): Wissenschaftliches Arbeiten: Technik – Methodik – Form, 11. Aufl., München.

Thomas, Ellen L./Robinson, H. Allan (1972): Improving reading in every class: A sourcebook for teachers, Boston, MA.

Toulmin, Stephen E. (1958): The uses of argument, Cambridge.

Trimmel, Michael (1997): Wissenschaftliches Arbeiten in der Psychologie: Leitfaden und Grundlage zum Planen, Durchführen und Verfassen von Seminararbeiten, Diplomarbeiten und Dissertationen sowie empirisch-wissenschaftlichen Arbeiten in den Sozial- und Humanwissenschaften, 2. Aufl., Wien.

Trochim, William M. K. (2006): The research knowledge base, 2nd edition, URL: http:// http://www.socialresearchmethods.net/kb, Stand: 9. September 2012.

Tufte, Edward R. (1983): The visual display of quantitative information, Cheshire, CT.

Verein Arbeitsgemeinschaft Media-Analysen (Hrsg.) (2000): Media-Analyse 2000, Wien.

Welker, Martin/Werner, Andreas/Scholz, Joachim (2005): Online Research. Markt- und Sozialforschung mit dem Internet, Heidelberg.

Wettschurek, Gert (1974): Grundlagen der Stichprobenbildung in der demoskopischen Marktforschung, in: Behrens, Karl C. (1974): Handbuch der Marktforschung Bd. 1, Wiesbaden.

Whyte, William F. (1996): Die Street Corner Society, 3. Aufl., Berlin/New York.

Woyke, Wichard (2010): Handwörterbuch Internationale Politik, 12. Aufl., Opladen.

Zelazny, Gene (2005): Say it with charts workbook, New York.

# Sachregister